高等学校公安技术实验创新文丛　2

公安技术实验教程

许爱东　主编

法律出版社
LAW PRESS·CHINA

前　言

随着我国法治建设的持续深化以及公民法律意识的日益增强，公安技术工作在侦查、起诉、审判活动中为维护公平正义所作的贡献亦不断凸显。鉴于公安技术工作对实践能力所提出的较高要求，专门技术人员不仅须掌握相关法律知识及专业技能，还应具备较强的发现问题、分析问题与解决问题的能力。在此过程中，实验教学以其实践性与亲历性的特点，无疑成为培养公安技术专门人才的一种重要途径。公安技术工作涵盖了犯罪现场勘查技术、刑事影像技术、文书检验技术、痕迹检验技术、法化学检验技术、声像资料检验技术、电子数据检验技术等各方面内容。以实际检案为导向的实验教学，已成为高等院校从事公安技术相关学科教学活动不可或缺的环节，在培养学生的实际操作能力方面发挥了重要的作用。

公安技术专门性活动，在案件侦破、维护社会公平正义等方面皆发挥着重要作用。科学技术发展的同时，违法犯罪手法也层出不穷。这就使公安技术实验教学需要与公安技术的更新相适应。鉴于此，《公安技术实验教程》一书针对犯罪现场勘查技术、刑事影像技术、文书检验技术、痕迹检验技术、法化学检验技术、声像资料检验技术、电子数据检验技术等公安技术类别进行了深入的探索与总结。本书不仅侧重于公安技术工作中的实务性要素，亦从理论深度探讨这一领域的核心基础以及前沿问题。通过这一著作抛砖引玉，以期对我国公安技术发展的理论研究与实务技术的推动有所裨益。

作者（按章节先后顺序）及其分工如下：

许爱东：前言

倪　铁、徐　倩：第一章第一节、第二节、第三节

倪　铁、马　健：第一章第四节，第二章第一节、第二节

倪　铁、张　超：第一章第五节、第六节、第七节

倪　铁、毛彦民：第二章第三节，第四章

许爱东、叶　靖：第三章第一节

沈臻懿：第三章第二节实验一、实验二、实验三

郭媛媛：第三章第二节实验四、实验五、实验六、实验七、实验八

姚　舜：第三章第二节实验九、实验十，第九章第二节

王连昭：第三章第三节、第六节

郭名利：第三章第四节、第五节

徐昀霄：第三章第七节，第五章

许爱东、褚宇杰：第六章

廖根为：第七章、第八章

梁　适：第九章第一节

本书由主编许爱东正高级工程师负责统稿。博士研究生叶靖、硕士研究生郭媛媛为本书的资料收集与校对亦做了大量工作，在此予以感谢。限于时间、经验等因素，书中难免会存在一些错误，尚祈读者能多提供宝贵意见，以资日后进一步完善。本书的出版受到华东政法大学教学改革与发展研究项目《公安技术实验教学的创新与实践》的资助。法律出版社财经分社社长沈小英老师、责任编辑刘莹老师为本书的出版提供了大力支持，在此一并致谢。

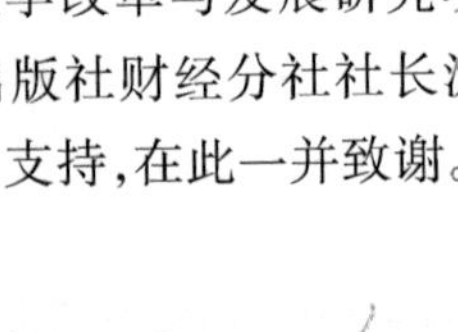

2018年3月1日

Contents

目录

第一章　现场勘查技术实验

第一节　现场保护实验

实验　现场保护

一、实验目的

1. 明确执行犯罪现场保护的人员应完成的工作任务。

2. 熟悉并正确掌握保护室内现场、露天现场、半封闭现场、交通工具现场、特殊现场以及痕迹、物证、尸体的一般方法与技能。

3. 懂得遇到人命危急、火险、爆炸险情、排除交通障碍时，应采取的相应紧急措施，以及发现犯罪嫌疑人时，应当如何及时、果断、正确地处理。

二、实验原理

1.《刑事诉讼法》第 127 条规定："任何单位和个人，都有义务保护犯罪现场，并且立即通知公安机关派员勘验。"也就是说，保护犯罪现场是法律赋予每个公民的义务，保护犯罪现场人人有责。

2.《公安机关办理刑事案件程序规定》第 209 条第 1 款规定："发案地派出所、巡警等部门应当妥善保护犯罪现场和证据，控制犯罪嫌疑人，并立即报告公安机关主管部门。”

3.《公安机关刑事案件现场勘验检查规则》规定：

“第十四条　发案地公安机关接到刑事案件报警后，对于有犯罪现场的，应当迅速派员赶赴现场，做好现场保护工作。

第十五条　负责保护现场的人民警察应当根据案件具体情况，划定保护范围，设置警戒线和告示牌，禁止无关人员进入现场。

第十六条　负责保护现场的人民警察除抢救伤员、紧急排险等情况外，不得进入现场，不得触动现场上的痕迹、物品和尸体；处理紧急情况时，应当尽可能避免破坏现场上的痕迹、物品和尸体，对现场保护情况应当予以记录，对现场原始情况应当拍照或者录像。

第十七条　负责保护现场的人民警察对现场可能受到自然、人为因素破坏的，应当对现场上的痕迹、物品和尸体等采取相应的保护措施。

第十八条　保护现场的时间，从发现刑事案件现场开始，至现场勘验、检查结束。需要继续勘验、检查或者需要保留现场的，应当对整个现场或者部分现场继续予以保护。

第十九条　负责现场保护的人民警察应当将现场保护情况及时报告现场勘验、检查指挥员。”

三、实验设备与器材

1. 案例一份。
2. 现场保护记录用纸一套。
3. 白灰、粉笔、警戒带、警用障碍物等。
4. 模拟现场场所。

四、实验内容和方法

（一）现场情景设计

1. 案情设计（如以爆炸案例为素材，包含的要素较全，既有室内现场，也有室外现场，既需要划定保护区范围，还需要适当采取紧急措施，每次实验时可以变换类似案例）。

2. 现场布置：可以将某一固定场所作为假设现场，摆放相应的痕迹和物证，安排人员作为受伤人员。

（二）现场保护的一般程序

1. 获悉案件发生后，必须迅速赶赴现场。

2. 抵达现场后，抓紧时间，了解发生案件的简要情况，初步核实后，立即报告案件主管部门和上级公安机关。

3. 在上报的同时，根据现场的具体情况，划定保护范围、采取保护措施、布置警戒、维持秩序、封锁现场。

4. 不许任何人进入现场。即使是保护现场人员本人，也不得随便进入现场，更不得擅自进行勘查，随意触摸和移动现场的任何物品。

5. 现场勘查人员抵达现场后，要主动向勘查人员报告发现案件经过和保护现场情况、保护现场过程中发现的疑人疑事，以及群众对案件的议论、反映等情况。

6. 在保护犯罪现场过程中，要提高警惕性和对周围动态的敏感性，防范混杂在人群中的犯罪分子破坏现场、毁灭证据，或者散布流言蜚语、蛊惑群众、制造混乱。排除一切干扰，将现场保护好。

7. 在现场勘查指挥人员的统一指挥下，继续做好现场保护工作，直至勘查完毕。

（三）实验步骤

1. 接到报案，迅速调派警力赶赴现场。

2. 根据案件的不同情况和犯罪现场的具体环境确定保护区范围的大小。划定现场保护区范围的原则是要把犯罪分子作案的地点和实施犯罪行为而可能遗留有犯罪痕迹、物证的一切场所都包括进去。

3. 布置警戒。

（1）设置“人墙”；

（2）设置障碍物；

（3）封锁交通道口。

4. 根据现场情况，采取紧急措施。

（1）救助受害和受伤的人；

（2）排除险情，抢救财物；

（3）排除障碍，保障交通；

（4）控制犯罪分子或重大嫌疑人。

5. 收集对案件的反映，登记在场的证人。

6. 向侦查人员报告发现案件经过和现场保护的情况。

（1）保护现场人员的基本情况；

（2）有关发案的时间；

(3)有关案件的基本情况；

(4)案件发生后的损失情况；

(5)有关现场保护的情况；

(6)有关犯罪案件的知情人和疑人疑事情况。

7.撰写现场保护实验报告。

(四)不同现场的保护方法

1.露天现场的保护方法

露天现场由于涉及的区域较大,情况复杂或现场中心部位和外围部分不明显,因此,对于露天现场的保护,通常是在现场四周划出一定的范围,然后布置警戒,将现场封锁起来,禁止一切无关人员进入。警戒范围的大小,原则上应包括犯罪分子作案的地点和犯罪分子可能遗留痕迹物证的场所。这种范围,开始的时候可划大一点,待侦查人员到达现场后,可以根据具体情况和实际需要,再作适当调整。范围划定后,即可采取保护措施进行保护。

露天现场根据环境不同,可分为院内现场、野外现场、街道现场、铁路现场等。这些现场的保护方法,分述如下：

院内现场:可将院的大门关闭,用警戒带、告示牌、绳索或用白灰拦(画)出一条行走通道。同时,应派人警戒,不准非勘查人员进入现场。对围观群众,要劝其离去。

野外现场:可在中心现场及其四周设岗把守,禁止通行。

街道现场:可在划定的范围内设置屏障,并派人警戒,根据具体环境,临时停止交通式组织车辆绕行。繁华街道的现场,行人、车辆流动量大,封锁范围应适当缩小,以免堵塞交通。

铁路现场:要在尽量保证火车顺利通行的情况下,采取切实有效的保护措施。如果铁轨上有尸体或障碍物,可将其移到适当位置,但要将原位置及形态记录下来。

2.室内现场的保护方法

(1)对室内现场的保护,通常是将现场的进出口和通道以及有可能留有犯罪痕迹、物证的场所一起封锁起来,布置警戒,张贴布告,或者绕以绳索,禁止一切无关人员入内。具体做法可根据犯罪现场的环境灵活进行。比如,在门窗和重点部位设岗看守,必要时,可将房门关闭。但要防止破坏门窗上的痕迹,不要接触门柄、锁头等可能留有犯罪痕迹、物证的地方,以免破坏痕迹。应事先记明门窗的原始状况,如门是敞开的,还是关闭的,玻璃和窗纱有无损坏,门窗周围有无可疑痕迹、物品等。

(2)对现场痕迹以及物证的保护方法无论露天现场或室内现场,都必须注意保护各种痕迹、物证和尸体不受破坏。如果因为自然的、人为的原因致使痕迹、物证和尸体有可能受到破坏时,应当另行采取专门的保护措施。可以根据现场的具体情况以及痕迹、物证的特点,灵活采取以下几种方法进行保护:

①警戒法。是指不进入现场内部,而在现场周围设岗,警戒看守痕迹、物品的保护方法。这种方法适用于一般的室内犯罪现场,只要在现场出入口外派人警戒看守,现场及其痕迹、物品即可得到保护。另外,某些室外现场,如地处偏僻地方的犯罪现场,或者现场不具备用其他方法进行保护的条件,也可以用警戒法进行保护。

运用警戒法进行保护时,应当提高警惕,防止发生其他意外事件;要有责任感,看守中不仅要防止人为因素的破坏,而且还要注意防止和避免非人为因素破坏现场。

②标记法。是指在犯罪痕迹、物证周围用一些醒目的物品作标志,以提醒或告诫人们注意保护的一种方法。这种方法主要适用于两种现场:一是遇有某种紧急情况的室内外现场。例如,需急救人命、抢救财物、排除险情等,必须进入现场或必须移动现场的某些物品时,对于在行走路线上已发现了的痕迹、物证,可用粉笔等醒目物品在痕迹、物证周围作标记进行保护,以免有人不注意进入现场而遭破坏。二是范围较大,痕迹、物证较分散,保护人员已经发现而随时有被人为因素破坏的室外现场。遇到这种现场情况时,除了应以警戒法保护外,还必须对已发现的犯罪痕迹、物证设法标以一定的醒目标志,以便引起他人注意。

运用标记法进行保护时应当注意:第一,保护人员应尽量避免踩踏现场的足迹和触摸现场的物品;第二,对现场尚未发现的痕迹、物证,或者虽已发现但无破坏可能的,则不必进入现场搜寻和作标记,以免因此使现场及其痕迹、物证受到变动或破坏。

③遮盖法。是指在犯罪痕迹、物证上用一定的物品进行遮盖保护的一种方法。这种方法主要适用于室外现场痕迹、物证的保护,特别是遇到刮风、下雨、下雪等情况时,则要设法用盆、塑料布等能挡风雨的物品进行遮盖保护。

运用遮盖法进行保护时应当注意:第一,忌用带有浓烈气味的器物(如盛过农药的盆、装过肥皂的箱子等)遮盖,以免破坏嗅源,妨碍使用警犬追踪鉴别;第二,如遇下雨且雨水较大时,还应当在痕迹、物证周围挖一道排水沟,让积水顺沟流走，以免破坏痕迹、物证。

④转移法。是指转移现场上带有痕迹的物品、物证，以适当方式予以保存、保护的一种方法。这种方法主要适用于两种现场：一是某种特殊紧急的室内现场。如放火案件现场中的痕迹、物证，为了避免犯罪痕迹、物证被烧毁、破坏，或避免因房屋倒塌等而毁坏、影响现场勘查和侦查破案时，则必须及时对这些痕迹、物证转移保护。二是地处特殊位置的室外现场。如发生在铁路或公路干线上的案件现场在过往车辆频繁，附近又无岔道可绕，侦查人员又不能及时赶赴现场时，为了避免造成大规模的交通堵塞，则应将影响车辆通行的有关部分物证从轨道或路面上搬走，并妥善保存起来。

3. 尸体的保护方法

对于尸体的保护，可以采用以下方法：

对于室外暴露在露天中的尸体，可用干净的床单、塑料布等遮盖，以防烈日曝晒，加速腐败过程。如遇雨、雪等气候变化时，应用能防雨的物品遮盖，以免尸体和其他附着的血迹、毛发、精斑等被污染、破坏。

对于山林、旷野等处发现的尸体，应加强值班看守，以防尸体受到鸟啄、兽啃、虫咬等破坏。对于水中尸体，只要不易被水冲走时，就不必打捞上岸。因为尸体暴露在空气中较之浸泡在水中更容易腐败。而在打捞时，稍有不慎，极易损伤尸体和尸体上的附着物，增加检验的困难。但如水流过急，尸体有被冲走的危险时，应设法加以固定。无法固定时，应打捞上岸。

对于火场中的尸体，如不能制止火势蔓延或者建筑物行将倒塌，尸体有被烧毁或被倒塌的砖石等物覆盖时，应将尸体移出火场妥善保存。如火已被扑灭，建筑物不会倒塌，则可就地保护，不必移动。

对于吊挂的尸体，如刚吊上不久，需要抢救人命时，可用剪刀将颈部未打结处的绳索剪断，并将绳索完整地保存起来。如果确已死亡，没有救活的可能时，应照原样保存起来，不必将尸体卸下来。移动搬运尸体时，应尽量使用担架、门板等适当工具，避免因搬动不当而造成新的伤痕，或沾染上新的物质。

对于运出的尸体，如无特殊原因，仍应按搬动前的姿势存放，以便勘验。

五、实验注意事项

1. 如实记录有关案件情况和现场情况。

2. 划定保护范围适中，不宜过大或者过小。

3. 根据现场情况，采取相应紧急措施。例如，抢救伤员、排除险情、保全证据、制止现行犯罪、控制和抓获犯罪嫌疑人等。

4. 收集案情的同时，寻找知情人，善于从群众讨论中发现有利线索。

5. 及时向侦查人员汇报已掌握的案情和现场保护情况。

六、实验作业要求

1. 在规定时间内完成实验任务。

2. 按规定的时间要求写出实验报告。实验报告内容应包括受理报案的有关情况；赶赴现场的时间，观察核实的结果；针对犯罪现场的客观实际情况，采取什么保护措施和方法，收到什么结果；收集了哪些与案件有关的其他情况。

七、实验拓展思考

1. 进行现场保护的目的是什么？

2. 现场保护的具体方法有哪些？

3. 现场保护有哪些注意事项？

第二节　现场访问实验

实验　现 场 访 问

一、实验目的

1. 掌握现场访问的基本流程。

2. 掌握对几种特殊对象进行访问的方法要点。

3. 掌握对访问材料的真实性进行评判的方法。

4. 学会制作现场访问笔录的内容、方法、要求。

二、实验原理

《公安机关刑事案件现场勘验检查规则》规定：

“第六十三条　现场勘验、检查人员应当向报案人、案件发现人，被害人及其亲属，其他知情人或者目击者了解、收集有关刑事案件现场的情况和线索。

第六十四条　现场访问包括以下主要内容：

（一）刑事案件发现和发生的时间、地点、详细经过，发现后采取的保护措施，现场情况，有无可疑人或者其他人在现场，现场有无反常情况，以及物品损失等情况；

（二）现场可疑人或者作案人数、作案人性别、年龄、口音、身高、体态、相貌、衣着打扮、携带物品及特征，来去方向、路线等；

（三）与刑事案件现场、被害人有关的其他情况。

第六十五条　现场访问应当制作询问笔录。”

三、实验设备与器材

1. 案例一份。

2. 现场访问记录用纸一套。

3. 笔、印泥、录音笔等。

4. 模拟现场场所。

四、实验内容和方法

（一）现场情景设计

1. 方式设计

现场访问实验主要采取操作性实验和分析性实验两种方法。

（1）操作性现场访问实验的设计要点。

操作性现场访问实验主要是锻炼学生熟悉运用现场访问方法和策略的能力。通过模拟现场访问，进一步加强学生对现场访问重要性的认识。

①应以实地现场访问、接触各种访问对象、收集言词证据为主要目的。

②操作性现场访问实验虽以实地操作作为主要实验手段，但必须与现场勘验实验区别，它应以设计各种访问对象和访问情节为核心，尽量简化现场痕迹物证，并使有限的痕迹、物证为模拟现场访问实验服务。

③本实验在达到主要教学目的前提下，应根据各校的地点、人员、时间、设备对实验内容作合理的修改和调整。

④实验的内容应尽可能反映当前常见的以及有发展趋势的各类案件的情况。

（2）分析性现场访问实验的设计要点。

分析性现场访问实验是操作性访问实验的一种补充手段，它主要是通过书面或录像等直观形式，反映出某一现场的实际状况，让学生分析判断并写出现场访问计划，包括现场访问的内容、方法和注意事项。

①主要针对一些难以重现的案件(如强奸、放火、爆炸等)现场进行设计。

②分析性访问实验没有模拟现场访问的过程,全凭书面材料或以录像、录音等视听式再现有关案件的情况,因此案件的设计应详尽全面、客观真实。

2. 案情设计

案情设计根据实验目的,按照一般案件事实特点进行设计,符合客观规律。

(二)实验方法

1. 现场访问首先要明确现场访问的对象

《公安机关刑事案件现场勘验检查规则》规定:"现场勘验、检查人员应当向报案人、案件发现人,被害人及其亲属,其他知情人或者目击者了解、收集有关刑事案件现场的情况和线索。"因此,现场访问的对象包括报案人、案件发现人、被害人及其亲属和其他知情人或者目击者。

2. 现场访问的一般步骤

(1)选择适当的访问地点,以利于被访问对象脱离现场环境的影响,克服思想、感情上的障碍,平静地进行陈述,从而取得良好的访问效果。

(2)调查了解访问对象的有关背景情况,以增强访问的针对性,确保访问顺利进行。

(3)明确访问的目的和具体访问的内容与方式。

对于重大、特大案件中的重要知情人或证人的访问,应拟定简要的访问计划。访问计划包括:访问的目的和要求;访问对象的简况;访问的时间和地点;访问的具体内容;访问的方式方法。

访问应当个别进行。

(4)进行正式访问前的铺垫性交谈。

为了保证访问的顺利进行,访问人员一般应在进行正式访问前与被访问对象进行铺垫性交谈,以拉近彼此距离,营造良好访问环境。铺垫性交谈的内容应包括:

①访问人员向访问对象明确身份、出示证件、说明来意;

②稳定访问对象的情绪;

③拉近心理距离,营造良好气氛。

(5)向访问对象提出访问内容。

在访问之初提问,主要采取以下提问方式:

①命题式。即所提问题限定了范围和方向,使对象能够明确把握。

②迂回式。即先用婉转的语言在外围兜圈子，以便转移和分散访问对象的注意力，然后逐渐绕回中心话题。例如，"这件事与你并没有什么关系，我们只是向你了解……"此种提问方式适用于那些试图包庇犯罪嫌疑人，或者生性多疑、胆小内向、害怕报复而不愿陈述真实案情的访问对象。

③探询式。即试探性地提出问题。例如，"我们正在调查××案件，你也许能提供一些情况"，适用于侦查人员对访问对象的作证态度、对案件的了解情况不够清楚等情况。

④质问式。即侦查人员已经掌握了某些证据后，采取引而不发、示而不露的询问形式。适用于拒绝作证，与侦查人员兜圈子的访问对象。

访问对象自由陈述之后，可根据情况选择以下方式提问：

① 质证式。即侦查人员为核实、补充或纠正错误的陈述而进符的提问。

② 检查式。为追根求源而进行的提问。采用这种方式，对于考察访问对象陈述的准确性、真实性和发现新的重大问题，都有很大意义。

3. 对于不同访问对象的访问要领

现场访问，可根据不同案情、不同访问对象、不同访问内容，选择不同的访问方式。

(1) 对被害人、事主的访问方法

被害人、事主是犯罪行为的直接或间接侵害对象。他们在发案之后的心理状态和作证态度等方面具有共同性。对他们进行的访问，可以遵循以下方法：

①访问前要做好安定情绪的工作。侦查人员可以根据案件发生的具体情况，通过与被害人接触交谈，摸清其心理状态和个性特征，采取切实可行的措施，做好安定情绪的工作，以利于访问工作的顺利开展。

②向被害人说明访问意图。根据《刑事诉讼法》的规定，在侦查阶段，被害人应尽的义务是，应当如实向侦查人员提供所了解的案件情况，不能作虚假的陈述。如果有意捏造事实，提供虚假情况，陷害他人，要负法律责任。必要时，被害人有义务接受身体检查等。在告诉上述规定时，侦查人员要根据不同的对象和不同的情况，采取恰如其分的态度和方法。一定要注意不要使他们冷静下来的情绪又重新紧张起来。当要把话题转到与访问有关的问题时，侦查人员的态度也应随之变得稍微慎重一些，以便引起对方的注意和思考。

③确定提问的顺序。首先，应迅速而准确地把需要采取紧急措施的有关事项问清楚。例如，犯罪嫌疑人的人数、性别、年龄、身高、面貌、衣着、动作习

惯、口音、习惯用语以及身上是否有搏斗伤痕等。在综合这些外表特征时，还要问明看上去像什么样的人，如工人、农民、流浪汉等。其次，要问清犯罪嫌疑人在现场上遗留有什么物品。携带何种犯罪凶器和工具逃跑，逃跑的方向、路线和方法。最后，要问清案件发生、发现的时间、地点、经过、结果；犯罪嫌疑人在现场上的活动情况；人身财物被侵害的情况；财物的种类名称、数量、特征以及财物的存放地点和保管情况；受害人的社会交往关系、债务关系、恩怨关系、财产纠纷关系、生活行动规律、经济收支情况；发案前室内物品的陈设情况；发案后是否触动过现场，触动了哪些部位，是如何触动的；等等。

④对受重伤的被害人的访问，应当根据医生的意见安排访问时间。如果被害人生命垂危，应取得医生的协助，抓紧时机进行简要提问。不能讲话时，可以借助手势，尽可能了解有关情况，如犯罪嫌疑人人数、身高、性别、年龄、姓名、是否熟人等。

⑤对谎报假案的所谓事主或“被害人”的访问。在听取被害人陈述时，如果发现陈述有矛盾或不符合逻辑的地方，估计有报假案的可能时，应当耐心地听取其陈述，做好记录，不要立即进行反驳。但可以根据情况，首先，有目的地提出一些细节，让对方回答，使矛盾充分暴露；其次，认真进行分析研究，判明确系其报假案时，要有领导、有计划、有准备地揭露矛盾，澄清事实真相。

(2)对于知情人的访问方法

知情人的情况比较复杂，访问中常采用以下方法：

①查明被访问对象的身份和与案件的关系。在访问前，侦查人员要通过有关群众调查了解被访问对象的经历、职业、文化程度、家庭环境等情况以及与被害人、犯罪嫌疑人有无利害关系、矛盾冲突、私仇宿怨及亲戚朋友关系等，以便根据这些情况确定访问方法，并防止出现伪证、诬陷他人或为犯罪嫌疑人开脱罪责等情况发生。

②创造适合访问的环境气氛。现场访问，是通过侦查员与被访问对象之间的对话来达到了解案情的目的。这种对话一般要在友好、平和及有诚意的气氛中，才能取得良好的效果。因此，侦查员与被访问对象之间，必须要有一个沟通思想感情、建立对话关系和相互了解的短暂过程。在这个过程中，侦查员应积极主动地发挥自己的聪明才智，充分运用自己的品格和经验，根据被访问对象及当时当地的具体情况，创造适合于敞开思想交谈的环境气氛，消除对方的“陌生感”“紧张感”和“戒备感”，以形成一个良好的访问环境。

③做好疏导转化工作，消除各种思想障碍。做好被访问对象的疏导转化

工作,消除各种思想障碍,是现场访问取得成功的关键。被访问对象的情况非常复杂,他们的性别、年龄、性格、文化程度、社会经历、智力水平、思想状况以及和案件之间的关系是各不相同的。因而他们对待现场访问的态度必然会有差异。实践中,知情人有着各种各样的心理状态。侦查人员在对被访问对象进行正式访问前,应当通过接触交谈和侧面调查了解,探明被访问对象的心理状态和对待访问的态度,以便采取措施做好疏导转化工作,消除思想障碍。

(3)对不同年龄段知情人的访问方法

未成年人因为年幼,生理发育和心理发育尚未成熟,社会经验和生活知识相对贫乏,观察问题和分析问题能力较差,在访问中常常表现出强烈的紧张心理和从众心理。因此,访问此种对象时要讲究策略方法:

①选择适当的地点。未成年人对访问地点十分敏感,访问同一件事,在不同的地点,如现场、其家中、学校、公安机关,其心理紧张程度和访问的结果大不相同。

②选择合适的参与人。按照法律规定,访问未成年人时可以由其父母、养父母、监护人以及负有保护义务的机关团体的代表等法定代理人参与。访问时,可以选择那些既能有利于未成年人如实陈述,又能对证言起到证明作用的人参加。

③要采用通俗的语言、和蔼的态度进行访问。尤其是访问开始时,可以从他们感兴趣的一些事物谈起,以便消除其紧张感,建立起必要的信任感和交谈兴趣。

④要让其充分地自由陈述,不得有任何暗示或提醒。

⑤要注意其陈述是否合理,是否事前受到他人安排或教唆等。

老年访问对象由于年龄的原因,一方面,在生理上和心理上正从青壮年高峰期逐步衰落到人生的低谷期,感知迟钝、记忆力减退、表达能力降低以及自尊心强烈、疑虑重重、固执己见等成为他们生理和心理方面的重要特点;另一方面,他们年龄大、经历长、经验丰富、处事稳妥,这也是他们的重要特点。鉴于此,在访问中应当注意:

①注意礼节,尊重他们,避免伤害其自尊心,以求得其合作与帮助。

②发音要清楚洪亮,语速节奏要放慢,提出问题后,要给其较充分的记忆时间,不能操之过急。

③要避免武断地打断其陈述,更不能发生不必要的争论。有些确实需要

追问清楚的问题,应当采取委婉的方式,用和缓的言辞进行。

4. 对访问材料真实性的分析判断

在现场访问过程中,访问对象所作的陈述,多数是符合客观实际的。但是,由于主、客观方面的双重原因,也会出现一些访问对象陈述并不真实准确的情形。因此,访问人员对于访问对象的陈述,必须进行认真地分析判断。

(1)审查访问对象的感知能力、记忆能力、表达能力

即通过一定的方法了解证人的感知器官是否正常,然后再对照证人陈述的事实,去发现有无矛盾和反常情况。如果因为证人的感知器官有缺陷而影响了对某些事实情节的正确感知,这应属于正常情况。如果证人的感知器官正常而没有陈述出某些事实情节或者陈述失实,就应注意调查了解证人在感知事物时的心理状态、兴趣、注意力、情绪以及职业、知识经验等,对正确地感知事物是否会有影响。另外,证人对某些事实情景的感知,还会受到客观事物的刺激强度、刺激时间、次数,感知的环境、感知距离、光线明暗、气候好坏等因素的影响,这些都要考虑在内。因此,其感知、记忆和表达的能力是否正常、有无缺陷等都直接影响着访问结果的真实性。经过审查,在这 3 个环节上访问对象的能力都正常,那么其提供情况的真实性较大;反之,则较小。

(2)审查访问对象的思想品德及与案件的关系

一般来说,访问对象思想觉悟高、道德品质好,其提供的情况真实可靠性较大;反之,真实可靠性较小。访问对象与案件及案件主要当事人素不相识,没有任何利害关系,其提供的情况真实可靠性较大;反之,如果与犯罪嫌疑人或被害人有个人恩怨或利害冲突,其提供的情况真实可靠性就相对小些。

(3)审查访问对象陈述的来源

访问对象陈述的来源主要有 3 个:①自己亲自感受到的;②听别人讲述的;③道听途说无确定来源的。对于自己亲自感受的情况,侦查人员应当重点审查其感知案件情况的种种客观条件,如距离、光线、风向、障碍物等,据此分析访问对象在当时的条件下能否正确感知其所提供的情况。对转述他人陈述的,首先,应当查明是在什么时间、地点、情况下听谁讲的;其次,应按照访问对象提供的线索,找直接感受案件情况的人进行访问,从而获取原始证言;最后,对于道听途说无确定来源的陈述,以及访问对象的猜测、想象和怀疑等,一律不能作为证据使用。

(4)审查访问对象的陈述自身有无矛盾

一份真实的证言,在内容上应当前后一致,没有矛盾。如果一份证言其内

容上存有矛盾，难以自圆其说，那么，这份证言必定是虚假的，或至少有虚假的成分。

(5)审查访问对象的证言与其他证据有无矛盾

证据既可以证明案件事实，同时证据之间也可以互相印证其真实性。在其他证据真实性已经查实的情况下，如果证言与其他证据一致，那么这份证言就是真实的；如果二者之间有矛盾，那么这份证言就可能是虚假的。这种矛盾是侦查人员使用查证时发现的。查证属实与否是审查判断证言真伪的重要可靠手段。

(6)通过审查侦查人员对访问对象的态度、访问的方法和访问的安排进行判断

侦查人员在访问过程中对访问对象的态度是否得当、访问的方法是否科学、安排访问的地点是否合理，都会直接影响到访问对象提供证言的准确性，有的会影响到证人作证的意愿。因此，在审查访问结果真实性时，必须要对这些因素进行审查。

五、实验注意事项

1. 进行现场访问时应当遵循个别进行的原则，询问中途不随意更换询问主体。

2. 不随便打断访问对象的陈述并要善于察言观色，注意发现陈述中的矛盾和漏洞。

3. 禁止访问人员对被访问人员使用暗示、引诱、侮辱人格等方法，不得向被访问人员泄露案情或表示对案件的看法。

4. 提问题要严谨、全面、有针对性、有重点。

六、实验作业要求

1. 实验分组进行，应在规定时间内完成，每组人数根据案情的设计情况灵活掌握。

2. 组织现场访问实验，可以各地总结出的调查访问做得较好的案例为蓝本，根据教学实验的需要进行适当编排，围绕需要查明的问题，分设若干角色，如案件发现者、被害人、目击者等，然后组织学生分别扮演这些角色，进行模拟实验。

3. 组织现场访问实验，必须遵守现场访问的各项原则，根据证人陈述心

理，正确运用现场访问的各项策略方法。

4. 参加实验的学生，必须按照要求制作一份或若干份现场访问笔录，笔录应严格遵循制作规范。

七、实验拓展思考

1. 进行现场访问的基本步骤有哪些？

2. 如何对访问材料的真实性进行评判？

第三节　实地勘验实验

实验　实地勘验

一、实验目的

实地勘验实验，从操作性的角度来说，就是通过人体感官和科学技术方法，对与犯罪有关的场所、物品、痕迹、人身、尸体等进行固定、勘验、检查和记录。

1. 通过实际操作和演示，熟悉和掌握现场勘验的步骤、方法。

2. 学会痕迹物证的寻找、发现、记录、提取等勘验方法。

3. 学会人身检查、现场实验以及制作勘验、检查笔录的方法。

二、实验原理

《公安机关刑事案件现场勘验检查规则》规定：

“第二十四条　公安机关对刑事案件现场进行勘验、检查不得少于二人。勘验、检查现场时，应当邀请一至二名与案件无关的公民作见证人。由于客观原因无法由符合条件的人员担任见证人的，应当在笔录材料中注明情况，并对相关活动进行录像。

勘验、检查现场，应当拍摄现场照片，绘制现场图，制作笔录，由参加勘查的人和见证人签名。对重大案件的现场，应当录像。

第二十五条　现场勘验、检查人员到达现场后，应当了解案件发生、发现和现场保护情况。需要采取搜索、追踪、堵截、鉴别、安全检查和控制销赃等紧急措施的，应当立即报告现场指挥员，并依照有关法律法规果断处置。

具备使用警犬追踪或者鉴别条件的，在不破坏现场痕迹、物证的前提下，应当立即使用警犬搜索和追踪，提取有关物品、嗅源。

第二十六条　勘验、检查暴力犯罪案件现场，可以视案情部署武装警戒，防止造成新的危害后果。

第二十七条　公安机关应当为现场勘验、检查人员配备必要的安全防护设施和器具。现场勘验、检查人员应当增强安全意识，注意自身防护。对涉爆、涉枪、放火、制毒、涉危险物质、危险场所等可能危害勘验、检查人身安全的现场，应当先由专业人员排除险情，再进行现场勘验、检查。

第二十八条　执行现场勘验、检查任务的人员，应当持有《刑事案件现场勘查证》。《刑事案件现场勘查证》由公安部统一样式，省级公安机关统一制发。

第二十九条　执行现场勘验、检查任务的人员，应当使用相应的个人防护装置，防止个人指纹、足迹、DNA 等信息遗留现场造成污染。

第三十条　勘验、检查现场时，非勘验、检查人员不得进入现场。确需进入现场的，应当经指挥员同意，并按指定路线进出现场。

第三十一条　现场勘验、检查按照以下工作步骤进行：

（一）巡视现场，划定勘验、检查范围；

（二）按照“先静后动，先下后上，先重点后一般，先固定后提取”的原则，根据现场实际情况确定勘验、检查流程；

（三）初步勘验、检查现场，固定和记录现场原始状况；

（四）详细勘验、检查现场，发现、固定、记录和提取痕迹、物证；

（五）记录现场勘验、检查情况。

第三十二条　勘验、检查人员应当及时采集并记录现场周边的视频信息、基站信息、地理信息及电子信息等相关信息。勘验、检查与电子数据有关的犯罪现场时，应当按照有关规范处置相关设备，保护电子数据和其他痕迹、物证。

第三十三条　勘验、检查繁华场所、敏感地区发生的煽动性或者影响较恶劣的案件时，应当采用适当方法对现场加以遮挡，在取证结束后及时清理现场，防止造成不良影响。

第三十四条　为了确定被害人、犯罪嫌疑人的某些特征、伤害情况或者生理状态，可以对人身进行检查，可以提取指纹信息，采集血液、口腔拭子、尿液等生物样本。犯罪嫌疑人拒绝检查、提取、采集的，侦查人员认为必要的时候，经办案部门负责人批准，可以强制检查、提取、采集。

检查妇女的身体，应当由女工作人员或者医师进行。

检查的情况应当制作笔录，由参加检查的侦查人员、检查人员、被检查人员和见证人签名。被检查人员拒绝签名的，侦查人员应当在笔录中注明。

第三十五条　勘验、检查有尸体的现场，应当有法医参加。

第三十六条　为了确定死因，经县级以上公安机关负责人批准，可以解剖尸体。

第三十七条　解剖尸体应当通知死者家属到场，并让死者家属在《解剖尸体通知书》上签名。死者家属无正当理由拒不到场或者拒绝签名的，可以解剖尸体，但是应当在《解剖尸体通知书》上注明。对于身份不明的尸体，无法通知死者家属的，应当在笔录中注明。

解剖外国人尸体应当通知死者家属或者其所属国家驻华使、领馆有关官员到场，并请死者家属或者其所属国家驻华使、领馆有关官员在《解剖尸体通知书》上签名。死者家属或者其所属国家驻华使、领馆有关官员无正当理由拒不到场或者拒绝签名的，可以解剖尸体，但应当在《解剖尸体通知书》上注明。对于身份不明外国人的尸体，无法通知死者家属或者有关使、领馆的，应当在笔录中注明。

第三十八条　移动现场尸体前，应当对尸体的原始状况及周围的痕迹、物品进行照相、录像，并提取有关痕迹、物证。

第三十九条　解剖尸体应当在尸体解剖室进行。确因情况紧急，或者受条件限制，需要在现场附近解剖的，应当采取隔离、遮挡措施。

第四十条　检验、解剖尸体时，应当捺印尸体指纹和掌纹。必要时，提取血液、尿液、胃内容和有关组织、器官等。尸体指纹和掌纹因客观条件无法捺印时需在相关记录中注明。

第四十一条　检验、解剖尸体时，应当照相、录像。对尸体损伤痕迹和有关附着物等应当进行细目照相、录像。

对无名尸体的面貌，生理、病理特征，以及衣着、携带物品和包裹尸体物品等，应当进行详细检查和记录，拍摄辨认照片。”

三、实验设备与器材

1. 案例一份。

2. 现场勘验检查记录用纸一套。

3. 普通现场勘查箱、痕迹物证勘查箱、法医勘查箱、刑事照相器材（照相机、三脚架、闪光灯、冲洗设备)、勘查灯、紫外灯、警戒带、警用障碍物等。

4. 模拟现场场所。

四、实验内容和方法

(一)现场情景设计

1. 方式设计

实地勘验实验采取演示性和操作性两种实验方法。先进行演示性实验，后进行操作性实验。

(1)演示性实验设计要点

演示性实地勘验实验是以实验指导教师为主或在指导教师组织下的具有示范性质的现场勘验。学生通过观察,直观感受现场勘验的一般程序和方法，了解各类痕迹物证勘验、人体检查、尸体勘验的操作方法等。

①演示性实地勘查实验应在容纳 50 人以上、可见度较好的场所进行,要具有使学生能够直观指导教师进行模拟现场勘验的环境和条件。

②模拟现场的设计和勘验应当体现出逐步深入的过程,勘验步骤分明。

③模拟现场应当布设与案情相适应的各类痕迹物品、尸体、尸斑、血迹等。要使学生看到采取痕迹物证的实际操作。

④实验应以常见多发的典型案件现场为主。

(2)操作性实验设计要点

①操作性现场勘验实验是在教师指导下由学生自行组织实施现场勘验全过程的实验法。

②实验从勘验的初始阶段直至最后完成勘验笔录,都应由学生按照各项分工的具体要求亲自上岗操作。

③实验操作要以各类痕迹物证的发现提取、人身检查、尸体勘验等方法为重点,同时应当注意各种操作方法的独立性及相互间的衔接性和渗透性。

2. 案情设计

案情设计根据一般案件事实特点进行,符合客观规律。

(二)现场布置

1. 根据各类刑事案件现场出现的一般规律、特点布置模拟现场。

设计上要因地、因时、因设备条件制宜,但必须通过实地勘验、现场访问和现场分析研究,判断其案件性质、犯罪动机、目的,作案工具、犯罪手段、过程，犯罪分子的人身形象及个人特点等,据此确定侦查方向和划定侦查范围。

2. 每个模拟现场上设计的痕迹物证，要合情合理，分布得当，且不宜少于5处(件)。

3. 供夜间勘查的模拟现场的设计，中心现场要明显，范围不宜过大，犯罪分子行走的路线要有所反映。

4. 对暴力性犯罪模拟现场的设计，要能反映出搏斗、滚压痕迹，以及有关的痕迹物证等；对盗窃模拟现场的设计，要反映进出口、破坏障碍物的工具痕迹，以及刻画犯罪分子人身形象和个性特点的场景。

5. 案件性质的设计上，尽量选择重大盗窃、抢劫案件的现场。

(三)实验方法

现场勘验、检查应当按照“先静后动、先下后上、先重点后一般、先拍照后提取”的工作顺序。

1. 巡视犯罪现场，划定勘验、检查范围

(1)现场指挥和勘验、检查人员应当先对现场环境进行巡视观察，了解现场的方位、周围环境和内部的基本情况，以及犯罪嫌疑人进出现场的路线后，划定勘验、检查范围，确定勘验、检查的顺序和重点。

(2)现场勘验、检查过程中，应当根据现场痕迹、物品和调查访问中得到的线索，及时调整勘验、检查的范围和重点。

2. 根据案件情况和现场条件确定勘验、检查顺序

(1)同时具有室内、室外现场的案件，因时间、气候或者人为等因素影响，可能使痕迹、物品受到破坏时，应当先勘验室外现场，后勘验室内现场，也可以同时进行。

(2)勘验、检查地处交通要道、繁华地段的现场，应当先从容易受到人为破坏和有碍交通的地点开始。

(3)勘验、检查两个以上现场，应当先勘验、检查最先发现的现场，或者遗留痕迹、物品较多的现场。

(4)勘验、检查情况复杂和范围较大的现场，可以分组、分层、分片、分段、分部位进行。

3. 初步勘验、检查，固定现场

(1)根据勘验、检查顺序，应当首先标明现场地面上的痕迹、物品等，在发现的痕迹、物证前放置编有号码的现场物证识别标志，全方位摄录现场情况。采取相应措施加以保护，并开辟和标明进出现场中心的临时通道。

(2)执行现场勘验、检查人员应当沿临时通道进出现场，经过观察并拍

照、录像固定现场原始状况后，再进行实地勘验、检查。

（3）现场勘验、检查中应当注意发现反常情况和异常气味。

4. 详细勘验、检查，发现并提取痕迹、物品

（1）寻找、观察现场地面、空间相关部位、物体、尸体上的痕迹、物品及其位置、状态和相互关系等。

（2）使用各种技术手段和方法对与犯罪有关的场所、物体或者尸体等逐一进行详细勘验、检查，发现痕迹、物品。

（3）仔细研究现场痕迹、物品的特征，存在形式和遗留原因，以及与犯罪行为的关系。

（4）记录、提取痕迹、物品和绘制现场图。

（5）需要用警犬追踪或者鉴别的痕迹、物品，应当采取措施，保护现场痕迹、物品和嗅源。

（6）对计算机犯罪案件现场勘验、检查，应当立即停止使用计算机及相关设备，保护计算机与相关设备及其他痕迹、物品，必要时应当复制有关电子数据。

（7）对现场上与犯罪有关的发生严重移位、变形或被破坏的物体应当提取，必要时可以进行拼接复原和复位。

（8）为确保采集提供的证据在法庭上的采信度，根据不同犯罪性质所要提取检材要求，分别制作各种检材提取工作盒，提取检材，统一保存进行鉴定，每份检材都要填写编号、提取地点、部位、时间、提取人等要素。

5. 现场实地勘验、检查应当查明的主要证据

（1）痕迹物证在现场的具体位置、状态、承受客体的情况及其与周围其他痕迹、物体的关系；痕迹形成的过程、原因、新旧程度及与犯罪活动的关系；形成痕迹的造型客体种类及其特征；形成痕迹的物质成分及痕迹上附着物的情况。

（2）现场遗留物品的名称、种类、材质、外观，遗留的时间、过程、原因及附着物和特殊标记的情况；遗留物品的位置及与其他痕迹、物品以及犯罪行为的关系。

（3）若是命案现场，除其他痕迹物证外，应当查明死者的位置、姿势，死亡时间、过程、原因；尸体外部损伤形状、性质、分布状况、严重程度；凶器的种类及其他异常情况。对无名尸体、碎尸应当推断年龄，查明性别、身高和个体特征。

五、实验注意事项

1. 实地勘验人员在勘验过程中，应当遵守《公安机关刑事案件现场勘验检查规则》中规定的行为守则。

2. 根据现场情况，采取紧急措施。

3. 实地勘验结束后，应做好勘查后的现场处理工作。

4. 特殊情况下，需要进行现场复验、复查。

六、实验作业要求

1. 现场设计必须根据地理条件、房屋设施，因地制宜地设计各类案件现场。每个现场要根据案情设计一定数量的痕迹物证（不少于5个痕迹物证）。

2. 实验时，应以小组为单位（一般10人为宜）。按照现场勘查人员分工的要求，由学生扮演不同的角色，在指导教师的指导下，有组织地进行。此项分工应当做到分工明确、职责分明。

3. 实验应在规定时间内完成，可分多次进行，每次实验内容不同。

4. 参加实地勘验的学生每一次实验完毕，必须按要求制作一份现场勘查笔录。

七、实验拓展思考

1. 实地勘验的目的是什么？

2. 实地勘验的内容和方法是什么？

3. 进行实地勘验有哪些注意事项？

第四节　现场取证实验

实验　现 场 取 证

一、实验目的

1. 使学生熟悉犯罪现场取证的程序和内容。

2. 熟练掌握现场取证的顺序、步骤和方法，学会对痕迹物品的寻找、发现、分析、固定、提取、包装、保存、运送等方法，学会人身检查、尸体勘验等方法。

二、实验原理

刑事案件现场取证，是指侦查人员利用科学技术手段，对与犯罪有关的场所、物品、人身、尸体等进行勘验、检查从而获取证据的一种侦查活动。现场实地取证必须通过人体感官和科学技术方法，对与犯罪有关的场所、痕迹、物品、人身、尸体等进行勘验、检查和记录，进而提取证据。

（一）现场勘验、检查的步骤

了解案件基本情况，巡视现场，划定勘验、检查范围和重点，制定勘验、检查计划，确定勘验检查的顺序；邀请现场勘查见证人；由经验丰富的侦查员做先导，其余侦查员跟随进入现场，进行初步勘验、固定现场原始状态；详细勘验，对现场上的各种痕迹、物品、人身、尸体逐一进行观察、检验、记录和提取；对现场情况进行分析，处理案件现场。

现场勘验的步骤是一个从整体到局部、从局部到个体的勘验活动过程。

（二）现场勘验、检查进而获取证据的顺序

现场勘验、检查人员应当根据现场实际情况确定勘验、检查顺序。

1. 确定勘验总体勘验顺序

以现场地理位置、地形地物、范围大小及痕迹物品的分布情况为依据确定：

（1）由中心向外围进行勘验。

（2）由外围向中心进行勘验。

（3）分片分段进行勘验。

（4）沿着地形地物的自然界线进行勘验。

（5）从特定部位着手进行勘验。

2. 确定个体勘验进而获取证据的顺序

确定对与犯罪有关的痕迹、物品、尸体等进行勘验时应遵守的顺序，以便更好地观察、发现犯罪痕迹物品。按照“先静后动，先低处后高处，先重点后一般，先固定后提取，先无损后有损，先易逝后稳定”的原则，对现场的外围、进出口、作案人触动的部位（翻动、破坏部位），与犯罪有关的痕迹、物证（含尸体）进行勘验、检查。

（三）现场搜索获取证据

现场勘验、检查中，应当对现场周围和作案人的来去路线进行搜索和追踪，发现与犯罪有关的痕迹、物证，应当予以固定、提取。

1. 搜寻隐藏在现场周围或者尚未逃离的作案人。

2. 寻找与犯罪有关的痕迹、物品等。

3. 搜寻被害人尸体、人体生物检材、衣物等。

4. 寻找隐藏、遗弃的赃款、赃物等。

5. 发现并排除可能危害安全的隐患。

6. 确定作案人逃跑的方向和路线,追踪作案人。

在犯罪现场搜索、追踪中,发现与犯罪有关的痕迹、物证,应当予以固定、提取。有条件的,可以利用警犬配合搜索、追踪,但应注意避免破坏现场痕迹、物证。

(四)人身检查获取证据

为了确定被害人、犯罪嫌疑人的个体特征、伤害情况或者生理状态等,可以进行人身检查。

1. 犯罪嫌疑人如果拒绝检查,侦查人员认为有必要的,经办案部门负责人批准,可以进行强制检查。

2. 检查妇女的身体,应当由女侦查人员或者医师进行,必要时,可以指派或者邀请法医参加。

3. 检查的情况应当制作笔录,由参加检查的侦查人员、检查人员和见证人签名或者盖章。

(五)现场实验获取证据

《刑事诉讼法》第 108 条规定:"为了查明案情,在必要的时候,经公安局长批准,可以进行侦查实验。"为了证实现场某一具体情节的形成过程、条件和原因等,可以进行现场实验。

1. 现场实验的任务:

(1)验证在现场条件下能否听到某种声音或者看到某种情形。

(2)验证在一定时间内能否完成某一行为。

(3)验证在现场条件下某种行为或者作用与遗留痕迹、物证的状态是否吻合。

(4)确定某种条件下某种工具能否形成某种痕迹。

(5)研究痕迹、物证在现场条件下的变化规律。

(6)分析、判断某一情节的发生过程和原因。

(7)其他需要通过现场实验作出进一步研究、分析、判断的情况。

2. 现场实验的要求:

(1)现场实验一般在发案地点进行,燃烧、爆炸等危险性实验,应当在其他地点进行。

(2)现场实验的时间、环境条件应与发案时间、环境条件基本相同。

(3)现场实验使用的工具、材料应当与发案现场一致或者基本一致;必要时,可以使用不同类型的工具或者材料进行对照实验。

(4)如条件许可,类同的现场实验应当进行两次以上。

(5)评估实验结果应当考虑到客观环境、条件变化对实验的影响和可能出现的误差。

(6)现场实验必须遵守法律规定,尊重民族风俗习惯,禁止一切可能造成危险、有伤风化、侮辱人格的行为。

3. 对现场实验的过程和结果,应当制作《现场实验笔录》,参加现场实验的人员应当在《现场实验笔录》上签名或者盖章。

现场实验应单独制作笔录,不能与现场勘验笔录合并在一起。现场实验的记录方式有笔录、照相、绘图、录像、录音等。

三、实验设备与器材

1. 普通现场勘查箱、痕迹勘查箱。

2. 刑事照相器材(照相机、三脚架、闪光灯),勘查灯、紫外灯。

3. 静电吸附器,现场测量工具,警戒带,现场勘验3件套(头套、手套、鞋套)。

4.《现场勘验检查证》《现场见证人证》。

5. 人体模型(含外衣裤、内衣裤、鞋子)。

6. 枪支、衣服、线手套、烟头、饮料瓶、碎玻璃若干、纸张、塑料袋、菜刀、水果刀、胶水、卫生纸、洗脸盆等模拟现场道具。

四、实验内容和方法

(一)实验内容

现场取证的程序、步骤和方法。具体包括:临场的前期处置,初步勘验,详细勘验,实地勘验取证后的现场处理。现场取证的重点是:现场取证的程序、步骤,痕迹、物证(含尸体)的发现、固定、提取的具体内容、步骤和方法。

(二)实验方法

1. 犯罪现场取证实验小组随身携带犯罪现场取证所需的器材,迅速赶到犯罪现场(在5分钟之内)。

2. 向报案人等有关人员了解案件发生、发现和犯罪现场保护的情况。

3. 将犯罪现场勘验检查取证工作置于犯罪现场勘查取证见证人的见证之下。

4. 根据需要采取救人、排险、控制赃物和犯罪嫌疑人等紧急措施。

5. 指挥人员进行分工，参加犯罪现场勘查取证的人员各就各位。

6. 根据具体情况划定犯罪现场保护范围，设置警戒线和告示牌，禁止非勘验、检查取证人员进入犯罪现场。确需进入犯罪现场的，须经指挥员同意，并按指定路线进出犯罪现场。

7. 巡视犯罪现场，确定犯罪现场勘查的范围和重点及勘查的顺序，划定进入犯罪现场的路线；按照“先静后动，先下后上；先重点后一般，先固定后提取”的原则，进行实地勘验、检查取证。

（1）初步勘验、检查犯罪现场。固定和记录犯罪现场原始状况。

（2）详细勘验、检查犯罪现场。勘验、检查人员戴上帽子或者头套、手套、鞋套进入犯罪现场，发现、固定、记录和提取痕迹、物证。

寻找、发现和识别痕迹、物证，除用肉眼和借助自然光线外，还可以利用放大仪器、灯光、多波段光源以及其他先进的设备；提取、包装、保存和运送痕迹、物证的方法多种多样，有传统的，也有现代的，痕迹技术人员应当根据具体情况采取妥当的方法，避免在提取、包装、保存和运送过程中毁损、混淆、污染痕迹、物证。

（3）记录犯罪现场勘验、检查取证的情况。对于犯罪现场情况和整个犯罪现场勘查的情况，应当客观、全面、详细、准确、规范地记录下来，作为核查犯罪现场或者恢复犯罪现场原状的依据。犯罪现场勘验、检查工作记录包括犯罪现场勘验检查笔录、犯罪现场图、犯罪现场照片、犯罪现场录像等。

8. 对尸体的检验获取证据。勘验、检查有尸体的犯罪现场，应当安排同学充当法医，进行尸表检验和分析。移动犯罪现场尸体前，应当对尸体的原始状况及周围的痕迹、物品进行照相、录像，并提取有关痕迹、物证。检验尸体时，应当捺印尸体指纹、掌纹和照相、录像。对尸体损伤痕迹和有关附着物等应当进行细目照相、录像。

9. 各小组结束训练时要清理、恢复现场。

五、实验注意事项

现场取证实验的步骤、方法、顺序的采用，应根据现场的地理位置、周围环境、范围大小、难易程度，因时、因地、因人、因案制宜，灵活运用。

六、实验作业要求

1. 通过实验，使学生熟悉犯罪现场取证的程序和内容。

2. 通过实验，使学生熟练掌握现场取证的顺序、步骤和方法，学会对痕迹、物品的寻找、发现、分析、固定、提取、包装、保存、运送等方法，学会人身检查、尸体勘验等方法。

七、实验拓展思考

1. 犯罪现场取证的程序应如何设计才能更加有利于犯罪现场证据的提取和保护？

2. 对痕迹、物品的寻找、发现、分析、固定、提取、包装、保存、运送等方法应如何完善才能使其更具操作性？

第五节　现场记录实验

实验　现场记录

现场记录，这是个广义上的说法，指的是现场勘验记录，现场勘验记录是现场勘查人员运用文字、绘图、照相、录音、录像等方法，依法对犯罪现场以及现场勘查的工作情况所作记录的总称。现场勘验记录是以现场勘查笔录为主体，以现场制图、现场照相、现场录像为重要组成部分的较为完善的记录体系，此处选择现场勘查笔录来进行实验分析。

一、实验目的

1. 为证明案件的真实情况提供强有力的证据

现场笔录主要以文字的方式对犯罪现场的情况以及现场勘查的过程进行书面记载，并且由于这种记载直接来源于犯罪现场，其真实性和可靠性比较高，所以由此而形成的书面材料完全可以成为诉讼中强有力的证据材料。根据我国《刑事诉讼法》的相关规定，现场勘查笔录的确是刑事诉讼的证据种类之一。通过现场勘查笔录，可以了解和揭露犯罪的真实情况，有利于查明案情，对于案件的侦破起到不可忽视的作用。因此，无论是在实体上还是在诉讼程序上，现场勘查笔录都具有重大意义。

2. 为侦查人员对案件进一步分析和推理提供重要依据

现场笔录以文字的方式对犯罪现场状况进行了最客观的记载，此处强调的是客观性和准确性，因此，现场笔录最初不带有主观上的判断色彩。但是，侦查人却可以发挥主观能动性，从已有的笔录材料中推导出一些潜在的事实。而恰恰由于现场勘查笔录所记载的正是犯罪现场最为客观的情况，所以使侦查人员的推导和分析的可靠性、科学性大大提高。

3. 检验现场记录人员的工作水平，改进其工作方法

虽然现场勘查笔录有着重要的作用，但是其主体性不可忽视。由于记录的主体是相关的侦查人员或者勘查人员，而正是由于不同的人其所具备的综合素质也不一致，因此也可以通过现场勘查笔录来检验一名记录人员的工作能力和素质。除此之外，通过发现所作现场笔录的缺陷，有利于以后的现场勘查笔录进一步完善，对于如何记录与记录方法的改进也大有裨益。

二、实验原理

所谓现场勘查笔录，指的是侦查人员用文字形式对犯罪现场的状况以及勘验、检查的过程所作的客观记录。[①] 作为刑事侦查和刑事诉讼中不可或缺的重要证据，现场勘查笔录的制作有着严格的要求。当然，现场勘查笔录实验，其原理主要是以文字的方式进行记录，关键是保证客观性。

三、实验设备与器材

现场勘查笔录，顾名思义以文字方式记录。因此，笔和一定格式的纸质材料以及相关的工具不可或缺。一定条件下可以借助有关科技手段。

四、实验内容和方法

（一）实验内容

结构部分。现场勘查笔录主要由前言、正文和结尾 3 大部分组成。

前言部分，需要写明笔录的文号、记录编号。内容上主要是记录接报案情况，包括接报案的时间、接报案的人或单位、接报案的方式，以及相关涉案人的个人情况和案件的经过概况。紧接着便是记录现场勘查的起止时间、犯罪现

---

① 王国民主编：《犯罪现场勘查》，四川大学出版社 2008 年版，第 171 页。

场的具体地址和方位、现场记录当天的天气情况以及现场的光线条件。并且，还应当将现场勘查之前和现场勘查之后的情况作一个对比性的记录。最后是现场勘查相关指挥人员的情况。

正文部分，主要是对整个勘查过程的记载，包括勘查前、勘查过程以及勘查结果。首先，对于勘查前，记录相关勘查人员的情况、案发情况以及现场保护的情况。其次，重点记录现场勘查的过程。这里包括现场的具体地址、现场环境以及周边环境、现场提取物证的情况以及其他重要线索，此处强调一下，对于现场环境的结构要有详细的记载和分析。

结尾部分，这里主要是程序上的问题，包括参加了现场勘查人员的记录、签名，以及现场见证人员等的签名。最后，还要记载笔录制作的时间以及在相应的位置进行盖章。

（二）实验方法

1. 描述顺序。在制作现场记录的时候，要按照一定的顺序来记载，通常对环境的描述按照东、南、西、北这样的顺序进行，并且记录的顺序应当和现场勘查所进行的顺序一致。记录必须做到全方位、多层次，遵循一定的顺序也是为了防止现场记录有所遗漏，导致记录体系不够完整。

2. 描述客体位置。这里所说的客体的位置和之前的描述顺序不是一回事，对于客体位置的描述要做到类似于坐标化的程度。通过距离、高度、宽度等的测量，选定参照物等方法定位，并且对于客体的位置描述一律要做到精确，任何模糊不定的描述都要予以排除。

3. 痕迹、物证的描述。对于指纹、手印、脚印等，首先，应当记明在什么物体上发现的，该物体的特征、形状、颜色等；其次，记明他们的分布位置，分布位置的描述要选取固定的参照物作为对照；再次，描述指纹、手印、脚印等本身的特征；最后，对于这些痕迹的发现方法以及提取的方法都应当详细记载。至于现场所发现的其他物证，也参考上述方法。

五、实验注意事项

1. 所有在现场勘查过程当中所涉及的书面材料其格式必须准确无误，比如，制作笔录的单位名称描述、字体和纸张要求、排版要求、时间等。

2. 在进行现场记录的同时，必须确保所记录的客体与现场完全一致，并且在记录之前不能轻易触碰或者挪动记载客体，以防止其真实情况受到影响，必须确保现场的真实性。

3. 主体上，进行现场记录的主体必须具备相应的主体资格以及过硬的职业素养，对记录主体作出严格的要求也是为了确保现场记录的准确性、全面性和科学性。

六、实验作业要求

1. 格式规范，用语准确。对字体颜色、纸质材料、计量单位以及时间等的记载必须按照有关规定的要求。此外，在用语上要避免产生歧义，所有用语必须准确无误。语言应当尽量简洁，避免过于烦琐和拖沓。

2. 记载内容必须客观真实。这里说的客观真实是指记载的内容和描述必须与现场的实际情况完全一致，应当避免任何猜测性的用语和主观上的臆断。现场勘查的记录应当能够尽量地还原现场的状况。

3. 记录重点要突出，详略得当。对于现场与犯罪嫌疑人或者犯罪行为有关的物体，或者是被害人受害的部位等遗留痕迹应当进行重点的记载，要确保详细清楚地描述其客观情况，而对于和案件没有太大关系的内容只需要作简单记载即可。

4. 强调一致性。笔录所记载的内容顺序应当与现场勘查所进行的工作顺序相一致。笔录和现场录像、现场制图、现场照片只是对现场状况不同形式的记载，但是它们所反映的内容也应当一致。

七、实验拓展思考

1. 现场勘查笔录具有哪些优点和缺点？

2. 不同种类的案件现场笔录的制作是否有不同的要求和流程？

3. 现场勘查笔录的要求还可以怎样进一步完善？

第六节 现场分析实验

实验 现场分析

一、实验目的

1. 通过分析了解案件的真实情况，确定案件性质

案件一旦发生，必然是犯罪嫌疑人在特定的时间、特定的空间，侵犯他人

权益的行为引起案发现场的一系列变化，因此，对案发现场进行系统的分析对于了解案件的真实经过有着重要的意义。一旦得知案件是如何发生的，便可以得知案件发生的时间、地点、犯罪嫌疑人的活动过程、犯罪嫌疑人的身体特征、个人习惯、采取的犯罪手法等，包括案件的性质。科学的现场分析有助于形成有关案件的科学认识。现场分析的足够科学准确，有可能会是一个从初步认识到深层次认识的质变的过程。

2. 有助于现场勘查工作的进一步完善

对于现场状况的系统分析往往建立在现场勘查所形成的材料和认识的基础之上，因此，一旦现场分析难以进行下去或者得出的多个结论之间相互矛盾，那么，便可以此来检验现场勘查工作是否出现了问题，找出现场勘查工作当中的盲区。如此一来，现场勘查的缺陷和遗漏之处便更加容易被发现，这对于现场勘查工作的完善起到至关重要的作用。相对地，现场勘查的完善反过来又可以促进现场分析的准确进行，这二者实际上是相辅相成、不可分离的。

3. 有助于确定侦查的大方向和范围

很显然，现场分析的目的不仅仅在于分析案件本身，通过现场分析更重要的是，要为接下来的侦查工作打下基础，为侦查工作的开展指明方向。侦查人员在通过现场分析之后，一般都会形成对下一步工作如何开展的初步意见。而通过分析和讨论，侦查人员可以形成对案件具体情况和性质的准确认识，包括犯罪动机、犯罪目的、犯罪的手段和方法等，从而大大缩减侦查范围，这也包括了嫌疑人具体身份的范围、工作单位或者性质以及嫌疑人活动的区域范围等，大大提高了侦查机关的工作效率，有助于侦查机关准确、高效地侦破案件。

4. 有助于侦查机关采取科学的对策

科学的现场分析，在帮助侦查机关确定了侦查范围和方向的基础之上，也为侦查机关下一步的行动提供了参考。比如，故意杀人案、流窜作案等不同的案件，侦查机关在借鉴以往此类案件工作经验的基础之上，结合本案的现场分析状况，自然而然也就有了初步的战略部署，对所要采取的行动也有了一个初步的计划，而这些对策和行动都是建立在科学的现场分析基础之上，因此，可靠性和有效性往往较高。除此之外，对于已经采取的调查和侦查活动还可提出一些补充建议，有助于发现新的线索，使案件的侦查工作有所突破。

二、实验原理

现场分析，是指现场勘查指挥员在现场勘查基本结束后，就地召集侦查员、技术员对现场事实、查访情况和案件的有关问题进行认真细致研究后,对案件的综合情况作出判断的一项法定侦查活动。①

首先,时间上,现场分析一般是在现场勘查活动基本结束之后,在正式的侦查活动展开之前;主体上,一般而言都是从事现场勘查指挥工作的指挥员、现场访问的调查员、勘验技术人员等,以及特殊情况下的特殊主体;内容上,主要是针对现场勘查工作所获取的信息,进行一个归纳性和集中性的总结,这当中一般需要分析作案的时间、地点、所处环境、作案过程、涉案人员、案件性质、案件后果等,涉及内容较为复杂。其次,现场分析之所以是一项法定的侦查活动,是因为现场分析人员必须依法进行分析,这是为了保证现场勘查程序的合法性,没有合法的现场分析,后续的侦查活动就很难找寻合法的依据。

三、实验设备与器材

所谓现场分析,主要是根据已有的情况,对案件进行的思维和认识层次上的分析,一般涉及一些推理活动,因此,对设备和器材没有太多要求,主要是建立在现场勘查活动的基础之上。

所需器材:现场勘查记录、现场访问笔录、现场照片等。

四、实验内容和方法

(一)实验内容

1. 分析案件的性质。在案发之后,要在最快的时间之内根据现场的实际状况来判断案发现场所发生的危害结果是否为犯罪行为所导致。比如,最经典的,是自杀还是他杀。如果是自杀等非犯罪行为所致,那么侦查机关应当与其他有关部门做好工作上的协调与交接;但是,如果能够确定是他杀,那么就要根据现场勘查、现场访问的材料来确定案件的性质,是直接故意、间接故意还是过失,是杀人、抢劫还是盗窃等犯罪,又是因为何种原因而作案等。但是对案件性质的判断离不开侦查人员对案件整体情况的认识、对犯罪嫌疑人犯罪动机和目的的判断。

2. 分析案件的形成过程。这一点是现场分析重要的内容之一,分析案件的形成过程,就是要通过案发现场的实际情况,以及根据现场勘查、调查访问所形成的材料,结合各种痕迹、物证等,从而达到犯罪行为和犯罪的过程再次

---

① 许爱东:《现场勘查学》,北京大学出版社2011年版,第126页。

“重现”这样一个目的。一旦能够再现这个过程，那么对于案件性质、犯罪条件等的确定，以及为侦查机关确定侦查范围、采取相应对策等都提供了重要的依据。分析案件形成的过程，必然包括对作案时间、作案地点、作案主体、作案工具、作案手法和整体作案过程的分析：

（1）分析作案时间。犯罪行为必然是在特定的时间点或者时间段进行，而作案的时间也是犯罪嫌疑人本身所必须考虑的作案条件之一，只有具备了恰当的时机，犯罪嫌疑人的行为才能达成目的。所以根据已有的材料来确定作案的时间对于确定嫌疑人的范围，确定侦查的方向，甚至是后期审判过程中的质证都具有重大的意义。当然对于作案时间如何判断，这不仅仅要根据被害人、证人所提供的情况来进行判断，还应当结合案发现场所发现的各种痕迹和物品来进行判断，因为现场物品的新旧程度、周围环境、天气状况都能够在一定程度上反映作案的时间，这一点需要全面把握。

（2）分析作案地点。要确定现场勘查的现场到底是犯罪行为发生的主要地点，还是犯罪行为发生的关联地点，如果是关联地点，那么与主要犯罪地点又存在着何种联系。对于主要作案地点和关联地点的区分和确定有着极为重要的作用，主要作案地点的确定有利于侦查机关锁定犯罪嫌疑人大致的活动范围，从而对警力的部署、相关的行动作出相应的调整。

（3）分析作案主体。对作案主体的分析，主要是判断犯罪嫌疑人的人数情况，是1人作案，还是多人作案，是单独犯罪还是共同犯罪，是否存在犯罪集团。除此之外，还要根据一切已有材料和现场状况，分析犯罪嫌疑人的身体条件、生理特征、个人习惯等，这些对于侦查机关锁定犯罪嫌疑人的范围、确定侦查力量的部署范围都起到了直接的指导作用。

（4）分析作案工具和作案手法。所谓作案工具，也就是我们通常所说的“凶器”，作案工具通常能够反映出犯罪嫌疑人的作案手法，以及作案的手段，这些能够在某种程度上反映出犯罪嫌疑人的职业特征和行为习惯。并且作案工具往往能够与现场遗留的痕迹、物证相呼应，从而折射出犯罪行为发生的过程。

（5）整体分析作案过程。对作案时间、地点、主体、工具和手法的分析是现场分析必不可少的，然而这些因素单独来说还只是案件的一个片段，并没有形成一个统一连续的整体。因此，在上述分析完成之后，将作案的时间、地点、主体等各个因素都按照一定的联系来进行整合，形成一个完整的案件发生的过程，这才是最为重要的。而在整体分析的过程中，一旦分析难以进行下去，或者有所阻碍之时,就证明还有某些重要的因素可能有所遗漏,或者分析的方法、方式出现了矛盾和错误。运用哲学上的说法,整体要和部分相结合,紧密联系,不可分割。

3. 分析作案目的和动机。作案目的一般是犯罪嫌疑人所想要实现的结果。比如,想要杀人,是为了剥夺他人的生命;实施盗窃,是为了将公私财物据为己有等。作案目的是犯罪主观方面的内容,一般存在于直接故意犯罪当中,对于作案目的的判断,可以从行为本身和危害后果着手,运用这种方法,大多数的案件其作案目的都可以判断,当然也不排除一些重大复杂的案件,有可能犯罪嫌疑人表面的目的和实际上想要达到的目的并不一致,因此,需要综合把握案件的整体情况来判断。而犯罪动机则是导致犯罪嫌疑人进行犯罪的内心起因,这种内心起因在整个犯罪过程中都对犯罪人起到了"激励"的作用,是导致犯罪目的达成的主观原因。对作案人作案动机的调查则可以着手于被害人的情况,从被害人的生活、身体、社会关系等角度出发,探寻因果关系。但是,不得不承认的是,犯罪动机毕竟是主观层面的因素,因此,在实际当中确认起来其实还是比较麻烦的。

4. 分析确定侦查范围。对案件性质、形成过程等因素进行综合分析之后,还必须立足于对案件的侦查。根据分析的材料和结果,侦查机关不仅可以限定侦查的区域范围,甚至还可以限定侦查对象即嫌疑人的身份范围,这不仅与案件侦破的效率相关,而且涉及各种力量和资源的部署,因此必须建立在科学分析的基础之上。除此之外,还应当做到随机应变,根据实际情况出发。

(二)实验方法

1. 收集材料和证据。一切正确分析和判断都离不开对犯罪现场勘查、访问等材料的认识,必须集合一切有关现场的调查材料和结果,并将犯罪现场所获得的痕迹、物证等证据相结合,使得各材料之间能够相互印证,形成一个完整的证明体系。当然,这一切的基础依然来源于材料和证据的收集,并且材料和证据的收集也要做到准确无误。一旦收集的材料和证据出现错误,很有可能导致后面的侦查做无用功,从而浪费人力、物力等资源。

2. 分门别类,细化分析。在现场勘验、检查之后,根据已经获得的所有材料和信息,将它们一一加以分类,比如,痕迹归为一类,物证归为一类,作案的目的和动机等归为一类。总之,涉及案件的不同方面、不同性质的信息都按类划分,在分类归纳的基础之上,分别对各类别的信息进行细致分析,这样,可以更加细致地探索各个角度的信息,甚至是挖掘潜在的信息。除此之外,分类分析的好处还在于不容易出现混乱，使各个线索的信息更加清晰可见。

3. 统一整合，综合分析。分类进行分析的方法确实有突出的优点，但是分类还只是一个前提和基础，案件的发生过程是一个有机综合的整体，各个因素之间都是相互联系的，因此不能分裂开来只看一个片段。所以，在细化分析的基础之上，更重要的是对这些信息进行统一整合，使所有的信息都能够在逻辑上说得通，并且符合实际情况，使其形成一个完整的体系。不仅要找出各个材料的共性，还要善于发现其中的个性，越是细节性的内容越是应当加以重视。

4. 思维方法。在整个案件分析的过程当中，无论是分类讨论，还是综合分析，都有着一定的思维方法可以遵循。比如，逻辑推理，在现场分析过程当中，现场所得出的一切材料和信息之间都有可能是存在某种逻辑关系的，立足于各材料之间的逻辑关系并进行正确的推理，往往能够得出案件的事实真相；除此之外，辩证分析法也是不可或缺的，分类探索和综合分析这两者正是体现了部分和整体之间的辩证关系；另外，还有矛盾分析法，各个因素之间的矛盾之处不容忽视，尤其是一些相当微妙的矛盾，要学会从事情的两面性来把握真相。当然，思维方式与方法多种多样，不同的方式所思考的角度不同，得出的结论也有可能不一样，但无论如何，严谨的思维方式是必不可少的。可以肯定的是，各种推理，包括心理、物理以及数学等科学方面，都可以起到很好的作用。

五、实验注意事项

1. 现场分析的顺序应当与现场勘查的顺序保持一致

从时间上来看，现场分析是在现场勘查之后进行的；从内容上来看，现场分析所需进行的基础也是建立在现场勘查所得出的材料和信息之上。而现场勘查都是按照一定的顺序所进行的，这样的顺序安排也是为了现场勘查能够有条不紊地进行，同时也不容易遗漏信息和证据材料。因此，为了确保其准确性和完整性，现场分析也应当与现场勘查的顺序一致，如此一来，才不容易出现盲区，其结果也更加准确可靠。

2. 现场勘查和分析的各个材料之间应当自成体系，相互印证

犯罪的发生过程本就是一个有机整体，这当中所产生的一切因素都是按照犯罪发生的过程产生的，因此，其顺序、因果关系都是能够相互印证的，包括犯罪嫌疑人自己的供述、被害人的陈述、证人证言，以及痕迹、物证之间都是应当相互印证的，相互之间也不应当出现任何矛盾。所以，如果发现各因素之间

所要说明的信息产生了冲突，那么就证明某个环节出现了差错，应当立即完善。

3. 善于利用现代科学技术

随着社会经济的日益发展，犯罪发生的形式和手段也越来越高明、越来越复杂。传统的侦查模式，或者说现场勘查、现场分析的方法可能已经力不从心，因此，借助于一定的现代科学技术是必要的，并且，如果将现场勘查、现场分析与现代科学技术相结合，势必会大大提高侦查工作的效率，其科学性和准确性也大大提高。比如，指纹鉴定、DNA鉴定、影像分析技术以及声音辨析等，这些已有的科学技术以及尚在开发中的新技术，如果善加利用，必然会使现场勘查、现场分析等工作更加容易，也更加能够切中要害。

六、实验作业要求

1. 立足于实际，尊重客观实情

现场分析，要想得出准确的结果，要想探寻案件的真相，就必须尊重客观实际情况，相对的就应当减少一些擅自的主观臆断，一切分析要与现场的环境、现场的痕迹和物证等相结合，相互对照，确保一切从实际出发，实事求是。

2. 关注细节，关注矛盾

案件发生是一个整体过程，这个过程中所包含的一切因素都对案件的发生起到推动作用，重要因素往往不容易被忽视，但是一些细节性因素有时候却很容易被人们遗忘，而细节在关键时刻却是决定了案件的走势，因此，细节不容忽视。除此之外，案件的矛盾之处往往直接暴露了一些关键性的问题，所以，在现场分析的过程中对于细节，对于所有信息之间的矛盾之处要尤为重视，突出分析。

3. 注重效率，切勿拖延

现场分析必须做到高效，案发之后，案件的情况和走势随时都在改变，而事实侦查和抓捕的时机也在改变。因此，现场分析在准确无误的基础之上，还必须注重效率，一旦过度的拖延，很有可能就会使案件的侦破陷入迟滞状态，从而跟不上实际情况的变化，难以顺利开展。这一点，对现场分析人员的素质能力、分析方法便提出了相当高的要求。所以，在这方面人才的培养上也应当引起重视。

4. 善于验证，提高准确性

在现场分析的过程中，有可能会得出很多结论，这些结论当时看来是正确的，但是实际情况有可能会有所变化，因此要反复地验证，对于同一情况，要从正面和反面、从不同的时间段，善于用逆向思维、多角度地加以验证，如数学当中的验算方法。一方面可以确保信息的可靠性，另一方面也有助于及时发现问题。

七、实验拓展思考

1. 现场分析具备哪些优点？哪些缺点？
2. 科学的现场分析得出的结论是否一定与实际情况相符合？
3. 如何区分主体现场和关联现场？
4. 国外的现场分析与我国的是否有所不同？

第七节　现场重建实验

实验　现场重建

一、实验目的

1. 认知现场案件与犯罪行为形成和发生的过程

犯罪现场重建，其目的在于从逻辑上对现场案件是如何发生的，其发生的具体过程如何，以及对犯罪行为发生的过程来进行重新认知，这也是判断案件性质、认知作案行为人和犯罪行为具体情况的前提基础。犯罪现场的重建，可以帮助侦查人员发现案件的真实经过，得知犯罪嫌疑人为何实施犯罪，如何犯罪，案件的性质又是如何等，进一步地解释现场的各种变化情况。同时，现场重建有助于侦查人员了解犯罪行为的过程，正确认识犯罪活动的社会危害性和犯罪嫌疑人的违法性，而这也为诉讼活动的开展、法律适用的准确进行奠定了重要的基础。以认知犯罪过程作为直接目的，为分析案件的真实状况、确认案件的主要事实提供了可靠的依据。

2. 促进现场勘查和现场分析的进一步完善

目前，虽然我国传统的现场勘查理论在实务当中具备相当的成效，但是犯罪现场重建更加重视现代科技手段的运用，在以研究犯罪行为过程为目的的同时，采用定量分析的方法，结合现代科技成果，可以使现场勘查和现场分析变得更加高效，更加精准，大大减少勘查错误和分析错误发生的可能性。这也对传统的现场勘查模式、现场分析模式提出了挑战，而犯罪现场重建的科学性也迫使现场勘查和现场分析理论不断地进行完善，弥补自身的缺陷。

3. 提高案件的侦破率

不论是现场勘查，还是现场分析，其主要目的就是为接下来的侦查活动提供条件、指明方向、缩小范围，犯罪嫌疑人进行了违法犯罪的活动，必然要受到法律的制裁，侦查机关侦破案件也是法律的要求。而在传统的侦查模式之下，虽然最终案件也可以侦破，但是却有可能消耗大量的时间和人力、物力成本。犯罪现场重建可以通过其自身的科技性，提高现场勘查和现场分析的质量，为案件的侦破打下扎实的基础，从而大大提高案件侦破的效率。

4. 顺应时代之趋势、改革之需求

科学技术是第一生产力，不仅在经济发展的领域如此，在司法领域中，科学技术的作用也是相当重要。如今，社会经济的发展日益加快，案件的复杂程度也越来越高，为了应对日益复杂的犯罪现状，科学技术在侦查领域的运用也算是时代的呼声，而这也是实现法律的公平和正义、实现公民权利的物质技术保障。

二、实验原理

犯罪现场重建，是通过对现场痕迹、物品的位置、状态、相互关系，以及物证的实验室检验结论和其他信息，分析确定现场发生事件过程、犯罪行为过程的系统而合乎逻辑的现场认知方法。① 而李昌钰博士认为："犯罪现场重建是指对犯罪现场的痕迹、物证的位置和状态的分析及物证的实验室检验，从而确定或者排除在犯罪现场发生的事件和行为的过程。"②

现场重建最基本的内容就是要分析和研究现场痕迹、物品的特征、位置、相互之间的关系，通过对现场痕迹、物品各种属性的分析，实现对事件或者案件发生过程或犯罪行为发生过程的再次认知。现场重建和现场分析实际上有所联系，但是又有所区别，现场分析更加注重的是运用社会、人文与心理分析等方法来对现场进行分析，但是正如前文所说，现场重建则更加注重运用技术实证的方法来进行分析，在现场重建中，现代的科技手段和实验检验等技术都对现场重建的开展起到极为重要的作用。可以说，现场重建的证明手法与现

① 任克勤、胡志宏主编：《犯罪现场勘查》，群众出版社 2009 年版，第 430 页。

② 李昌钰：《论犯罪现场重建》，载郝宏奎：《侦查论坛》（第 1 卷），中国人民公安大学出版社 2002 年版，第 465 页。

代科技手段是不可分离的。现场重建是对现场所有的事实因素和检验结果进行了系统综合的考量，其所形成的对案件形成过程和犯罪行为发生过程的解释也最为合理。当然，强调科学技术在现场重建当中的重要性并不等于传统的调查访问、现场分析等方式就是不必要的；相反，他们之间应当形成一种相辅相成的关系。

三、实验设备与器材

现场重建与现代科学技术紧密相连，犯罪现场重建需要进行大量的实验室检验。常用的仪器设备包括立体显微镜、比较显微镜、生物显微镜、DNA 检测序仪、万能比对显微镜以及各个种类的色谱仪等，这些都是进行犯罪现场重建所不可或缺的设备条件，同时也是犯罪现场重建能够得以有效进行的设备保障之一。除此之外，还包括现场勘查记录、现场访问笔录、现场照片等。

四、实验内容和方法

（一）实验内容

实际上现场重建的内容与现场分析有所重合，只是现场分析的内容更加广泛，而现场重建的内容则较为集中，主要集中在对“现场上发生了什么”和“它是怎样发生的”进行研究。

1. 现场发生了什么。其实，现场所发生的包含了很多内容，这里的“什么”就包括了案件的性质、案件种类以及现场遗留的痕迹、物证等状况，与现场分析相类似。首先，案件性质，要根据现场的实际状况来判断案发现场发生了什么样的犯罪行为，又导致了什么样的危害后果，危害后果是否为犯罪行为所导致，根据现场勘查、现场访问等各种材料来确定案件的性质，是故意还是过失，是杀人、抢劫还是盗窃等犯罪等。除此之外，还包括了对现场所发现的痕迹、物证的状态分析，这些都离不开实验室的各种检验，通过对痕迹、物证的特征、性质、位置等的确定，从而了解现场所发生的真实情况。

2. 现场的事件或者案件是如何发生的。这里包括了对作案时间、作案地点、涉案主体、作案方法等的分析。

对于作案时间，犯罪行为必然是在特定的时间点或者时间段进行，而作案时间也是犯罪嫌疑人本身所必须考虑的作案条件之一，只有具备了恰当的时机，犯罪嫌疑人才能达成目的。所以，根据已有的材料来确定作案时间对于确定案件是如何发生的具有条件上的重大意义。当然对于作案时间如何判断，这不仅要根据被害人、证人所提供的情况来进行判断，还应当结合案发现场所发现的各种痕迹和物品来进行判断，现场物品的新旧程度、周围环境、天气状况都能够在一定程度上反映作案的时间。

对于作案地点，特定的犯罪地点也是犯罪能够得以发生所必须具备的条件。这里不仅要重建分析案发现场的灯光条件、建筑环境、人群流动等因素，还需要考虑主体现场和关联现场二者之间的关系，只有准确地分析作案地点，才能够了解案件发生的初始条件，其对了解案件的进一步发生具有重要作用。

对于涉案主体，不仅要判断犯罪嫌疑人的人数情况，是一人作案，还是多人作案，是单独犯罪还是共同犯罪，是否存在犯罪集团。除此之外，还要根据一切已有材料和现场状况，分析犯罪嫌疑人的身体条件、生理特征、个人习惯等，并且更重要的是，要关注犯罪嫌疑人和被害人之间的人物关系。比如，是情人关系还是仇人关系，抑或是债务关系等，而一旦确定双方之间的关系，往往就能够得知案件发生的原因所在。

对于作案手法，和现场分析的内容相类似，包括对作案工具、作案手法的分析，对作案工具和作案犯罪嫌疑人作案说法的分析能够直接得出案件是如何进行的，即案件发生的直接过程。

对于作案目的和动机，也是对案件是如何发生的，从心理层次上的回答之一，这种心理上的原因也是深层次的原因。作案目的一般是犯罪嫌疑人想要实现的结果，比如，想要杀人，是为了剥夺他人的生命；实施盗窃是为了将公私财物据为己有等。作案目的是犯罪主观方面的内容，一般存在于直接故意犯罪当中，对于作案目的的判断，可以从行为本身和危害后果着手，运用这种方法，大多数案件的作案目的都可以判断，当然也不排除一些重大复杂的案件，有可能犯罪嫌疑人表面的目的和实际上想要达到的目的并不一致。而犯罪动机则是导致犯罪嫌疑人进行犯罪的内心起因，这种内心起因在整个犯罪过程中都对犯罪人起到了“激励”的作用，是导致犯罪目的达成的主观原因，因此，对于这种主观原因的分析，实际上就是对案件是如何发生的从犯罪嫌疑人的心理源头上进行分析。对于了解案件是如何发生、犯罪嫌疑人的犯意是如何产生的都具有重要意义。

（二）实验方法

1. 资料采集。所谓现场重建，就好比一个被摔碎了的玻璃杯，如今我们需要将玻璃杯复原，这个复原的过程就相当于现场重建，所有的玻璃碎片指的就是各种资料，因此，要想进行现场重建，就必须收集足够完善的资料，而现场重建所需的资料无非分为如下 3 个种类：

第一，犯罪现场的痕迹、物证等客观情况。这些客观情况是现场重建所必须依靠的最重要也最为基本的依据，这不仅包括了现场所处的地理位置、周边环境、痕迹、物证等，还包括各个种类之间的联系。并且，进行现场重建的人员应当对现场勘查的内容有参与的过程，对于现场有过最直接、最近距离的观察和分析；否则，如果脱离了现场的实际状况，那么现场重建难免会出现差错，导致现场重建的结果与最原始的实际情况有所出入，如此一来，便会对了解案件真相，对案件的最终侦破产生一定的阻力。

第二，现场重建强调实验室检验，对痕迹、物证等进行实验室检验是现场重建所不可或缺的方法。仅仅通过对现场客观情况的分析还不足以发现案件的细节以及案件的真实情况，而通过对犯罪现场的各种物质进行实验室检验，并与一定的参照物相对比，或者开展一定的测试，可以为判断案情真相，确定各种证据之间的关系提供强大的依据。而恰恰由于实验室检验涉及相当多的科学技术，才使得现场重建的科学性大大增加，这也是现场重建与现场分析不同的特色之一。

第三，被害人陈述、证人证言等有关案件信息。由于被害人、证人在案件发生的过程中，对于案件的发生往往是最直接的见证者，甚至与犯罪嫌疑人有着最为直接的接触，所以，被害人的陈述、证人证言对于现场重建就有着相当重要的价值。一旦被害人陈述、证人证言经查证属实，就可以为现场重建提供可靠的依据。

2. 初步推测。在资料收集足够完善的基础上，将现有的资料进行整合，以形成一个完整的体系。并以此为依据进行设想，综合考虑各种可能性，运用逻辑推理等各方面的知识进行推理判断并作出初步的推测。初步的推测要考虑到犯罪原因、犯罪主观方面等内容。

3. 进行假设。在初步的推测之后，虽然形成了初步的结论，但毕竟还只是停留在“初步”的基础之上，需要后续的验证措施。为此可以先进行假设，有根据的排除一定的可能性，有保留的肯定一些可能性，从而在认可的可能性当中进行假设，这样的假设有助于思路的开展，但是其正确与否还需要进一步验证。

4. 核实验证。尽管上述假设能够得出相对合理的结论，但是毕竟还没有较为可靠的依据，因此，通过进一步的测试来进行核实和验证就显得尤为重要。这个进一步检测的过程可以借助各种现代科学技术来完成。

5. 得出结论。在对假设进行进一步的核实验证之后，现场重建的人员就必须再一次地综合所有的材料信息，从而得出最终合理的结论。

五、实验注意事项

1. 注意区分现场重建和现场分析两者的不同

现场重建的内容，主要是为了解决“现场发生了什么”和“怎样发生”这样的问题，这样的问题就足以涵盖现场重建工作的全部内容，至于“为什么犯罪会发生”，这不属于现场重建应当解决的问题。

2. 现场重建的主体

至于现场重建的主体，这要根据不同国家的国情来进行判断，而现场重建一般涉及侦查主体，自然而然也就与一个国家的诉讼制度相关联，诉讼制度的规定不同，现场重建的主体也就有所不同。比如，当事人主义的诉讼模式，不仅侦查机关可以进行现场重建，辩护方也有权进行现场重建；但是反观职权主义诉讼模式下的现场重建，则只有警方人员才有权进行。

3. 要注意区分案件个别片段和整体情节

案件的个别片段只是案件整体的一部分，虽然对案件个别片段的判断相对比较轻松，但是获得的认识却有着难以避免的局限性，如果只看案件的个别片段，则难免会有断章取义的嫌疑，导致获得的认识很不全面，甚至完全错误；但是，如果只看最后整体的情节，那么也很容易会忽视案件当中的细节，而忽视细节，很有可能就忽视了案件最为重要的某个环节，这对于把握案件的真相也是极为不利。

4. 时间要求

现场重建与现场分析不一样，现场分析通常在现场勘查结束之后“临场进行”，但是现场重建并非在现场勘查结束之后就必须开展，也可以在现场勘查结束后的几天内进行，但是持续的时间却比现场分析要长久。

六、实验作业要求

1. 把握重点，详略得当

现场分析的内容则涵盖了案件形成过程中方方面面的因素，但是对于现场重建来说只需要关注两个重点，就是“现场发生了什么”和“怎样发生”，除此之外，不在分析的范围之内。

2. 立足于客观实情

同现场分析相一致,现场重建要想得出准确的结果、探寻案件的真相,就必须尊重客观实际情况,结合现场勘查、现场取证、现场分析的一切情况和结论,以及一切与现场的环境、现场的痕迹和物证等相关的客观因素,相互对照,确保现场重建的科学性和准确性。

3. 反复论证,核实检验

由于现场重建涉及的都是最为关键的问题,并且在这当中需要作出一定的猜测和假设,因此,对于猜测和假设的反复论证是必不可少的。除此之外,现场重建的特色就在于运用实验室检验,因此,反复论证和检测就成为现场重建必不可少的要求。

七、实验拓展思考

1. 现场重建与现场分析具体有哪些不同?

2. 现场重建与现场分析相比,有什么优势和缺陷?

3. 现场重建与科学技术的结合,是否会导致现场重建的成本过高?是否会导致现场重建难以推广?

4. 现场重建是否属于侦查活动?抑或是除了侦查人员外其他人员也可以开展的活动?

第二章　刑事影像技术实验

第一节　现场摄影实验

实验　现 场 摄 影

一、实验目的

1. 熟悉现场方位、概貌、重点部位的摄影内容和拍摄要求，明确拍摄的目的、内容、范围和注意事项。

2. 掌握现场摄影的拍摄步骤、方法及原则。

3. 能够熟练运用现场摄影的基本方法完成室内现场的拍摄。

4. 掌握室内现场闪光灯的配光方法。

二、实验原理

运用普通摄影的成像原理和拍摄技术，按照现场勘查的程序和现场摄影的步骤、要求和原则，运用单向、相向、多向、回转连续、直线连续等现场摄影的各种方法，客观、真实、全面、系统地拍摄现场方位、现场概貌、现场重点部位和遗留在现场上的犯罪痕迹、物品。

三、实验设备与器材

1. DF－135 照相机（配标准镜头）、35mm 广角镜头或28～70mm变焦镜头。

2. 电子闪光灯(指数为28以上)、现场勘查灯或新闻摄影灯。

3. 闪光同步线或同步感应器、快门线。

4. 三脚架、遮光罩、测光表。

5. 方向指示标志、黑白比例尺。

6. 135黑白全色胶卷或彩色胶卷。

7. 室内模拟现场所需物品。

四、实验内容和方法

(一)实验内容

根据设计的模拟现场,运用单向拍摄法、相向拍摄法、多向拍摄法、回转连续拍摄法和直线连续拍摄法,完成现场方位、现场概貌、现场重点部位等内容的拍摄和制作。

运用普通摄影的成像原理和拍摄技术,按照现场勘查的程序和现场摄影的步骤、要求和原则,运用单向、相向、多向、回转连续、直线连续等现场摄影的各种方法,客观、真实、全面、系统地拍摄现场方位、现场概貌、现场重点部位和遗留在现场上的犯罪痕迹、物品。

(二)实验方法

每两人为一组,配备一套照相器材,根据实验指导教师布置的实验内容和要求以及对模拟现场的案情介绍,在指定的模拟现场拍摄。

1. 做好拍摄前的准备

(1)检查拍摄器材和模拟现场是否完备。

(2)了解实验内容、程序、步骤和方法。

(3)做好小组分工,责任到人。

2. 明确拍摄原则

先拍概貌,后拍重点部位、细目;先拍原始,后拍移动;先拍地面,后拍上部;先拍容易破坏、消失的,后拍稳定的;先拍易,后拍难;先拍急,后拍缓;现场方位的拍摄,应根据情况灵活安排。

3. 熟悉拍摄步骤

(1)了解模拟案情

到达指定的模拟现场后,听取实验指导教师对模拟现场的案情介绍,了解案件发生、发现的时间、地点和经过,现场原始状况、变动情况及保护措施,出入现场的人员及原因。

(2)巡视并固定现场

在初步了解案情后，首先与现场勘查人员共同对现场外围环境、现场范围和内部状况、犯罪嫌疑人出入通道以及现场遗留的痕迹、物证的分布等进行静态观察，同时，应迅速准确地对现场概貌状况进行拍摄固定。

(3)制订具体拍摄计划

①确定现场照相的内容及先后顺序；

②每一现场照相内容大约拍摄几幅画面，用何种方法拍摄，如何取景、配光以及拍摄点的选择；

③在拍摄过程中应与有关勘查人员密切配合，根据整个现场勘查程序以及勘查人员工作中的新发现，随时调整拍摄计划，以适应整个现场勘查工作的需要。

4. 运用常用拍摄方法拍摄

(1)单向拍摄法

从一个方向对现场某一被拍对象或某一个侧面进行拍摄的方法。单向拍摄法在现场照相中多用于现场概貌照相、现场重点部位照相和现场细目照相。对某些案情比较简单、场面比较小、环境不太复杂的犯罪现场方位照相也可运用单向拍摄法。

(2)相向拍摄法

以相对的两个方向、相等的距离对被拍物进行拍摄的方法，用以表现现场中心部位的状况及其与前景和后景相互之间的关系。

相向拍摄法在现场照相中运用较多，如反映处于狭长地段的现场方位、反映呈长方形现场的概貌、反映重点部位与前后景物的关系等均可运用这种方法。

(3)多向拍摄法

从几个不同的方向，以相等的距离对被拍物进行拍摄的方法。一般多从3个或4个方向拍摄。

多向拍摄法能够全面反映现场中心部位与周围环境及痕迹、物证的关系。因此，被广泛运用在现场方位、概貌和重点部位照相中。

(4)回转连续拍摄法

固定拍摄机位，水平或垂直方向转动镜头，将被拍客体分段连续拍摄成若干画面的拍摄方法。

回转连续拍摄法易产生影像变形，因此，主要适用于场面比较大、拍摄位置又受客观环境限制无法后退的现场方位照相和现场概貌照相。在后期制作时，要把所拍的几张照片连接成一张完整的照片。

(5)直线连续拍摄法

相机焦平面和被拍物平面平行、等距，沿着被拍物直线移动并将其分段连续拍摄成若干幅画面的拍摄方法。

直线连续拍摄法在现场照相中主要用于狭窄的地段、成趟的足迹、血迹、长条形的车轮痕迹等的拍摄。在后期制作时，将这些照片连接成一张完整的照片。

5. 模拟现场拍摄

根据指定的室外模拟现场具体情况，按照制定的拍摄计划实施拍摄。

(1)室外现场拍摄

①现场方位照相。以整个现场和现场周围环境为拍摄对象，反映犯罪现场所处的位置及其与周围事物的关系。

在自然光下，运用直线连续拍摄法拍摄现场方位。

拍摄现场方位也可运用回转连续拍摄法。使用标准镜头，将照相机固定在三脚架上，正对现场拍摄第一张，将相机向左回转约 20 度拍摄第二张，再向右回转约 40 度拍摄第三张。

对于较小的现场，可使用广角镜头，选择较高的位置俯拍。

对于长条形现场，可运用相向拍摄法。

②现场概貌照相。以整个现场或现场中心地段为拍摄对象，反映现场的全貌以及现场内各部分的关系。

使用标准镜头，运用多向拍摄法拍摄现场概貌。根据室外现场范围划定一个方形范围，以现场重点部位(如尸体)为前景从四个方向拍摄。四次拍摄的距离、高度、曝光量应一致。自然光配光时，应尽量避免逆光和反光。

现场概貌也可使用广角镜头，从较高的位置单向拍摄，以把现场全部摄入并充满取景器为准；也可运用相向拍摄法，根据现场范围，以重点部位为圆心划定一个圆，两次的拍摄点到圆心的距离应相等，取景以最大限度地反映现场范围并能充满取景器为准。

③现场重点部位照相。以现场的重要部位或地段为拍摄对象，反映其状况、特点以及与犯罪有关痕迹、物品所在部位及其相互之间的关系。

使用标准镜头，运用相向或多向拍摄法对重点部位进行拍摄。例如，从尸体的两侧拍摄，反映尸体及其周围的状况（不得从脚或头的方向拍摄）。如果条件所限，自然光配光角度无法调整，出现逆光照射时，需用闪光灯补光。

重点部位的拍摄也可使用标准镜头，运用单向拍摄法，采用近景的表现手法，拍摄点应选择在较高位置。

④室外照相配光方法。室外现场一般采用自然光配光。在自然光下拍摄时，应根据光照角度合理运用光线，一般尽量以顺光和前侧光进行配光，避免使用逆光。

日出、日落时，应避免顺光和逆光拍摄；否则，会产生物体投影过长、影调平淡、层次不清、正面较暗的缺陷。

由于天气原因，造成现场光线较暗时，或由于光照角度无法调整，造成景物有阴影时，可用闪光灯或其他人造光源进行辅助配光。

夜间室外现场需用人造光源配光。通常用闪光灯进行多灯多向闪光法或单灯分段闪光法配光。

（2）室内现场拍摄

①在室外，使用标准镜头或广角镜头，正对或斜对门口拍摄一张，反映门口及门外侧的情况。如果自然光较好时，可不使用闪光灯。

②使用标准镜头，运用多向拍摄法，以房间四面墙的中点或房间的四个墙角为拍摄点，反映现场概貌；也可运用相向拍摄法，从门及其对应位置相向拍摄，或从两个相对应的墙角位置相向拍摄，反映现场概貌。一般采用单灯直接闪光法或间接闪光法，也可使用现场勘查灯或新闻灯配顺光照射。

③拍摄室内现场概貌还可以运用回转连续拍摄法在门口对室内现场进行拍摄。

使用标准镜头，将照相机固定在三脚架上，正对现场拍摄第一张，将相机向左回转约 20 度拍摄第二张，再向右回转约 40 度拍摄第三张。为使现场概貌更为全面，可在门的对应位置斜侧面拍摄一张，再对靠门的一面拍摄一张。

④对于较简单的现场，可使用广角镜头，选择较高的拍摄点，以能反映现场出入通道，把现场全部摄入并充满取景器为准，如室内某一墙角。

⑤运用相向拍摄法对现场重点部位进行拍摄。一般采用连体单灯闪光法，也可使用现场勘查灯或新闻灯配顺光照射。

重点部位的拍摄也可使用标准镜头，运用单向拍摄法，采用近景的表现手法，拍摄点应选择在较高位置。

⑥利用闪光灯配光，运用直线连续拍摄法拍摄长距离痕迹、物证。将照相

机固定在三脚架上并正对被拍物中心，使用标准镜头并将镜头的光轴垂直于被拍物的平面，参照被拍物附近放置的皮尺，拍摄第一张；然后向左等距离地移动相机，从取景器内观察，使画面右边缘与第一张照片左边缘有1/4～1/5的重叠，拍摄第二张；再向右等距离地移动相机，使画面左边缘与第一张照片的右边缘有1/4～1/5的重叠，拍摄第三张。

⑦室内拍摄常用的配光方法有以下几种：

连体单灯闪光法。将闪光灯直接固定在照相机上与拍摄同步配光。

间接闪光法。将闪光灯上仰或两侧偏转一定角度，不直接照射被拍物，利用反光板、墙壁、天花板等洁净的浅色物面的反射光，间接照射被拍物进行配光。

多灯多向闪光法。使用两只以上闪光灯，通过闪光同步线或同步感应器相连接，其中一只闪光灯作主光，另外几只闪光灯作辅光。从不同的光位分别照射被拍物进行配光。

单灯分段闪光法。先将照相机固定好并开启快门（快门线，控制，快门打到“B”门），选择不同位置，用一只闪光灯分段闪光的配光方法。闪光的顺序应先远后近，分段的多少要根据现场范围的大小和闪光灯的指数来定，要注意光照均匀和防止灯光或持闪光灯者被摄入画面。

对于室内有逆光的现场，例如，阳光从拍摄方向的窗口直接射入室内，为防止逆光产生光晕，可将有逆光的窗户全部遮挡好，用灯光照明，但要有主辅光相配合，其光比为3∶1～4∶1。

五、实验注意事项

1. 注意安全，遵守纪律，爱护器材设备，不得随意更改现场物品的布置和摆放。

2. 严格按照操作程序进行操作，将模拟现场视作实战现场，认真拍好每一张照片。

3. 运用多向拍摄法时应注意以下几点：

（1）各拍摄点与被拍物中心的距离和高度尽可能相等，并均匀地分布在现场中心部位。

（2）应尽量避免逆光拍摄，必要时可进行补光。

（3）每张照片的曝光组合、放大倍率、反差、影调、色调以及照片尺寸等要一致。

（4）取景构图时，要处理好重点和全面的关系。

4. 运用回转连续拍摄法时应注意以下几点：

（1）拍摄点应选在尽可能较高、较远的位置，并正对被拍摄对象的中心，被拍摄的主要物体应安排在画面中显著位置，并要避免被其他物体遮挡。

（2）拍摄时应将照相机固定在三脚架云台上，转动照相机改变拍摄方向时，要使相机保持水平，避免转动轴移位，以尽量减少影像的变形。

（3）两个相邻画面要有适当重叠的部分，重叠部分占整个画面的1/4～1/5为宜。

连接线应选择在重叠部分的某一有明显标志的直线条物体上，如房角、电线杆、树、墙等，不可选在与案件有关的主要物体上。

（4）每个画面的调焦距离、选用的光圈应一致。否则会造成各幅画面影像的景深范围及影像大小有差异，给照片的连接带来困难。

（5）每张照片的曝光组合、放大倍率、反差、影调、色调及拍摄尺寸等要一致。

（6）应使用标准镜头，不宜选用广角镜头，以减少被拍景物影像的变形。

5. 运用直线连续拍摄法时应注意以下几点：

（1）每幅画面都要保持等距离、垂直情况下拍摄，以防止影像变形。

（2）相邻的画面应该重叠1/4～1/5，连接线要避开重点物品或痕迹，以便于照片的连接。

（3）各幅画面的调焦距离、曝光组合应一致。每张照片的放大倍率、反差、影调、色调及照片尺寸等要一致。

（4）对有证据意义的痕迹、物品，要在被拍物的同一水平面放置比例尺，以显示被拍物的实际大小。

六、实验作业要求

1. 通过实验掌握现场摄影的拍摄步骤、方法及原则。

2. 通过实验能够运用现场摄影的基本方法完成室内现场的拍摄。

3. 通过实验能够掌握室内现场闪光灯的配光方法。

七、实验拓展思考

1. 现场摄影的拍摄步骤以及方法，怎样才能最高效？

2. 室内现场闪光灯的配光方法，如何才能做到配光效果最佳？

第二节　物证摄影实验

实验　物证摄影

一、实验目的

1. 理解物证照相的基本概念和原理。

2. 掌握物证照相的基本拍摄方法和要求。

二、实验原理

1. 一般物证,在可见光的造型下或在滤光镜的分色作用下,能够反映其形态或特征内容。

2. 应用一定的拍摄技术和方法,正确反映、显示物证的边缘特征和细节特征。

3. 照相技术可记录、再现事物的真实、客观的形态或状态。

三、实验设备与器材

(一)器材

1. DF－135 型相机。

2. 三脚架。

3. 快门线。

4. 红滤光镜。

5. 脱影架。

6. 近摄接圈。

(二)耗材

1. 胶卷。

2. 相纸。

3. 放制器具。

4. 显影药。

5. 定影药品等。

四、实验内容和方法

(一)实验内容

1. 拍照(翻拍)红印章文件。

2. 拍照(分色)红色污染书件。

3. 拍照(阴影)泥土足迹。

4. 拍照(脱影)刀型凶器。

5. 拍照(同大)捺印指纹。

(二)实验方法

1. 以两人为一个实验单位,完成实验学习活动。

2. 两人相互配合,按照相应的物证照相方法和要求实验操作。

3. 预习实验、做出计划,做到方法得当,并详细做好各项实验拍照记录。

(1)文件拍照

第一,以自然散射光为宜,选择拍摄环境。

第二,文件平整放置,且为横向取景。

第三,镜头光轴垂直于文件平面中心。

第四,测算、确定正确的曝光数据,准确调焦,实施曝光。

(2)污染文件拍照

第一,基本方法和步骤与"文件拍照"相同。

第二,拍照一张文件的原始污染状态。

第三,加用红色滤光镜后,应按滤光镜因数在原曝光数据基础上修正曝光值。

(3)泥土足迹拍照

第一,以一定角度的直射光为条件,选择拍摄地点。

第二,镜头光轴垂直于足迹平面中心,且在脚弓处放置比例尺。

第三,测算、确定正确的曝光数据,准确调焦,实施曝光。

(4)刀型凶器拍照

第一,以一定角度的直射光为条件,选择拍摄地点。

第二,检查脱影架玻璃的清洁度,以及衬底的清洁和平整度。

第三,将凶器放置于玻璃上,并放置比例尺。调整脱影架角度,使背景衬底上无投影出现。

第四,测算、确定正确的曝光数据,准确调焦,实施曝光。

五、实验注意事项

1. 爱护和管理实验器材，遵守实验管理和纪律。

2. 正确使用拍摄器材，并能够方法正确、用光正确、对焦准确、曝光正确。

3. 物证的内容或形态、特征清晰可辨，无光照不匀、画面密度不匀，以及背景杂乱现象。

4. 文件拍照方面：实验室人造光源以双侧灯为宜，被照面光照均匀，文件不平整将产生皱褶阴影，光轴偏离“中心”，产生透视变形。安全快门速度下，可手持相机操作。白纸亮度大于一般物体亮度，同时又是近距拍摄，注意曝光修正。

污染文件方面：基本注意事项与“文件拍照”相同。红色滤光镜可消除或削弱红色的像密度。原照可作效果对比。“因数”为（X2）修正1级，（X4）修正2级。必要时，使用三脚架实施曝光。

泥土足迹方面：在一定角度直射光下，利用凸凹产生的造型，才能反映立体足迹特征。足迹可以理想设计踩踏，注意其花纹特征与光照角度。泥土反光能力弱（特别是潮湿泥土），同时又是近距拍摄，注意曝光修正。

刀型凶器方面：无投影的散射光条件也可，不建议室内人造光下操作。污迹及皱褶都会影响画面质量。衬底一般选为白色。背景投影会严重破坏画面质量。（用一块玻璃支起一定高度，再加适当衬底，可当脱影架使用。）凶器为金属表面，同时又是近距离拍摄，注意曝光修正。

六、实验作业要求

1. 通过实验理解物证照相的基本概念和原理。

2. 通过实验掌握物证照相的基本拍摄方法和要求。

七、实验拓展思考

1. 怎样能最大效果保证物证的内容或形态、特征清晰可辨，避免光照不匀、画面密度不匀，以及背景杂乱现象？

2. 各拍照项目在物证照相中的照相属性对于物证拍摄有何影响？

第三节　刑事影像处理实验

实验一　影像增强技术

一、实验目的

影像增强是通过一系列技术方法有选择地突出某些对人或机器分析感兴趣的信息，抑制或消除一些不感兴趣及无用的信息，以提高影像使用价值的一种影像处理技术。

1. 理解影像增强的概念及原理。

2. 能识别图像的基本信息情况。

3. 掌握通过数字图像处理软件处理弱反差影像的步骤和方法。

二、实验原理

首先，通过影像增强技术可以改善人眼对原始影像的视觉效果，使观察者从中获得更加清晰、便于理解的信息，以作为进一步处理或分析的依据。其次，在计算机自动识别技术中，采用增强技术进行预处理，使原始影像信息转换成为一种更适合于机器感知、理解和分析的形式，以提高机器处理分析的质量。影像的增强过程中不会增加影像的内在信息量，但却能增大所关心信息的动态范围，使之更加易于检测。

1. 对比度增强技术

所谓对比度增强，就是将原影像的每一像素的灰度值重新进行分度，将原影像的亮度（灰度）的动态范围予以扩展，以达到改善或提高人眼（或机器）视觉效果的一种影像处理方法。在进行影像的对比度增强处理时，可以对整幅影像扩展亮度（或灰度）的范围，也可以只对影像中我们感兴趣的某一部分区域的亮度（或灰度）范围进行扩展。对比度增强后，人眼能够观察到的影像的细节增加了，然而这仅是人眼的主观感受，实际上原影像的固有细节信息并没有改变。

2. 影像的平滑处理

影像在生成和传输过程中，常常受到各种噪声源的干扰和影响，使影像的质量变坏。噪声源有电传感器噪声、相片颗粒噪声、信道误差及其他噪声。影像的平滑处理指抑制噪声，改善影像质量的处理技术。影像的平滑处理既可以在空域中进行，也可以在频域中进行。在平滑噪声处理时应尽量不损害原始影像的边缘和各种细节。

3. 影像的锐化处理

与平滑处理的目的正好相反，在影像的识别和判读时，经常需要突出影像中感兴趣的目标物体的轮廓或边缘信息。影像的锐化处理就是对边缘的增强处理，也称作“影像的边缘增强”。经过影像锐化处理后，人眼观看影像中的目标物体更加清晰，识别起来更加容易。影像的锐化处理同样是既可以在空间域中进行，也可以在频率域中进行。

4. 影像的伪彩色增强和假彩色增强

人眼对彩色的敏感度很高，据研究，人眼能区分几千种有不同色调、饱和度和亮度的彩色，但能区分的灰度等级只有几十种，而且，人眼在观看彩色影像时要比观看黑白（或单色）影像舒服得多。我们在观看彩色电视节目时，就能明显地体会到人眼的这一视觉特性，一旦将色调显示调到黑白显示时，我们立即会看不到原来彩色画面中的许多细节信息。将彩色运用到灰度（或单色）影像的增强处理中，就是根据上述人眼的特性，影像经过彩色化增强处理，可以大大提高人眼对影像的分辨能力，改善影像的视觉效果。

三、实验设备与器材

1. 135 型单镜头反光式数码相机机身 1 台。
2. 微距镜头 1 个。
3. 快门线 1 条。
4. 比例尺若干。
5. 计算机（含 Photoshop 软件）1 台。
6. 彩色激光打印机 1 台。
7. 打印纸若干。

四、实验内容和方法

（一）拍摄物证照片或现场照片（参见本章第一节现场摄影实验、第二节物证摄影实验）

（二）观察照片

观察拍摄的照片，分析照片应采取哪种方式进行增强。

（三）计算机图像增强处理（以颜色加深为例）

1. 启动 PhotoshopCS6，并打开原始图像。

2. 对图层进行右击鼠标，选择复制图层，将新图层命名为“复制图层”，并选择此图层。

3. 点击“图像”下拉菜单，选择“应用图像”选项。

4. 在“应用图像”对话框中，“图层”选项选择“背景”，“混合”选项选择“正片叠底”或者“颜色加深”均可。一般情况下，“颜色加深”的效果要比“正片叠底”的效果强烈。可以重复以上处理步骤，直至达到鉴定的标准；如果调整后反差过于强烈，则减少“应用图像”对话框中不透明度的值，也可以对图像进行均衡色彩灰度的调整，以获取处理的最佳效果。

五、实验注意事项

1. 全面掌握图像增强的各种方法，以适应不同情况下拍摄的照片。

2. 认真观察图像，采取恰当的方式进行图像增强。注意当照片能达到合理使用时，也可不进行增强。

六、实验作业要求

1. 通过实验理解影像增强的基本概念和原理。

2. 通过实验掌握影像增强的基本方法和要求。

七、实验拓展思考

1. 分析图像增强处理中应注意哪些问题？

2. 正确分析图像的基本数值，在何种情况下选取何种影像增强的方法？

3. 在进行影像增强操作后，图像发生怎样的变化？是否符合预期要求？

实验二　影像矫正技术

一、实验目的

1. 掌握影像矫正技术的基本方法、步骤。

2. 能熟练地运用矫正技术对各种有问题的图片进行矫正。

二、实验原理

拍摄痕迹物证时,要保证检材影像与样本影像的大小、影调和方向反映一致,并防止影像产生变形。但在实际工作中,往往会因显现、提取、拍摄方法和制作工艺的不同,产生检材影像与样本影像大小、影调、方向的不一致,甚至产生影像变形。为保证检验鉴定的准确性,这就需要将检材影像的大小、方向、影调及影像变形,用一定的技术方法达到与样本一致和消除变形。

三、实验设备与器材

1. 135 型单镜头反光式数码相机机身 1 台。
2. 微距镜头 1 个。
3. 快门线 1 条。
4. 比例尺若干。
5. 计算机(含 Photoshop 软件)1 台。
6. 彩色激光打印机 1 台。
7. 打印纸若干。

四、实验内容和方法

(一)拍摄物证照片或现场照片(参见本章第一节现场摄影实验、第二节物证摄影实验)

(二)观察照片

观察拍摄的照片,分析照片大小、方向、图像是否与样本不一致;并查看照片的大小、像素比。

(三)计算机图像处理

1. 启动 PhotoshopCS6,打开原始图像。

2. 对图层进行右击鼠标,选择复制图层,将新图层命名为“复制图层”,并选择此图层。

3. 点击“编辑”下拉菜单,右拉出“变换”菜单。选择合适的图形变换选项。

4. (以变形为例)点击“变形”选项,用鼠标在原始图像上任意一处点击不放,并进行拖动,以达到预期效果。

五、实验注意事项

1. 保留原始图像，以防操作失误导致原始图像遗失。
2. 操作失误后可在“窗口”下拉菜单，点击“历史记录”，撤销不正确操作。
3. 操作中注意图像的真实性，不可修改过度导致图像失真。

六、实验作业要求

1. 通过实验理解影像矫正的基本概念和原理。
2. 通过实验掌握影像矫正的基本方法和要求。

七、实验拓展思考

1. 分析影像矫正处理中应注意哪些问题？
2. 正确分析图像的基本数值，在何种情况下选取何种影像矫正的方法？
3. 在进行影像矫正操作后，图像发生怎样的变化？是否符合预期要求？

实验三　模糊影像复原

一、实验目的

影像复原技术就是对退化或劣化影像进行校正处理、滤除退化痕迹、恢复影像本来面目的一种影像处理技术，影像复原技术也称为影像恢复技术。影像复原（或恢复）的目的是尽可能复现或逼近没有退化的理想影像，即恢复退化影像的真实面目。

1. 掌握影像复原技术的基本方法、步骤。
2. 能熟练地运用影像复原技术对各种问题图片进行矫正。

二、实验原理

影像复原技术与增强不同，影像复原强调的是尽可能客观地以最大保真度恢复影像的本来面目。在进行影像复原处理时，需要根据退化影像尽可能精确地寻找真实影像的一个估计，通常还需要引进一个评价指标来判别这个估计的好坏。因此，影像复原的质量不是由人的主观心理感受决定的，而是具有客观的评价标准。为了估计原图，需要测度退化现象或者预先了解退化的先验知识，建立影像的退化模型，影像复原可以认为就是在这个退化模型的基础上求其逆过程的一门技术。因此，从技术的角度来看，影像复原具有以下几个特点：复原的对象是各种退化影像；复原的过程是退化过程的逆向估计问题，是一个去卷积（逆滤波）的过程；复原时使用一定的估计准则作为判别估计误差的依据，所以复原具有客观的质量评价标准。

1. 非正确曝光退化影像（非线性退化影像）

拍摄中由于曝光控制不当，产生曝光不足或曝光过度现象。曝光不足的底片画面，呈现一片浅淡的密度影像，景物的低光（低亮度）部位失去细节；而曝光过度的底片画面，则呈现一片浓黑的密度影像，景物的高光（高低亮度）部位也将失去细节。

非正确曝光退化影像的退化实质是由于在感光材料的感光特性曲线的非直线部分进行了曝光，从而形成所谓的非线性失真。

2. 散焦模糊影像

拍摄时由于摄影、摄像系统的实际孔径大小有限或存在较严重的光的衍射效应，使景物的光点在成像面上成为"圆斑"，形成散焦模糊影像。在刑事摄影时使用过大的光圈系数进行痕迹物证的细目拍摄，由于镜头小孔径时衍射效应的增强，容易产生这种散焦模糊影像。

3. 运动模糊影像

运动模糊影像是由于拍摄曝光期间照相机与被摄物体之间有相对运动（旋转、平移等）而造成的。例如，被摄目标物体与照相机之间相对运动速度很大，而拍摄者所选用的快门速度又较低；拍摄者猛压快门或压快门时相机晃动；从飞机或卫星上拍摄地面照片等，都可能造成运动模糊影像。

运动模糊影像是由于曝光期间照相机与被摄物相对运动，物点的像在感光胶片上成为一条扫描线而形成的。

4. 噪声干扰模糊影像

成像过程中成像系统夹入噪声，随机地附加在影像上形成所谓噪声干扰模糊影像。

5. 离焦模糊影像

拍摄中的调焦过程，是拍摄者调校被摄主体至镜头的物距、像距和镜头焦距三者之间的关系以满足高斯成像公式的过程。当调焦满足高斯成像公式时，被摄主体则清晰成像，这就是正确的调焦。如果拍摄者的调焦未能满足高斯成像公式，俗称为调焦不实，将使照片中的被摄主体形象模糊不清，形成所谓离焦模糊影像。

运动模糊影像和离焦模糊影像从画面上来看,有时容易产生混淆。但离焦模糊影像中一般可以找到清晰的像点,而运动模糊影像则可以从景物与照相机相对运动的方式形成景物某种整体的模糊来加以辨别。

三、实验设备与器材

1. 135 型单镜头反光式数码相机机身 1 台。

2. 微距镜头 1 个。

3. 快门线 1 条。

4. 比例尺若干。

5. 计算机(含 Photoshop 软件)1 台。

6. 彩色激光打印机 1 台。

7. 打印纸若干。

四、实验内容和方法

(一)拍摄物证照片或现场照片(参见本章第一节现场摄影实验、第二节物证摄影实验)

(二)观察照片

观察拍摄的照片,分析照片大小、方向、图像是否与样本不一致;并查看照片的大小、像素比。

(三)计算机图像处理(以锐化为例)

1. 启动 PhotoshopCS6,打开原始图像。

2. 对图层进行右击鼠标,选择复制图层,将新图层命名为“复制图层”,并选择此图层。

3. 点击“滤镜”下拉菜单,右拉出“锐化”菜单。选择“USM 锐化”选项。

4. 若一次锐化不足,可重复步骤 3。

五、实验注意事项

1. 切勿过度锐化使照片失真。

2. 正确分析照片模糊原因,选择合适的处理方式。

六、实验作业要求

1. 通过实验理解影像复原的基本概念和原理。
2. 通过实验掌握影像复原的基本方法和要求。

七、实验拓展思考

1. 分析影像模糊处理中应注意哪些问题?
2. 正确分析图像的基本数值,在何种情况下选取何种影像复原的方法?
3. 在进行影像还原操作后,图像发生怎样的变化? 是否符合预期要求?

第三章　文件检验技术实验

第一节　正常笔迹检验实验

实验一　书写水平特征的检验

一、实验目的

通过实验，熟悉书写水平特征的分类，掌握正确运用书写水平特征的方法。

二、实验原理

形成独特的书写动作习惯后，在其书写活动中就会表现出其书写水平的差异，每个人受教育、心理、环境等因素的影响，书写水平或高或低，从其书写笔迹中能够观察和发现其笔迹的规范化程度与笔迹的熟练程度，从而能够分析书写者实际的书写水平。

三、实验设备与器材

1. 倍率计(10 倍)。
2. 不同书写水平笔迹材料 3 份。
3. 书写水平特征记录纸若干。

四、实验内容和方法

1. 观察与分析全篇笔迹的大小、布局特征。书写水平高的笔迹通篇字体大小匀称、文字布局合理；书写水平低的笔迹布局杂乱无章，文字大小不一、参差不齐。

2. 观察与分析单字运笔、文字结构、笔画特征。书写水平越高，运笔自然流畅，文字结构平衡均匀，笔画线条规范、一气呵成；书写水平越低，运笔生涩生疏，文字结构松散失衡，搭配比例失调，笔画线条不规范。

3. 观察用字规范程度。书写水平越高，文字的使用越符合社会规范；书写水平越低，则易出现错别字。

五、实验注意事项

1. 书写水平在短时间内，不可能超规律地提高，因此当检材的书写水平明显低于同期样本笔迹时，可作为否定的依据。当检材笔迹明显高于样本笔迹时，则要慎重考虑是否存在故意降低书写水平的情形。

2. 书写水平的高与低是相对而言的，当书写水平特征高低明显不同时，可以作为否定的依据，但也要根据多方面的表现综合分析，进一步比较其他特征，不能从一个方面的表现作出认定。

六、实验作业要求

分别对 3 份不同书写水平的笔迹材料进行观察分析，确定被检验的实验材料属于何种书写水平，并得出实验结果。

七、实验拓展思考

书写水平特征与文化程度是否有关？是否文化程度越高，书写水平也越高？

实验二 搭配比例特征的检验

一、实验目的

通过实验，熟悉搭配比例特征的内容与分类，能够掌握与正确运用搭配比例特征。

二、实验原理

汉字有独体字与合体字两种结构形式，搭配比例是指笔画与偏旁部首之间的相对位置和大小关系。不同书写人在书写同一个字时,偏旁部首间的远近高低、笔画之间的交接均是不同的,运用这些搭配比例的特征能够识别不同人的书写习惯。

三、实验设备与器材

1. 倍率计(10 倍)。
2. 不同搭配比例的单字实验材料若干。
3. 检验记录纸。

四、实验内容和方法

1. 根据笔画与笔画之间的搭配比例和字部与字部之间的搭配比例,熟悉搭配比例特征的种类。笔画间多数以对称或匀称分布为通行规范的正常搭配比例;偏上偏下、偏左偏右则为特殊搭配比例。规范字部的搭配比例,单字各个组成部分的大小匀称,宽窄合适;特殊字部的搭配比例特征为单字的各个组成部分大小失衡,宽窄比例失调。

2. 观察正常与特殊的搭配比例特征,分析笔画的长短比例和单字的各个组成部分的比例。

五、实验注意事项

1. 分析笔迹的搭配比例特征时,不仅要观察笔画和字部的搭配比例,还应考察全篇笔迹。

2. 搭配比例笔迹也是容易模仿的笔迹之一,注意观察在故意伪装的情况下,虽然字部组合特征明显,但是细小隐蔽的搭配比例特征不易改变,还是能反映出书写人真实的书写习惯。

六、实验作业要求

对实验材料中的单字进行观察,分析其搭配比例特征,并确定其中的正常搭配比例特征与特殊搭配比例特征,最终得出实验报告。(见图 3-1-1)

图 3－1－1

七、实验拓展思考

搭配比例特征的总体反映性与书写水平是否有关?

实验三　运笔特征的检验

一、实验目的

通过实验,了解运笔特征的内容与基本类型,能够掌握和正确分析运笔特征。

二、实验原理

运笔特征是书写人在书写单一笔画时起笔、行笔、收笔过程中表现出来的动作特点,是存在于笔形中的对运笔动作习惯的反映,也是笔迹中必然出现的特征。运笔是最基本的书写动作,由于每个人的书写习惯不同,其书写过程中表现出来的运笔特征也各不相同。而且经过反复的训练,当书写习惯形成后,运笔特征是较为稳定的笔记特征之一,能够用来分析判断书写者的书写习惯。

三、实验设备与器材

1. 倍率计(10 倍)。

2. 运笔特征单字实验材料若干。

3. 特征记录纸。

四、实验内容和方法

1. 熟悉与掌握运笔特征内容。其中包括起笔特征、收笔特征、行笔特征、笔力特征、笔画形态特征、连笔特征等。

(1)在单字运笔细节特征系统里,起、收笔特征具有重要的价值。起笔特征是反映起笔动作特点的笔画形态,按用笔方式可分为直锋起笔、侧锋起笔、回锋起笔 3 种方式。收笔特征书写至笔画末端,笔尖离开书写物时的动作特点,可分为有顿压收笔和无顿压收笔。

(2)行笔特征是在书写过程中表现出的运行转折的形态,每个人的行笔方向和幅度变化均带有个体的差异性,因此在进行书写活动时的提、按、转、折时,便会表现出不同的笔迹特征。

(3)笔力特征是在书写过程中表现出的力的轻重变化的特征,是对轻重变化规律特点的反映。该特征属于十分精细的动态特征,难以模仿,是识别伪装笔迹的重要依据。

(4)笔画形态特征是一个笔画完整构型的形态特点,不同人书写点、横、竖、撇、捺、勾、挑、折这 8 种基本笔画都会呈现不同的形态。

(5)连笔特征是 2 个以上的笔画连笔书写时表现出来的动作特点,主要从连笔的部位、方向及形态上进行观察。

2. 观察与分析运笔特征,观察单字的起笔、收笔、行笔、笔力、笔画形态及连笔特征点。

五、实验注意事项

1. 不同笔在书写过程中表现出来的运笔特征不同,比如,钢笔在运笔的动作幅度、力度、粗细程度上比毛笔小。

2. 表现在较为细小动作中的运笔特征,隐蔽性强,不易被模仿,也不易伪装,具有重要的鉴定价值。难以分辨时,可以借助倍率计(10 倍)等仪器进行观察、分析。

六、实验作业要求

观察实验材料，分析其中的运笔特征，并对其属于哪种运笔特征进行说明。（见图3－1－2）

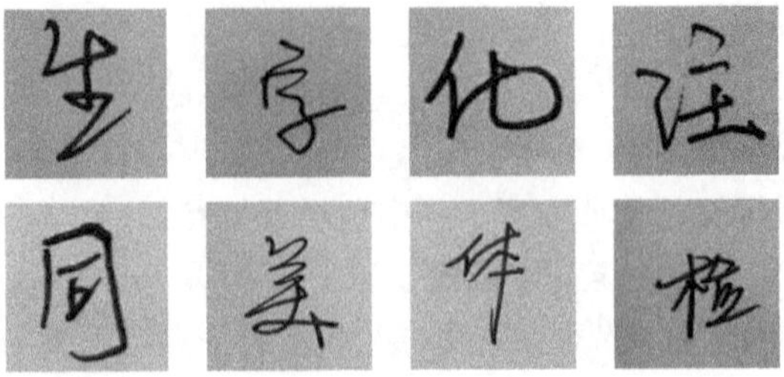

图3－1－2

七、实验拓展思考

钢笔与毛笔会产生哪些行笔特征上的不同？

实验四　非文字性符号笔迹特征的检验

一、实验目的

通过实验，熟悉标点符号、阿拉伯数字等非文字符号特征的表现形式，掌握识别判断和运用各种非文字性符号的方法。

二、实验原理

阿拉伯数字、标点符号等非文字性符号是个人书写笔迹的一部分，阿拉伯数字是最常用的文字符号之一，标点符号则是现代书面语言不可缺少的辅助部分，都反映着个人书写习惯，具备书写习惯的基本属性，因此，在一定条件下，都能进行书写人的同一认定。

三、实验设备与器材

倍率计（10倍）、特征比对表、带非文字性符号的文书材料若干份。

四、实验内容和方法

1. 观察、识别非文字性符号的种类。观察所给笔迹材料中的非文字性符号，判断其是阿拉伯数字还是标点符号，或是其他非文字性符号。

2. 观察该非文字性符号的形态特征，分类描绘并标示特征。不同人的书写习惯不同，非文字性符号的书写因书写人的不同而表现为各种不同的形态特征。

3. 观察非文字性符号的大小、长短、角度、位置特征，可用直尺进行测量，并作记录。

4. 分析非文字性符号的使用特征，选择书写人使用非文字性符号特殊、稳定的特征，并进行描绘标示及记录。（见图 3－1－3、3－1－4）

图 3－1－3

图 3－1－4

五、实验注意事项

1. 一人多次书写同一非文字性符号，不可能一模一样，很可能出现不同的特征类型，只是这些特征类型又都是其书写习惯的表现。要辨别本质差异与非本质差异，注意特征的多样性。

2. 非文字性符号的大小、位置特征应根据全篇材料的布局进行分析，受各种因素的影响，个别非文字性符号可能出现大小异常、位置不当的情况，在检验时应注意，不能将个别情况当普遍现象来处理。

3. 非文字性符号结构简单，特征反映较单一，检验难度较大。检验时，必须充分利用所有特征，综合全篇的布局，进行综合分析、判断。

六、实验作业要求

独立分析实验材料文书中非文字性符号的书写特征、形态特征、布局特征，写出实验报告。

七、实验拓展思考

如何识别选取非文字性符号的特征？

实验五　签名笔迹的检验

一、实验目的

通过实验，观察各种签名笔迹的变化特点、变化规律，熟悉签名笔迹的检验方法。

二、实验原理

签名笔迹字数少，笔迹数量少，但由于书写形式的特殊性，其单字的书写形式特征特殊且稳定。签名人在长期的练习中，在字体、间距、大小、布局等表现形式上均形成了稳定的特征，且具有个性化的特点，为鉴定提供了可能。

三、实验设备与器材

1. 钢笔、签字笔、圆珠笔、铅笔、白纸。
2. 特征比对表。
3. 带有签名笔迹的实验文书材料若干。

四、实验内容和方法

1. 注意观察用不同笔书写的签名笔迹呈现出的特点，辨别模仿签名笔迹。可在白纸上通过描摹、套摹等模仿手法，对同一签名笔迹进行模仿，观察模仿签名笔迹的起笔运笔特征、笔画粗细程度、搭配比例等特征，归纳模仿签名笔记的特点，总结其变化规律。

2. 观察签名笔迹的单字特征，包括单字的形状、大小、倾斜方向和倾斜程度，寻找细节特征。

3. 观察签名笔迹的单字组合特征，签名笔迹是由几个单字或几个字母符号组成的特定的文字组合，由于长期的练习与使用，其熟练程度明显高于其他笔迹，因此其书写形式、排列组合关系、总体轮廓均形成了较为固定的特点。

五、实验注意事项

1. 签名笔迹字少，且签名笔迹中的单字与其他笔迹中的单字差异较大，因此要充分收集文书上各种形式的签名笔迹样本，才能够为签名笔迹鉴定工作提供足够的资料。

2. 部分人可能在不同场合会使用不同的签名方式，虽然在不同情境下，表现出的签名方式不同，但在同类文书下的签名方式仍然一致，具有较稳定的特征，因此，要注意该签名笔迹书写时的场景。

六、实验作业要求

观察与分析实验文书材料中的签名笔迹的特征，并作出标示。（见图 3－1－5）

（圆珠笔签名笔迹）　（签字笔签名笔迹）　（钢笔签名笔迹）　（铅笔签名笔迹）

图 3－1－5

七、实验拓展思考

1. 如何判断签名笔迹是否正常？

2. 如何确定签名笔迹的形成方式？

第二节　变化笔迹检验实验

实验一　书写速度变化笔迹的检验

一、实验目的

通过案例实践与研习，深入认识书写速度变化笔迹的特点，掌握其笔迹特征的变化规律以及常规的检验方法，能够准确选取相应笔迹特征并运用其特征作出正确分析与判断。

二、实验原理

书写速度的变化，虽然能够令同一个体的快写字迹和慢写字迹之间产生较大差异,但这些差异皆为非本质差异。诸如整体布局、单字的基本写法、书面语言等特征往往不受书写速度快慢变化的影响,其能够真实反映出某一个体的特有书写习惯。检验时,需要重点关注不易受到书写速度快慢变化影响的特征,且在综合评断中能够对非本质性的差异点予以合理解释,进而作出准确的鉴定意见。

三、实验设备与器材

同一个体不同书写速度的实验材料若干份(正常速度书写笔迹 15 份,每份含单字 20 个以上;慢速书写字迹 15 份,每份含单字 20 个以上;快速书写字迹 15 份,每份含单字 20 个以上)、倍率计(10 倍)、体视显微镜、HB 铅笔、红蓝铅笔、检验记录表、特征比对表。

四、实验内容和方法

(一)实验内容

检验同一个体不同书写速度的笔迹,比较不同速度条件的笔迹特征变化情况和规律,并采用列表方式统计其变化规律(见表 3-2-1)。

表 3-2-1　笔迹特征变化规律统计

书写速度	较稳定的笔迹特征	易改变的笔迹特征
正常速度		
放慢速度		
加快速度		
强行快写		

(二)实验方法

按照笔迹特征变化规律统计表中所列不同速度条件下的笔迹特征,对同一人不同书写速度的笔迹进行检验,记录和描绘各单字特征,分析较稳定的笔迹特征和易改变的笔迹特征。

对于书写活动而言,书写人可以有意识地控制书写的速度。书写速度有正常和不正常之分,放慢速度、加快速度、强行快写都是不正常的书写速度,需要书写人有意识地进行。

1. 放慢速度书写笔迹的变化规律

慢写是一笔一画进行书写，结构从繁，一般不省略笔画，笔画分离、规范，起收笔及转折笔画有顿压动作。

2. 加快速度书写笔迹的变化规律

快写常是多个笔画连写，结构从简，笔画省略较多，且笔画变形严重，顿压动作消失。

3. 强行快写笔迹的变化规律

笔画间正常的搭配比例被破坏，出现多余连写、环绕笔画；运笔紊乱，易出现多笔画或少笔画的情况；笔顺混乱，笔画先后顺序混乱，与书写人日常习惯的笔顺大相径庭。

4. 加快速度书写笔迹与强行快写的区别

加快速度书写与强行快写都是书写速度较正常速度偏快，它们的区别如下：

强行快写字迹潦草，结构失衡；连笔异常，运笔紊乱；文字搭配比例以及排列不整齐，布局散乱；整体速度时快时慢，前后不一致。

加快速度书写笔迹字迹结构匀称，运笔流畅，无错乱动作和笔画；文字排列整齐有序，文字大小、疏密一致；整体书写速度协调一致。

五、实验注意事项

1. 分析检材笔迹书写速度时，要将书写速度变化笔迹与一般性伪装区别开来，因两种笔迹比较相似，所以在分析时要注意区分。

2. 善于慢中找快、快中找慢，即在快写笔迹中选择书写速度较慢的字，在慢写笔迹中选择书写速度较快的字，或者选择速度相近的偏旁、笔画或者单字进行比较，尽量避开书写速度过快或过慢的影响，善于运用不易受书写速度变化影响的特征。诸如书面语言特征、布局特征、标点符号的使用和写法方面的特征、习惯性的错别字特征、字的基本写法和笔顺特征、基本的搭配比例特征、运笔的基本趋势特征等进行分析评断。

3. 善于运用快写笔迹与慢写笔迹变化的一般规律去分析、研究特征，切勿机械对比或随意解释。在分析差异点性质时，要注意结合案件的具体情况，比如，嫌疑人的文化程度、书法水平等因素。由于加快速度与强行快写笔迹看似差异不大，所以在检验时，要根据各自的特征仔细辨别。此外，慢写笔迹与强行快写笔迹看似差别很大，在检验中，千万不能凭“先入为主”的印象和意识去寻找特征,要按自己所需去寻找和选择特征,避免最后形成错误的鉴定意见。

六、实验作业要求

根据实验结果,制作检验记录表和特征比对表,分析哪些是受书写速度影响而易变化的特征,哪些是未受书写速度影响的稳定特征。

七、实验拓展思考

1. 检验书写速度变化笔迹时,应如何选择特征?怎样才能合理解释其差异点形成的原因?

2. 书写速度与字体有关系吗?试归纳其规律性。

实验二　书写工具变化笔迹的检验

一、实验目的

掌握同一个体使用不同书写工具书写的字迹,其笔迹特征的变化情况与规律,从而能够选准稳定特征并运用特征作出正确的鉴定意见。

二、实验原理

书写活动系通过书写工具作用于承受客体而进行的。如果书写工具发生变化,有可能会阻碍和干扰书写运动的正常表现,所形成的笔迹也会发生相应变化,显露出与正常书写的笔迹及其他因素形成的变化笔迹不同的特点,且有一定的规律性。

正常书写使用的工具通常为各种书写用笔,包括软性和硬性两类,如毛笔、软笔、钢笔、签字笔、圆珠笔、铅笔等。非书写工具则是指使用其他器具或物品代替书写用笔。例如,使用树枝、小刀、硬泥块、毛刷、大头针、木棍、石块、玻璃碴儿、铁钉、钥匙,甚至手指或指甲等,在不同的承载客体上(如纸张、石灰墙、砖墙、土墙、水泥地、未干的水泥地、玻璃、电线杆等)进行书写或刻画。

个体使用不同的工具书写,由于工具的结构性能不同、端部形态不同,其所形成笔迹的笔痕特征也不同。

三、实验设备与器材

同一个体使用不同书写工具书写的笔迹实验材料若干份（包括钢笔、圆珠笔、签字笔、毛笔、粉笔以及其他非常规工具书写的字迹材料）、倍率计（10倍）、体视显微镜、HB铅笔、红蓝铅笔、检验记录表、特征比对表。

四、实验内容和方法

1. 实验内容

检验同一个体使用不同书写工具书写的笔迹，比较不同书写工具形成的笔迹的特征变化情况和规律。

2. 实验方法

按照实验内容对同一个体使用不同书写工具书写的笔迹逐一进行检验，观察同一个体使用各种书写工具书写的笔迹的特点，分析、判明其不同性质的两类特征，即因书写工具影响而形成的带有普遍性的"共性"特征，以及能反映书写者书写习惯的带有"个性"特征。分析笔迹中哪些特征是由于书写者书写工具引起的"共性"的符合，哪些特征是书写者书写习惯独有的"个性"的差异。

记录和描绘各单字特征，分析较为稳定的笔迹特征和易发生变化的笔迹特征，进而选择相应笔迹特征，进行分析评断。

五、实验注意事项

1. 检验各种不同书写工具书写的字迹，要注意区分其笔迹特征的变化。一般而言，正常工具书写的字迹，尤其是硬笔字迹，能够全面反映其书写活动规律，笔迹特征得以充分反映；非正常工具书写的字迹，笔迹特征有变化。实际案件检验时，要根据不同的书写工具，选用其不易变化的特征进行检验。

2. 使用不同的书写工具进行书写时，要按照正常的书写习惯书写，不必再使用其他的伪装手段，导致检验难度的增加，影响对于笔迹特征的分析认识。

3. 由于某些书写工具所形成的笔迹变化较大，加上有些书写者书写水平低、适应能力差，笔迹特征的变化会较大，在字数少、特征反映不明显的情况下，检验难度相当大，故检材在数量上及质量上均要符合检材标准。

六、实验作业要求

1. 简述如何分析不同工具书写的字迹，其笔迹特征的变化情况，哪些特征容易变化，哪些特征较为稳定，可以选用。

2. 根据实验结果，制作检验记录表和特征比对表，分别标明变化的特征和未变化的特征。

七、实验拓展思考

1. 使用不同书写工具书写的笔迹各有哪些特点？其特征变化规律如何？

2. 不易受书写工具影响的笔迹特征有哪些？

实验三　书写承受客体变化笔迹的检验

一、实验目的

掌握粗糙、光滑、坚硬等不同客体表面书写字迹笔迹特征的一般变化规律，分析容易变化的特征和不易变化的特征，进而准确选取有价值的特征进行分析评断。

二、实验原理

个体的书写活动，系通过书写工具作用于承受客体。如果承受客体发生了变化，有可能会阻碍和干扰到书写运动的正常表现，其形成的笔迹也会发生相应变化，外显出与正常笔迹及其他变化笔迹不同的特点，且具有一定的规律性。

三、实验设备与器材

不同承载客体表面上的书写字迹实验材料若干份、各种书写工具若干个、倍率计(10 倍)、体视显微镜、HB 铅笔、红蓝铅笔、检验记录表、特征比对表。

四、实验内容和方法

1. 实验内容

通过检验同一个体在不同承受客体上书写的笔迹，比较分析不同承受客体上书写笔迹易改变的特征和不易改变的特征。

在平滑客体和粗糙客体表面上的书写笔迹特征不同，表现形式相反。在平整光滑客体表面书写的笔迹特征较稳定，笔画流畅，运笔自然；在粗糙和不平整客体表面书写的笔迹特征不稳定，笔画不流畅或断续。

常见的粗糙不平整客体主要有砖石墙面、木器、树干、电线杆等。其容易变化的特征有部分单字的笔画比例失调，笔画转折、连笔变形，勾画和撇、捺、挑画方向改变，笔画的弧度和角度改变，书写水平降低。其不易变化的特征有单字写法特征，笔顺特征，起、落笔的笔画交叉搭配位置，偏旁部首的大小比例，语法特征，标点符号特征等。

2. 实验方法

按照实验内容对同一个体在不同承载客体上书写的笔迹逐一进行检验，根据具体承受客体表面粗糙、坚硬、光滑平整程度的特点进行实验，尽可能多地选择实验客体，记录和描绘各单字特征以及哪些字、哪些偏旁部首、哪些笔画容易受影响发生变化。分析不同承载客体上书写笔迹的特点，分析笔迹较为稳定的特征和易变化特征，并选取相应的特征进行分析评断。

五、实验注意事项

1. 检验时要分析清楚哪些笔迹特征容易受到承载客体表面的影响，哪些特征较为稳定，不易受到承受客体表面的影响，后者应当是检验时重点选用的特征。

2. 检验时应注意各种书写条件可能对字迹特征的影响，如书写姿势、书写工具、位置、环境等。

六、实验作业要求

1. 简述不同的书写承受客体表面对字迹特征产生了哪些影响，分析其产生的原因。

2. 根据实验结果，分析各类笔迹特征——哪些是稳定不易改变的特征？哪些是容易受到书写承受客体影响而改变的特征？制作检验记录表和特征比对表。

七、实验拓展思考

1. 在不同的承受客体上书写的笔迹，各有哪些特点，其特征变化规律如何？

2. 不易受书写承受客体影响的笔迹特征有哪些？

实验四 书写姿势变化笔迹的检验

一、实验目的

熟悉同一个体不同书写姿势笔迹的变化特点，能够选准特征并正确运用笔迹特征进行分析和判断。

二、实验原理

书写个体处于正常的书写环境中的书写行为，其笔迹形态通常有一定的规律性。书写人采用非正常的书写姿势，如站、蹲、半蹲、侧身、背手等，往往会不利于书写活动的正常进行，进而令书写的笔迹发生变化。

三、实验设备与器材

同一个体采用各种不同书写姿势书写的字迹实验材料各 15 份、倍率计（10 倍）、体视显微镜、HB 铅笔、红蓝铅笔、检验记录表、特征比对表。

四、实验内容和方法

1. 实验内容

检验同一个体在不同书写姿势（座位书写，站立书写，蹲、卧位书写和侧身书写）下的笔迹特征，比较各种情况下易改变的笔迹特征和不易改变的笔迹特征。

书写姿势分为正常书写姿势和不正常书写姿势。正常书写姿势主要有座位书写、站立书写等姿势。非正常书写姿势通常有蹲、卧位书写和侧身书写。此外，还存在书写姿势正常，而书写面（书写部位）过远、过近等情况。

2. 实验方法

按照实验内容的要求，对不同姿势下所形成的书写笔迹分别依次进行检验，记录与描绘相应笔迹特征，分析各种姿势下书写笔迹较稳定的特征和易改变的特征，综合进行分析评断。

座位书写姿势下，身体端正，书写面位置适当，书写笔迹特征稳定一致。身体偏右，书写面偏左，仅字迹倾斜度有改变，呈现上左下右；身体偏左，书写面偏右，也仅字迹倾斜度有改变，呈现上右下左。另外，俯卧、仰卧姿势下书写的字迹，其特征与正常书写字迹特征基本一致。

站立书写的字迹，当与书写部位垂直且靠近书写面时，其特征较稳定；当与书写部位垂直且远离书写面时，笔力变轻，字形变大，有时出现断笔和抖动。

蹲位书写姿势下，蹲位正面书写的字迹笔迹特征较稳定；蹲位右侧书写的字迹，因为书写面偏右侧，个别单字呈现左高右低的特征；蹲位左侧书写的字迹，由于书写面偏左侧，身体阻挡了个别书写活动，向左运行的笔画有变形或不能完成。

五、实验注意事项

1. 使用不同书写姿势所形成的笔迹进行相互比较时，应以正常姿势和位置书写笔迹为标准。

2. 尽量减少其他因素对于书写笔迹的影响，比如书写环境、书写位置、书写工具等。

3. 分析笔迹特征的变化，应注意比较书写面位置的不同对于书写笔迹的影响。

六、实验作业要求

根据实验结果，分析笔迹特征的变化情况与书写姿势的关系。注意书写面位置的影响，制作检验记录表和特征比对表。

七、实验拓展思考

1. 哪些姿势对于笔迹特征的影响较大？

2. 书写面位置不同，笔迹特征有哪些变化？

实验五　不同年龄阶段书写笔迹的检验

一、实验目的

熟悉与把握不同年龄阶段个体书写字迹的基本变化规律，做到准确选用具有较高价值的笔迹特征，从而作出准确分析与判断。

二、实验原理

笔迹的形成与个体的神经系统和书写运动器官密切相关。书写运动器官由骨骼和神经、肌肉等软组织构成,这些组织皆有其特异的活动机制。其在相互结合的基础上,共同完成书写活动。伴随着前述运动系统的发育、成熟与衰老,不同年龄阶段个体的笔迹特点也随之发生改变,并存在一定的规律性。

三、实验设备与器材

1. 同一个体不同年龄阶段所书写的字迹若干份。

(1)童少年阶段的书写笔迹:通常是指个体自习字起至15岁之前所书写的字迹,基本集中在小学与初中时期。

(2)青年阶段的书写笔迹:通常是指个体在16~30岁所书写的字迹。

(3)中年阶段的书写笔迹:通常是指个体在30~50岁所书写的字迹。

(4)老年阶段的书写笔迹:通常是指个体在60岁之后所书写的字迹。

2. 倍率计(10倍)、体视显微镜、HB铅笔、红蓝铅笔、检验记录表、特征比对表。

四、实验内容和方法

(一)实验内容

观察、检验同一个体在不同年龄阶段所书写的字迹,并比较同一个体不同年龄阶段书写字迹的特征变化情况以及变化规律。

1. 分析个体在不同年龄阶段书写字迹的特征变化情况和规律。能够分析个体在童少年阶段、青年阶段、中年阶段以及老年阶段的笔迹特征情况和变化规律。

2. 分析个体在不同年龄阶段书写字迹的特征稳定性情况。能够分析个体在童少年阶段、青年阶段、中年阶段以及老年阶段笔迹特征的稳定性。

(二)实验方法

按照实验内容,对同一个体在不同年龄阶段书写的字迹材料分别依次予以检验,记录和描绘相应笔迹特征。分析和识别个体各主要年龄阶段书写字迹的特点。能够分清较为稳定的笔迹特征和易发生变化的特征,进而选择准确的笔迹特征进行分析与判断。

五、实验注意事项

1. 检验时应仔细分析哪些特征是受到不同年龄阶段影响的变化特征，哪些特征是没有受到年龄变化影响的稳定特征，后者是检验时应当着重选用的特征。

2. 检验时应尽量选用书写条件相近的样本字迹，须注意各种书写条件可能对字迹特征的影响，如书写速度、书写姿势、环境等。

3. 检验实践中，应力求补充与检材笔迹书写时间间隔相近的样本字迹，全面了解样本字迹书写人的书写情况，把握笔迹特征的变化规律。

4. 同一个体在不同年龄阶段书写所改变的笔迹特征，前后有其自身的联系，变化是局部的、连续的，是逐步演变形成的，其变化方式是“渐变”式，这种变化是不可逆的。

六、实验作业要求

根据实验结果，比较同一个体不同年龄阶段的笔迹特征，分清哪些是稳定未变的特征，哪些是受到年龄变化影响而改变的特征，并制作检验记录表和特征比对表。

七、实验拓展思考

不同年龄阶段笔迹特征是怎样变化的？

实验六　随意伪装笔迹的检验

一、实验目的

通过对随意伪装笔迹的检验，准确选择随意伪装笔迹中能够反映书写个体书写习惯的笔迹特征，掌握随意伪装笔迹的检验方法，并能作出正确的鉴定意见，写出笔迹鉴定意见书。

二、实验原理

随意伪装笔迹是书写个体凭借主观意志任意进行伪装而形成的笔迹，其笔迹存在一定的假象。书写个体一般通过改变正常书写速度、改变正常字形、破坏正常字体结构、故意书写错别字等形式进行伪装书写。尽管书写个体试图通过随意性的伪装掩盖其真实的书写习惯，但其笔迹仍然能够在重复出现的单字、偏旁或者笔画、结构、运笔正常的单字，书写速度较快及结构复杂的单字中反映出其固有的书写习惯。准确把握这些规律性的特征，有助于认识书写个体的书写习惯，进而作出正确的鉴定意见。

三、实验设备与器材

同一个体随意伪装笔迹和正常书写笔迹实验材料若干份、倍率计(10倍)、体视显微镜、HB铅笔、红蓝铅笔、检验记录表、特征比对表。

四、实验内容和方法

1. 实验内容

通过对同一个体正常书写的字迹和随意伪装方式书写的字迹进行检验，比较和分析随意伪装笔迹的特征变化情况与变化规律。

改变正常书写速度的伪装书写是指书写人通过故意慢写或故意快写的方式进行伪装书写。易改变的笔迹特征有运笔特征、连笔特征、字的结构特征；不易改变的笔迹特征是语言水平特征、错别字特征、文字布局特征、标点符号特征、笔顺特征、部分搭配比例特征。

改变正常字形的伪装书写是指书写人通过改变字的形态诸如长形字、扁形字、圆形字等进行伪装书写。易改变的笔迹特征是整体结构特征、字的大小和比例特征、笔画长短比例特征、运笔特征、文字布局特征。不易改变的笔迹特征是语言水平特征、错别字特征、标点符号特征、起收笔特征、笔顺特征、写法特征。

破坏正常字体结构的伪装书写易改变的笔迹特征是组成部分和笔画的搭配比例特征、字形特征、书写水平特征；不易改变的笔迹特征是语言水平特征、错别字特征、标点符号特征、各组成部分的写法特征。

书写个体还通过故意书写错别字的方式进行伪装书写。易改变的笔迹特征是错字特征、别字特征、搭配比例特征；不易改变的笔迹特征是运笔特征、笔顺特征、语言水平特征、标点符号特征、书写水平特征。

2. 实验方法

根据实验内容对同一个体正常书写笔迹和随意伪装书写笔迹分别依次予以检验，记录和描绘相应笔迹特征，分析随意伪装笔迹易改变的笔迹特征和不易改变的笔迹特征，选取相应的笔迹特征进行分析评断。

随意伪装笔迹的书写水平是书写人故意降低的，故而应与正常水平书写的低水平笔迹进行区别。正常低水平笔迹多呈现出笔迹特征前后比较一致、书写水平与语文水平比较吻合的特征、错别字与其难易程度一致的特征。

进行综合评断时，不能将所有的差异点都归结为书写人随意伪装导致，应结合案件的具体情况，采用合理的方法，科学进行评断。

五、实验注意事项

1. 应选用不易受到随意伪装影响的笔迹特征进行检验，如标点符号特征等。

2. 综合多方面因素区分随意伪装笔迹和低水平笔迹。

3. 判断是否为随意伪装笔迹，还可以通过分析书写人是否采用了某种特殊的伪装方法，或者追求某种特殊的伪装方式，例如，左手书写、摹仿他人笔迹、高位执笔书写等。如果属于其他特殊的伪装方式，就应当排除随意伪装书写的可能。

六、实验作业要求

根据实验结果，比较同一个体正常书写笔迹与随意伪装笔迹的特征异同，分析随意伪装笔迹的特征变化情况，判断哪些是稳定不易改变的特征，哪些是受到随意伪装影响而改变的特征。并制作检验记录表和特征比对表。

七、实验拓展思考

1. 在随意伪装笔迹检验中，如何选取稳定而有价值的笔迹特征？

2. 随意伪装笔迹与正常水平书写的低水平笔迹有哪些区别？

实验七　笔形变化笔迹的检验

一、实验目的

了解和掌握常见的改变笔形的方法。把握笔形的改变会导致哪些特征易发生变化，哪些特征较为稳定且不易发生变化。能够准确选用恰当的笔迹特征进行分析和判断。

二、实验原理

改变笔画形态的笔迹在笔画运笔的形态方面具有较大的变异性，但是字的基本写法、笔顺、基本的搭配比例关系、文字布局、标点符号等方面特征，仍然能反映出书写人真实的书写习惯，在检验中应注意寻找上述这些笔迹特征，有助于排除因书写人改变笔画形态而形成的假象，进行科学的综合评断，进而作出正确的鉴定意见。

三、实验设备与器材

同一个体书写的各类改变笔形的字迹5份、同一个体正常书写的字迹5份、倍率计（10倍）、显微镜、HB铅笔、红蓝铅笔、检验记录表、特征比对表。

四、实验内容和方法

（一）实验内容

对同一个体正常书写的字迹材料和笔形变化的字迹材料进行观察和检验，比较分析笔形变化笔迹的特征变化情况与变化规律。案件实践中，改变笔画形态是个体在伪装书写时常用的方式之一。通过改变笔画形态所书写形成的笔迹，其笔迹特征通常会发生较大变化，但同时也会保留下部分较为稳定且不易发生变化的笔迹特征。

1. 空心字，较为稳定的、能够反映书写人固有书写习惯的特征主要有：字的写法特征、搭配比例特征和笔顺特征等。检验空心字时，首先应当分清笔顺，然后按照先写笔画的运笔、结构选择相应的特征。

2. 弧形字，较为稳定的笔迹特征有：字的基本写法特征、笔顺特征、框架结构内笔画的搭配比例特征、布局特征以及标点符号特征等。

3. 曲线字、点线字，较为稳定的笔迹特征有：字的基本写法特征、部分笔顺特征、搭配比例特征、布局特征、标点符号特征等。

4. 重描字，较为稳定的笔迹特征有：字的写法特征、搭配比例特征、笔画基本运笔趋势等。

（二）实验方法

依照实验内容设定，对同一个体正常书写笔迹和改变笔形书写笔迹分别依次予以检验，记录和描绘相应笔迹特征，认识形体变化书写笔迹的特点，分析笔迹稳定特征和变化特征，选取相应的笔迹特征进行分析和评断。

五、实验注意事项

1. 在检验各类采用不同方法改变笔迹的字迹时，应当注意鉴别其笔迹特征的变化，掌握其变化规律。熟悉和把握哪些特征是易发生变化的，哪些特征是较为稳定且不易发生变化的，应使用较为稳定且不易发生变化的笔迹特征进行检验。

2. 在检验各类采用不同方法改变笔迹的字迹时，应当选择书写条件、书写速度等与检材字迹较为接近的样本予以比较。

3. 在描绘检材的笔迹特征时，应当对改变的笔画形态尽可能临摹准确，如实反映检材的笔迹原貌。

六、实验作业要求

根据实验结果，制作检验记录表和特征比对表，比较改变笔画形态的字迹的笔迹特征有哪些变化？哪些特征较稳定，可以选用？

七、实验拓展思考

1. 改变笔画形态笔迹检验应如何选择笔迹特征？

2. 比较特征异同时应当注意哪些问题？

3. 综合评断应当注意什么问题？

实验八 尺画字笔迹的检验

一、实验目的

掌握同一个体使用直边工具（直尺、三角尺、绘图板等）书写时，其笔迹特征的变化情况和规律，能够选准稳定特征并运用特征作出正确鉴定意见。

二、实验原理

尺画字迹是以直边工具（直尺、三角尺、绘图板等）制约笔尖运笔书写的字迹，是笔尺结合、双手并用的产物。书写工具发生变化，就会阻碍和干扰书写运动的正常表现，形成的笔迹就会发生相应的变化，表现出与正常书写的笔迹及其他因素引起变化的笔迹的不同特点，并且具有一定的规律性。

三、实验设备与器材

同一个体使用直边工具(直尺、三角尺、绘图板等)书写的笔迹实验材料若干份、倍率计(10倍)、体视显微镜、HB铅笔、红蓝铅笔、检验记录表、特征比对表。

四、实验内容和方法

(一)实验内容

检验同一个体使用直边工具书写的笔迹,分析其笔迹特征变化情况,比较其易改变的笔迹特征和较稳定的笔迹特征。

尺画字由于其形成方式的特殊性,故具有以下特点:

1. 笔迹严重变形,笔画形态呈直线型或固定形状;

2. 起收笔及行笔等运笔特征大量消失;

3. 部分搭配比例特征被掩盖;

4. 或多或少有手写笔画,在笔画多、结构繁杂的字中,会夹杂细小手写笔画。

(二)实验方法

按照实验内容对同一个体书写的笔迹,逐一进行检验,记录和描绘各单字特征,分析笔迹稳定特征和变化特征,对选择确定的特征,进行分析评断。

1. 尺画字易改变的特征:运笔特征,尤其是起收笔动作和运笔细节形态、笔力分布、折笔方式与角度、笔画搭配位置、倾斜角度。

2. 尺画字不易改变的特征:单字的基本写法特征、错别字特征、标点符号特征、布局特征、习惯用语特征、基本搭配比例特征。

五、实验注意事项

1. 应注意收集慢写字迹样本,与楷书写法进行比较。检验时要充分利用其错别字特征和手写笔画的特征。

2. 由于尺画字笔迹变化较大,加上有些书写者书写水平低、适应能力差,笔迹会比其他人变化更大,在字数少、特征反映不明显的情况下,检验难度相当大,故检材在数量及质量上均要符合检验标准。

六、实验作业要求

根据实验结果，制作检验记录表和特征比对表，分别标明变化的特征和未变化的特征。

七、实验拓展思考

不易受书写工具变化影响的笔迹特征有哪些？

实验九　左手伪装笔迹的检验

一、实验目的

分析左手伪装笔迹的书写特点及形成原因；了解左手伪装笔迹特征变化的规律；基本掌握左手伪装笔迹的检验方法。

二、实验原理

1. 左手伪装笔迹的含义

左手伪装笔迹，是指书写个体故意改用左手执笔书写的字迹。正常情况下，书写人多习惯使用右手执笔。一旦临时改用左手书写，其笔迹变化很大，与正常的右手书写出的字有明显差异。在笔迹检验中，只有懂得左手伪装笔迹的原因，掌握左手伪装笔迹特征的变化规律，才能区分哪些是由于左手伪装形成的同一人的非本质差异，哪些是不受左手伪装影响的不同人的本质差异，从而防止机械比对和随意用左手伪装解释差异，以便作出正确鉴定意见。

2. 左手伪装笔迹的特点

左手伪装笔迹的特点主要有3类：

第一，机械性特点。在单字中，较长的横画或左右偏旁出现左高右低现象较长的横画向左倾斜横行书写时，字行易向右下倾斜或呈波浪状、锯齿状。

第二，镜面性特点。易出现反起笔、反字或字的左右偏旁颠倒的现象。

第三，协调性特点。主要表现是落笔不稳，运笔抖动，笔力轻飘，转折生硬，起收笔易出现拖带或反射现象；单字结构松散，笔画参差不齐，搭配位置不准，出现多笔少画或笔画重叠现象；行间不均，字间不均，字形普遍增大且大小不均。

3. 左手伪装笔迹的外在反映

左手伪装笔迹的外在反映主要由左手书写的共性特点、个人书写习惯的表现、偶然变化的现象3种共同组成。左手书写的共性特点,是指左手伪装手段本身固有的表现,并且带有一定规律性。例如,横笔左高右低等,其并不是个人书写习惯的表现。个人书写习惯的表现,是指个体书写动力定型的流露,也是笔迹检验的依据。偶然变化的现象,是指不适应左手书写而出现的一种变形现象,具有偶然性,比例小而且无规律。需要强调的是,左手伪装笔迹变化大小与书写人的书写水平有关。右手书写水平高的人,适应能力强,左手伪装笔迹变化小。

4. 左手伪装笔迹特征变化规律

左手伪装笔迹的易变特征包括书写水平特征、行草写法特征、错字特征、运笔细节特征、搭配比例细节。左手伪装笔迹容易在一些大体的、惰性较强的特征上稳定地反映个人的习惯。不易变特征包括基本写法特征、错别字特征、笔顺特征、特殊运笔特征、大体的搭配比例特征、标点符号特征、款式布局、书面语言特征。

5. 左手伪装笔迹的检验要点

左手伪装笔迹检验的要点是判明左手伪装,把握个人书写习惯特征,注意运用反字特征;选择可比样本。尽量使用物证原件,全面考虑,灵活分析判断检材笔迹的性质。去除左手书写笔迹造成的共同点,找出书写人的个人习惯特征。注意运用反字特征通过镜子观察,拍照或复印在胶片上再翻转成正字。为增强可比性,最好选用慢速书写的笔迹样本,如果有必要或可能,还可收取左手实验样本。

三、实验设备与器材

倍率计(10倍)、体视显微镜、笔迹特征比对表、HB铅笔、橡皮、红蓝两色笔、铅笔刀、剪刀、镊子、胶水。

四、实验内容和方法

1. 实验前的准备。在笔迹特征比对表上认真记录指导教师叙述的案情,并做好实验器材的相关准备工作。

2. 认真分析检材,看其是否具有左手伪装笔迹的3个典型特点——机械性特点、镜面性特点、协调性特点。判断检材笔迹是否属于左手伪装笔迹,并说明理由。

3. 根据左手伪装笔迹特征变化规律分析并选择检材笔迹特征。

4. 分析样本,确定样本数量是否充分以及可比性如何,并根据所选择的检材特征字,选择样本笔迹特征。

5. 标示特征并比较特征异同。

6. 对符合点和差异点进行综合判断,作出鉴定意见。

五、实验注意事项

1. 按照指导教师的要求,可采用手工描绘或剪贴的方式制作特征比对表,比对表笔迹制作要求清晰、整洁。

2. 正确使用特征标示符号。

六、实验作业要求

1. 分析说明检材笔迹为何属于左手伪装笔迹。

2. 列举出主要的符合点与差异点。

3. 科学、合理地确定差异点的性质后,得出检验结论。

七、实验拓展思考

1. 左手伪装笔迹的特点及成因是什么?

2. 左手伪装笔迹的特征变化规律是什么?

实验十　摹仿笔迹的检验

一、实验目的

熟悉摹仿笔迹的特点;掌握识别、确定摹仿笔迹的基本方法;学会有关摹仿笔迹比对鉴别以及综合评断的方法。

二、实验原理

(一)摹仿笔迹检验的科学依据

摹仿笔迹尽管与摹仿人的正常笔迹不同,与被摹仿笔迹相仿,但是在进行摹仿书写的过程中,由于受到摹仿书写者心理过程、书写技能、固有书写习惯、被摹仿笔迹等主客观因素的制约，决定了摹仿笔迹不可能与被摹仿笔迹完全相同，必然会暴露出摹仿人自身的一些书写习惯特征。

1.受摹仿书写者感知、观察的选择性和理解性制约。摹仿要做到惟妙惟肖，就要以全面、细致地观察和深刻地感知为前提。但每个人的观察和感知能力存在个体差异，且受感知、观察选择性和理解性的限制，势必造成摹仿人在摹仿时感知和观察存在肤浅性与片面性，必然导致摹仿笔迹的谬误和疏漏。

2.受摹仿书写者注意稳定性的制约。注意在摹仿书写过程中起着十分重要的作用。受注意稳定性的影响，摹仿人在实施摹仿的过程中，注意力不可能自始至终地高度集中，注意力一旦分散，就会导致一些笔迹特征"走形"或"复原"。注意于此而忽视于彼，没有注意或注意不够之处就摹仿得不像，而容易暴露自身的书写习惯。

3.受摹仿书写者记忆因素的制约。摹仿笔迹的相似程度与摹仿人对被摹仿笔迹特征记忆是否明晰、深刻直接相关，无论是长时记忆，还是短时记忆都有它的局限性。一般的临摹、套摹、描摹笔迹主要靠短时记忆，而这种记忆比较粗糙、模糊。如果练习摹仿时间少或不能持久，记忆便不能始终保持，便会造成记忆的模糊，更多地流露摹仿人自身固有的笔迹特征。

4.受摹仿书写者固有书写技能、书写习惯的制约。物证笔迹摹仿得像与不像，与摹仿人的书写水平、书写技术有直接关系。因为摹仿能力的大小与书写技能的高低是成正比的关系。总体规律是，书写水平比较高的人，摹仿能力比较强，就摹仿得比较像，相对地暴露自身书写习惯的特征要少一点；书写水平比较低的人，摹仿能力也比较低，就很难摹仿得很像，暴露自身书写习惯的特征相对就要多一些。另外，笔迹是书写人书写技能与习惯的外在表现，每个人的书写达到动力定型，形成习惯后，书写活动便成为自动化的过程。成为习惯的书写活动方式，既是得心应手又是难以改变的活动方式。摹仿他人笔迹，就要强行改变自身不相适应的那部分书写习惯方式，一旦失去控制，摹仿人自身的书写习惯便会自然流露出来。

5.受被摹仿笔迹的制约。这主要表现在被摹仿笔迹的多少上。摹仿的字数越多，摹仿人的注意力越容易分散，意志力与控制能力就越容易减弱，暴露摹仿特点与摹仿人的书写习惯特征也就越多。

（二）容易引起摹仿者注意并可能被摹仿的特征

1.字的基本写法和明显的错字、别字特征。

2.某些连写的笔顺特征。

3. 明显的笔画长短比例特征。

4. 明显的连笔形式和运笔形态特征。

5. 文书格式及特殊用语等。

(三)不易引起摹仿者注意或不容易被摹仿的特征

1. 起收笔的细节动作特征。

2. 运笔的弧度、转折的角度和笔画的倾斜度特征。

3. 上下笔连接方式、形态和转折的细节动作特征。

4. 运笔中笔力大小和笔力分布特征。

5. 不连笔的笔顺和有连笔但不易分辨的笔顺特征。

6. 标点符号特征。

7. 字间间隔、布局和倾斜角度特征等。

这些不容易被摹仿的特征,有的是违法犯罪嫌疑人没有意识到的,有的是虽然看到了,但却无力摹仿的。正是这些不易引起摹仿人注意,或是难以摹仿的特征,容易暴露摹仿人固有的书写习惯。

三、实验设备与器材

倍率计(10 倍)、体视显微镜、笔迹特征比对表、HB 铅笔、橡皮、红蓝两色笔、铅笔刀、剪刀、镊子、胶水。

四、实验内容和方法

(一)分析检材,初步确定摹仿

认真观察,初步确定检材笔迹存在的反常迹象,发现检材字迹存在的摹仿笔迹特点,用箭头符号指出,并加以说明。具体的观察点为以下几项:

1. 形快实慢。正常的笔迹主要从笔画粗细的变化、笔墨的浓淡分布上判断书写速度的快慢。临摹笔迹是一边观察,一边进行仿写,必然要降低书写速度,从运笔的形态表面看应为快速写成,但就笔画来讲书写速度缓慢,即速度与形态之间存在明显的不协调。其主要表现为虽有连笔,但在一些字或一些笔画上运笔迟滞,墨迹或普遍浓重,或轻描淡写,或浓淡不均。

2. 笔力平缓。正常书写的字迹,运笔具有轻重疾徐的节奏感,笔画之间的连接笔画纤细、墨色清淡,但是临摹笔迹的笔画该粗不粗,该细不细,笔画的墨色没有浓淡之分,运笔显得平缓无力,缺乏节奏感。要特别注意观察检材笔迹的勾笔、挑笔以及笔画之间的连接处。

3. 中途停顿。临摹笔迹在一些较长的笔画或笔画转折，以及上下笔画间的连接处会出现停笔待摹或另起笔的现象，有些笔画之间似连非连、缺乏照应关系，或有些潜在性的意识连接体现不出来停笔另起，在显微镜下可观察到局部笔画墨水洇散、笔画间断或叠合等现象。

4. 修饰重描。摹仿者发现摹仿笔迹的一些部位或笔画仿得不像或暴露自己的笔迹特征太明显时，就可能进行“加工”，采取添、改、描等手法加以补救。请注意观察笔画的开头、结尾有无增补或伸延笔画，或是通过修饰重描改变笔画转折的角度或弧度的现象。

5. 抖动弯曲。临摹书写时，由于违法犯罪嫌疑人心情紧张，谨小慎微地边看边仿写，不仅行笔缓慢，而且还伴随有运笔抖动、笔画弯曲的现象，主要表现在某些长笔画或笔画转折处。

（二）分析样本，分清两个人的笔迹

分清两个违法犯罪嫌疑人（摹仿人和被摹仿人）的笔迹样本，同时分清每个人的案前和案后样本。通过分析，发现样本材料是否正常，认识案后样本的作用。

（三）制作笔迹特征比对表

将笔迹特征比对表设计为纵向 3 个部分，即检材、疑为被摹仿人的样本、疑为摹仿人的样本。

（四）特征的比对分析，综合评断，作出鉴定意见

先将检材与疑为被摹仿人的样本字迹进行比较，判断是否存在细节特征上的差异，体会“大同小异”的现象，再将检材与疑为摹仿人的样本字迹进行比较，判断是否存在细节特征上的符合，判断这些符合是否为检材与疑为被摹仿人之间的“异”。

五、实验注意事项

1. 按照指导教师的要求，采用剪贴的方式制作特征比对表，比对表制作要求清晰、整洁。

2. 正确使用特征标示符号。

六、实验作业要求

1. 分析说明检材为什么属于摹仿笔迹。

2. 列举出主要的符合点与差异点。

3. 科学合理地确定差异点的性质后，得出鉴定意见。

七、实验拓展思考

1. 如何才能正确地识别摹仿笔迹？

2. 如何在摹仿笔迹检验中进行综合评断？

第三节　印章印文检验实验

实验一　常用印章印文鉴定技术

一、实验目的

1. 了解我国现代常用印章印文鉴定技术。

2. 熟悉印章印文鉴定常用设备仪器。

3. 掌握基本仪器的使用方法。

二、实验原理

印章印文鉴定中，大量实案均涉及对检材与样本是否源自同一章体予以同一认定。所以，同一认定理论是现代印章印文鉴定技术的重要基础理论之一。但除此之外，朱墨时序鉴定和印墨成分鉴定等亦在当前实际检案中越发普及。前述鉴定则往往分别对应不同的鉴定方法和手段应用，其基础理论也有所不同。因而，随着高新技术在印章制作与印章印文鉴定中的应用，物理、化学理论和计算机理论、材料科学理论也应被我们重视，应用到印章印文鉴定技术。时代的发展日新月异。现代印章印文鉴定作为前沿、交叉学科的产物，自然需要对各应用学科理论的融会贯通，而非仅仅将它们当作印章印文鉴定方法肤浅地予以应用。

三、实验设备与器材

1. 各类印章。

2. A4 纸张、水笔、直尺。

3. 放大镜。

4. 体式显微镜。

5. 荧光显微镜。

6. 文件检验仪。
7. 激光显微拉曼光谱仪。
8. 傅里叶变换红外光谱仪。
9. 计算机。
10. 数码相机。
11. 图像处理软件系统。

四、实验内容和方法

针对新技术制作的印章、印油、印泥以及印章印文是否同一等问题而综合运用物理学、化学、计算机或其他仪器分析等领域的现代科学技术手段，已经是现代印章印文鉴定检验、分析与认定的主要方法。

（一）观察分析法

观察分析法是指通过肉眼直观或者借助比例尺、放大镜、显微镜等计量与观察工具，分析印章印文外观形态、文字、结构与细微特性。

观察分析法简单、高效、易操作，是同一鉴定理论指导下的传统方法。但在现代科技条件下，这一印章印文鉴定方法也被赋予了新的内容。

新技术制作的印章为观察分析法注入了新的内容。激光雕刻印章，是指利用专门的激光雕刻系统软件，由计算机编辑设计文字、图形，由绘图仪输出，激光束雕刻，从而制作出所需的图形、文字。其特点是，被烧蚀切割部位呈很细的网状形态，未被烧蚀切割的笔画和图形边缘呈微小锯齿状，而不是平滑整齐的形状。对激光雕刻印章的观察分析主要集中在软件特征和硬件特征上。前者包括图文形变特征、位移特征、旋转特征和文字弧形分布特征，还包括字间距、笔画粗细和字体等特征。后者包括定位扫描切割线特征、边框形态特征、图文露白等特征。着重观察激光雕刻印章这些特性是激光雕刻印章印文分析的基础。

原子印章是现代高科技印章，它的印油一次性注入后可反复多次盖印。当原子印油被灌入到原子印章并迅速渗透到储油垫各个部位以后，会向原子印章施加适当的压力，使储油垫凸起部位与纸张相互接触，致印油被挤出，进而在力的作用下形成原子印章印文。从当前工艺来看，原子印章印模一般是热压成型而成，包括制作样稿、照相排版、压膜、压制印面数个步骤。原子印章印文的主要特点是由于盖印作用力及衬垫物的变化而使印文形成时易呈现笔画线条粗细变化。但是，由于章体材料品质及“万次使用”特性等原因，会形成一些阶段性特征,如印面附着物、油量、磨损、异物堆积、磕碰、储油垫堵塞等情形造成的特定性、稳定性形态,往往是观察分析的重点。

光敏印章是20世纪90年代由日本发明的,其专门使用的光敏材料是一种特殊的化工合成材料,其表面微孔孔径极小,具有储油渗油及光闪熔特性。光敏印章可以形成非常细小的图文,比采用激光雕刻或其他技术方式制作的印章印文图文质量高出很多。光敏印章除了常规特征外,有其自身独有特征,如印文正文边框之外的边缘印迹特征、稿模软片疵点特征、脏版特征等,都是观察分析的重点。

(二)计算机辅助比对法

现代社会,计算机技术一日千里。物证技术中,计算机辅助与识别应用越来越多。如在指纹鉴定技术中,计算机自动识别已经相当成熟与完善。计算机辅助比对文件检验与印章印文鉴定方法,对提高印章印文鉴定速度与效率存在积极意义。

计算机辅助比对,是指通过扫描仪等输入设备以相同参数将印文信息采集到计算机内,根据同一印章盖印的印文形态重叠的原理,设计相应的标准,并利用图像处理软件对检材、样本实现重合、拼接及细节特征观察等比对检验的方法,确定印章印文检材与样本的同一与否。从辅助比对的角度来说,计算机比对不过是人类观察分析方法的进化,是人类感官与理性在印章印文鉴定方面通过计算机衍生的产物。

但是,如要提升印章印文鉴定计算机辅助性能,达到自动识别地步,必须在计算机程序中,预先设定印章印文特征,按识别价值区分一般特征与细节特征,按每个特征的价值大小设定分值。依据这些特征的分值为输入计算机的印章印文检材打出总分,并确定肯定、否定的阈值,最终实现印章印文鉴定计算机自动识别。

印章印文鉴定计算机辅助比对系统由硬件和软件两部分组成。硬件包括主机、显示器、彩色扫描仪、激光打印机、远程通信等。软件主要是指各种应用程序,如Photoshop图像处理程序等。在进行印章印文计算机辅助比对检验时,可先通过扫描仪或数码相机获取检材、样本印文,然后在Photoshop中进行图像处理和比对。比对时可直接放大观察,并可实现图片质量的调整、标识特征、测量比对、画线比对、拼接比对、重合比对。

(三)理化分析法

随着科学技术的不断发展,利用现代科学仪器对印章印文及其物理成分的内在结构、理化性质进行定性、定量的分析已成为现实。仪器分析法因其速度快、灵敏度高、分辨率高、分析结果准确以及检材损耗小等优点，在印章印文鉴定特别是涉及印油或印泥鉴定中的应用越来越普及。

印油的组成物质一般为树脂、溶剂、色料和助剂。印泥是成分复杂的混合物，主要组成物质为油料、填料、颜料和附加料等，其颜色有红色和蓝色等。原子印油的主要组成物质为合成树脂、溶剂、高沸点的有机溶剂和表面活性剂。印章印文鉴定一个重要方法就是，通过分析检材印文中使用印油、印泥的种类及印文的盖印形成时间，达到印章印文鉴定目的。印油与印泥丰富的物质成分与理化性质，使仪器分析法鉴定印章印文更加快捷便利。

1. 光谱分析。由物质发射出的辐射以及辐射与物质之间的作用引起物质内部的变化，通过仪器测量由此发生的发射、吸收的波长和强度就是光谱。通过光谱分析印油与印泥的成分与含量，从而判断印章印文是否一致的方法就是光谱分析法。如紫外——可见导数光谱法不仅可对不同厂家、种类的印泥进行种类鉴定，还可以推断印章印文的盖印时间。荧光光谱法是鉴别原子印油简便、灵敏的方法。红外及拉曼光谱法可以区分同一厂家不同批号的印泥、区分印章印文的化学成分等。

2. 色谱分析。即利用物质在固定相（固体或液体）以及流动相（气体、流体、液体）之间亲和力、溶解度、吸附程度以及阻滞能力等物理、化学性质的不同，对印油、印泥的各组成成分进行分离分析的方法。利用薄层色谱法可对红色原子印油进行种类鉴别。通过薄层色谱试验可发现不同种类的印油展开斑点数随老化时间有不同程度增加的现象。这是由于老化破坏了色料中有机物染料的官能团，使印泥色料成分逐步发生了光分解或热分解，进而导致化学组成和分子结构的改变。液相色谱法不仅可以用于印章印文种类识别，还可以用于对形成时间、原子印章色痕形成时间的判定。

3. 质谱分析。质谱是将检材离子化后，利用离子在电场或磁场中的运动性质，把离子氨气质荷比大小进行排列后形成的一种图谱。在印章印文鉴定中，即通过质谱分析印油与印泥的物质结构和成分含量。通过质谱分析，可以对环保水性印油的颜料和挥发性物质进行研究，还可以区分印油色痕。此外，质谱法检验与分析印章印文耗费检材较小，甚至不损耗检材。

总之，随着科学技术迅猛发展，尤其是物理、化学、计算机科学的新进展，现代印章印文鉴定技术紧随其后，对高新理论科技的应用不遗余力，形成了体现自身学科特色的技术理论体系。

五、实验注意事项

鉴定工作往往需要运用多种方法综合判断。

六、实验作业要求

1. 在规定时间内完成实验任务。
2. 按规定的时间要求，写出实验报告。

七、实验拓展思考

1. 印章印文鉴定的原理是什么？
2. 有哪些常见的印章印文鉴定方法？

实验二　伪造印章印文的识别

一、实验目的

1. 了解各类伪造印章印文的方法和伪造特点。
2. 掌握各类伪造印章印文的识别方法。

二、实验原理

印章由印柄和印面组成。印面盖印出来的印痕，即印面结构的反映形象称作印文。印章印文是文书真实、有效的重要依据，制假者伪造文书往往同时伪造印章印文。由于制假者受到制造方法、刻制技术等因素的制约，伪造的印章印文都不可避免地会暴露出伪造特点，据此可断定其真伪。

三、实验设备与器材

1. 各类印章。
2. A4 纸张、水笔、直尺。
3. 放大镜。
4. 体式显微镜。
5. 数码相机。
6. 图像处理软件系统。

四、实验内容和方法

伪造印章印文的方法有 3 类:一是伪造印章后盖印;二是直接伪造印文;三是部分伪造印文。学生自制供实验用的 3 类伪造的印章和印文,然后对这 3 类伪造的印章印文样本逐一在显微镜下观察,发现伪造特点,作出详细记录。

(一)各类常见伪造印章印文的方法及其特点

1. 传统方法伪造印章

在通常情况下,伪造者只是通过普通的雕刻或其他制作方法制作与被伪造印章的种类与图文相同的印章。此类伪造印章的方法只要求印章的种类相同、图文一致,并不涉及任何高科技的手段。伪造者只是告诉印章制作者需要制作的印章图文,至于如何制版,印章印面的图文大小与位置的排列等都是由印章制作者个人完成的。

在传统伪造印章的方法中,激光雕刻法伪造印章印文是如今应用最广泛的一种伪造印章的方法。激光雕刻技术是当代激光技术、电脑技术、精密数控技术、电子技术等的结合,是光、机、电一体化的一种刻印技术。[①]

在实践经验中,这种传统的伪造印章的方法也是比较普遍的。通过传统方法伪造的印章盖印后形成的印文,与被伪造的印章印文在比较检验中可以看出两个印文之间的差异。

2. 单字拼凑伪造印章

单字拼凑伪造印章印文就是利用雕刻成单个文字的印章,按真印章的规格、顺序依次按印在文件上,或者将有关的单字按真印章印面图案的排列固定在一起组成“活字印章”,然后盖印到文件上。

单字拼凑伪造印章印文,由于其图文印章的组成部分是单个分开的,所以每一次盖印形成的印文肯定是不同的。单字拼凑法伪造出来的印文与正常印章盖印形成的印文通过印章印文的比较检验后,可以归纳出以下几点特征:

(1)单字拼凑法伪造出来的印文首先在图文的排列组合上,可能出现参差不齐、文字不正、有高有低的现象,这种现象是单字拼凑法伪造印章印文的普遍特征之一。因为这些“活字印章”的位置、角度是不固定的,因此在盖印

---

① 任玉岑:《激光雕刻法伪造印章印文的检验技巧》,载《云南警官学院学报》2009 年第 4 期。

的时候无法印出与被伪造印文角度、位置完全相同的印文。

（2）伪造印文的色调浓淡不均。这是由于个别图文印章在按压时所蘸印油的不均或者盖印压力的大小不同而造成的现象特点。

（3）个别图文印文相对整个印文的位置会有偏移，甚至出现大小明显不称的现象。

综合上述比较检验后得出的结论，通过单字拼凑伪造印章方法伪造的印文拥有非常好的鉴定条件。由于其伪造的特征比较明显，在印章印文鉴定活动的实践经验中也是比较少见的。

3. 照相制版伪造印章

照相制版伪造印章无疑是通过照相翻拍原印章印文，并通过剪辑制作，将翻拍的真印文的印章图文制作成模板后进行印章制作。通过照相制版法伪造的印章印文，固然可以使印文的图文在排列、布局上与被伪造印文相似，但是这种方法伪造的印章盖印所形成的印文仍然存在以下不同点：

（1）由于图像剪辑的失误导致刻制出来的印章与被伪造印章在大小上有出入。

（2）盖印形成的印文笔画、棱角不分明，呈钝圆状，笔画线条边缘模糊不齐。这是由于通过照相制版法制作的印章模板受到照相时像素的限制，导致模板中的图文不够清晰所致。

（3）存在修版时遗留的残迹特征。这是由于原稿印文处可能留有书写或打印文字，纸张上的格线、图案或瑕疵，甚至包括盖印时印文自身形成的可变性印迹等，伪造者在对原稿印文进行修版制模的时候，为了修饰印文原稿上的多余笔画和线条而在印章的制作模板上留下的修饰残迹。

4. 扫描原印文后伪造印章

扫描原印文伪造印章是通过对被伪造的印文进行扫描，并将扫描后的印文图文制作成模板刻章。这种伪造方式制作出来的印章所盖印文具备的特征与照相制版法伪造的印章盖印后形成的印文特征相同，扫描原印文之后制作的印章模板同样受到扫描仪的像素限制。

5. 打印法伪造印文

近年来，随着计算机与打印机的普及，采用打印法伪造印章印文进行犯罪活动的案件也呈上升趋势。打印法伪造印文，是利用扫描仪将真实印文扫描后输入计算机，经过一系列的图像处理程序，用彩色打印机将印文图像打印到相应的承印文件上。[①] 这种伪造方法不涉及印章，仅对印文进行伪造。

打印法伪造印文通常借助彩色喷墨打印机来打印伪造，因为彩色激光打印机打印出来的印文图文在灯光下会出现反光的现象。且经初步观察，激光打印形成的印文图文会有微微隆起现象。通过显微镜进一步观察可以看出，激光打印机打印的印文没有任何盖印时应该形成的挤墨、色料聚合或不均匀的现象，也没有印章盖印后应该留下的压痕。

6. 复印法伪造印文

复印法伪造印文，是直接将原印文通过彩色喷墨复印形成伪造印文的一种伪造手段。通过复印法伪造印文必须满足一个条件，就是被伪造的印文图文必须不含有被伪造印文所在文件上的书写或打印文字，纸张上的图文或瑕疵等图文痕迹。除此之外，复印法伪造的印文特征与打印法伪造的印文特征是基本相同的。

7. 复写法伪造印文

复写法伪造印文是将原印文附在红色复写纸上，并在红色复写纸下面附上伪造文件后，用无色圆顿物体在原印文上进行描写，以此将原印文复写在伪造文件上。这种方法伪造的印文非常容易被识破，因此，在印章印文的鉴定活动中也是非常罕见的。

8. 反转转印法伪造印文

反转转印法伪造印文是通过转移真印文印油的办法制作假印文。是伪造者在被伪造印文上通过涂蜡、加热等方式，将被伪造印文再反转转印在伪造文件的背面，以此达到伪造者的非法目的。

（二）检验方法

1. 特征对照法

特征对照法是针对特征比较明显的印文而采用的最基本的检验方法。鉴定人在鉴定过程中，首先要对检材、样本进行分别检验，即分别观察检材印文与样本印文的特征；其次比较其异同。

运用这种方法检验时，需要用到显微镜、计算机等实验工具。鉴定人通过显微镜的观察，在放大印文的条件下能够快速辨别印文的特点，然后通过计算机的操作，标识出检材印文与样本印文之间的异同点。

在用特征对照法检验伪造、变造印章印文时，可以首先发现伪造、变造印

---

① 崔岚等：《打印伪造印章印文的手段及检验》，载《广东公安科技》2003 年第 3 期。

章印文中显著区别的特征。为后续伪造、变造印章印文的检验提供一个大致的方向和可能的认定结果。

2. 特征重叠法

特征重叠法是印章印文鉴定活动中，对检材印文与样本印文进行比较检验时所运用的最普遍的一种检验方法，当然这种方法也是伪造、变造印章印文检验中的常用方法。这种方法可分为透光重叠比较法与计算机辅助人工比对法，主要是通过透光板以及计算机操作来完成的，如 Photoshop 等图像处理软件。

透光重叠比较法是在印章印文的检验鉴定中最简单的一种方法。它是利用透光板，将检材印文与样本印文重合放在透光板上，以印文图文其中一个字或图案为基点进行比对，检验其他部分的印文图文是否重合的一种检验方法。

计算机辅助人工比对法是在比较检验检材印文与样本印文的时候，将检材印文与样本印文通过扫描、裁剪等一系列的图像处理，再将检材印文与样本印文在计算机图像处理软件中进行放大重叠比对，并标识出差异点的一种检验方法。

无论是透光重叠比较法还是计算机辅助人工比对法，都是如今印章印文鉴定活动中最常见的检验方法。在伪造、变造印章印文的检验中，除高仿真印章印文的检验，其他普通伪造、变造印章印文的检验鉴定可以通过运用特征重叠法，有效并快速地发现印章印文是否同一，以及该印章印文是伪造还是变造等诸多比较现象。

3. 特征接合法

特征接合法也叫拼接比较法，是将样本印文折叠起来，使折叠边缘上的图文与检材印文的图文对准拼接，或者利用计算机图像处理软件将样本印文图片放大后，从图文较多部位截开，然后与检材印文相应部位对接，从而观察检材印文与样本印文的图文是否能够完全接合。

特征接合法也是印章印文司法鉴定中比较常用的一种方法，特别是在伪造、变造印章印文的鉴定活动中，特征接合法能够更加清晰地发现印章印文之间无法同一之处。即使是高仿真的印章印文，也能够通过印文之间的拼接、接合来检验鉴定印章印文是否伪造或变造。因而，特征接合法是印章印文司法鉴定活动中比较可靠的一种检验方法。

4. 画线比较法

画线比较法是指在检材印文与样本印文的照片相同部位选定若干个同位点,并连成2~4条同位线,比较检验两个印文中各条同位线与印文图文相交的位置是否相同,并标明异同点。

这种方法也是印章印文司法鉴定中一个比较简单的检验方法。在检验鉴定伪造、变造印章印文时,通过画线法的比较可以比较清晰明了地看出检材印文与样本印文是否同一。

五、实验注意事项

注意同一印章在使用过程中自身变化形成的印文特征的非本质差异与伪造印章印文的区别。

六、实验作业要求

1. 在规定时间内完成实验任务。
2. 按规定的时间要求,写出实验报告。

七、实验拓展思考

1. 伪造印章印文有哪些方法?
2. 有哪些常见的伪造印章印文识别方法?

实验三 印章印文常规鉴定

一、实验目的

掌握印章印文常规鉴定方法。

二、实验原理

印章印文鉴定规范 SF/Z JD0201003—2010。

三、实验设备与器材

1. 各类印章。
2. A4 纸张、水笔、直尺。

3. 放大镜。

4. 体式显微镜。

5. 数码相机。

6. 图像处理软件系统。

四、实验内容和方法

1. 检材、样本的初检与确认。检验印章印文需要对检材和样本的客观状态有明确的认识，确定与检验鉴定相关的检材和样本的细节问题，为进一步检验奠定基础。首先，要确认的是，检材是盖印印章还是复制印章或印刷印章，多份检材的情况下，还应对检材的一致性进行分析和鉴别，并将送检人对检材陈述的相关细节与初检情况进行核对与确认。其次，对样本材料的相应确认，同样是对其客观性状、来源以及是否存在多样性进行检验和核对，并注意样本形成的条件，如样本的载体、样本形成的时间及形成方式的确认。多数情况下，不同的承印客体和相隔较长的盖印时间及盖印条件的不同均会造成印章印文表观形态较明显的差异，作为比对样本，应尽量获取与检材形成条件相近的样本，对特征的发现和确定更为有利。

2. 在确认了检材和其相对应的比对样本后，对检材和样本进行印章印文的特征比对。比对的方法一般有直观比对、重叠比对，拼接比对、作图比对、测量比对和运用图像软件比对等。

特征比对的方法灵活多样，可以直接观察比对，也可以借助显微工具、图像处理工具等进行各类特征的比对和鉴别。特征比对的重点是要能发现特征，某些特征直接观察就能发现，而有些特征则需要借助相应的工具经过反复比较和鉴别后才能发现和确定。有些直观发现的特征，经反复比较和鉴别后反而会发现其不具备特征价值，所以发现特征、确定特征、比对特征是一个反复循环的过程，是一个仔细甄别并最终确定本质特征的过程，既要尊重检材样本已呈现出的客观形态表现，又要善于透过现象看本质，不拘泥于个别的客观形态，发现特征形态所隐含的规律。

3. 结论。作结论是在对检材和样本的特征进行充分的检验分析后作出一个明确的判断，只有在对印章印文本质性特征确定无疑的前提下才能作出明确的判别，只要有存疑的特征，则不宜作出明确的结论。

由于案件检验的复杂性和有条件性，检验结论的分级制逐渐为鉴定行业和送检方所接受，是对有争议事实或一时难以认清事实的一项权宜之计，作为鉴定技术人员，应当视发现事实真相为己任，在实践工作中应为作出确定性结论积极创造条件，尽量避免分级制的意见。

五、实验注意事项

印章印文的检验鉴定主要是基于对印迹特征的发现和确定，但在实际检验工作中，印迹特征的发现与确定却是一个复杂的问题。印迹只是章体在承印物上的一个客观的表观形态，受多种因素影响，其表观形态无论在宏观上还是微观上都会发生不同程度的变化。同时，其形态的变化又是有一定的局限性和规律性，即这种变化具有与章体本身相关的特定性，它不会超出章体本身所允许的限度，并在相似条件下能重复出现。所以，在印迹的变化上会呈现规律性和特定性，我们习惯将其称为本质特征，而本质特征价值的发现与确定则需要对检材和样本进行反复的研究和酙酌，有时也需要进行相应的实验来辅助。

能够引起印章印文特征变化的因素是复杂多样的，较常见的有以下几种：

1. 印章自身变化导致的印文特征变化。章体受制作材料、长期浸润色料以及环境条件（如温度、湿度、光照）的影响，印面会发生涨缩变化，反映在印文特征中表现为印文形状、尺寸大小以及图文线条的粗细等发生变化。此外，印章自身在长期的使用过程中，印面会因老化、磨损，受外力作用如磕碰等因素，导致印文形态特征发生变化。

2. 附着物变化。印章在使用和保存过程中，印面容易黏附各类杂质从而在印文中形成特殊的印迹，也称为附着物特征。这些附着物特征的出现有较明显的时段性，并随时间条件的变化而变化或消失。

3. 使用介质变化。不同质、不同量的印泥或印油都会对印文的客观形态产生影响。这是因为不同质的印泥或印油对印面的黏附及对承印物的转印程度都会有不同，从而形成有差别的印迹形态。而印面黏附不同量的印泥或印油，也会直接导致印文的笔画形态、油墨堆积发生明显变化。

4. 盖印压力变化。印章在盖印时作用力的大小、方向、均匀程度等都会对印文特征产生影响。标准的盖印压力是大小适中、方向垂直向下、用力均匀，盖印出的印文图文线条清晰、端正，无变形和错位等现象，能够全面地反映出印章印面的图文结构特点。盖印压力不均且方向不同，会造成印文的墨迹分布浓淡不定，甚至会图文线条变形。

5. 承印客体变化。承印客体的变化可分为承印物本身和承印物下是否有不同的衬垫物。如同一枚印章，在普通纸张、票据纸张或较厚的卡纸上盖出的印文会有较大的差异。而盖印时承印物下是否垫有衬垫及衬垫物的软硬、厚薄均会对形成的印迹形态产生影响。

6. 印文形成后的变化。形成印文后随文件的保管、使用过程中，会随承载客体发生摩擦、受潮、折叠、揉搓甚至污染、破损等，导致印文也会随之发生相关联的变化。另外，印文形成后，受印文色料及承印物对色料的吸附性能以及环境、时间等的影响，也会造成印文形态的变化。

六、实验作业要求

1. 在规定时间内完成实验任务。
2. 按规定的时间要求，写出实验报告。

七、实验拓展思考

印章印文鉴定有哪些影响因素？

实验四　朱墨时序鉴定

一、实验目的

1. 掌握朱墨时序表观特征。
2. 了解朱墨时序鉴定方法。

二、实验原理

印文与文书字迹形成顺序鉴定的主要依据，是印文与文书字迹交叉部位印文材料与文字材料之间表观特征和理化特征的变化规律。印字交叉部位的表观特征，是指交叉部位的印文材料与文字材料的墨迹分布形态，主要体现在墨迹的层次结构、外观色泽及印文图文线条和文书字迹笔画的完整性、连贯性等各方面，印字交叉部位的表观特征可以通过显微镜进行观察，该方法操作简单、特征反映直观，且对印字交叉部位无损；印字交叉部位的理化特性，是指交叉部位的印文材料与文字材料的色度学特性、荧光特性、溶解特性、吸附能力等。在这些文件中，形成朱墨时序关系的印文色料和笔画色料的理化性质相差越大，外观特征往往越明显。例如，印泥和激光打印墨粉形成朱墨时序关系时，先墨后朱的时序条件下，交叉部位的覆盖现象明显；但是，当印油和喷墨打印墨水形成朱墨时序关系时，则朱墨时序的顺序难以判断。印文盖印与文字书写的先后顺序主要是根据印文笔画与文字笔画交叉部位的表观现象来进行判断的。

三、实验设备与器材

1. 各类印章。
2. A4 纸张、水笔、直尺、打印机。
3. 体式显微镜。
4. 三维立体显微镜。
5. 文检仪。
6. 激光显微拉曼光谱仪。

四、实验内容和方法

(一)表观特征

1. 印文与手写字迹交叉部位的表观特征

先字后印，字迹书写连贯、笔画完整、边缘清晰、色料分布均匀，如书写压力过重或盖印压力过轻，可导致印文图文墨迹浓淡的渐变甚至线条中断现象，书写工具形成的凹痕边缘有印油色泽变化；先印后字，印文图文线条完整、边缘清晰、色料分布均匀，如印泥、印油含油过多或色料过重，可导致墨水收缩、中断、色料变浅，有时也会出现墨水渗散、笔画边缘发虚等现象。当交叉部位印文图文线条与字迹笔画都较完整时，先字后印的，文字色料被印文色料覆盖，由于受文字色料的影响，印文色料可能减少变浅但有明显的印油光泽，此外，由于印文色料没有受书写工具笔尖的碾轧、擦划，色料的分布无明显变化；先印后字的，印文色料被字迹色料覆盖，交叉处容易形成两种色料呈混合状，印文色料由于受书写工具笔尖的碾轧、擦划，色料的分布状态会有不同程度的变化，尤其印泥颗粒分布变化较明显，有时可能出现印文色料被拖带的痕迹，书写工具形成压痕时，凹痕处色料分布均匀、无明显变化等。

2. 印文与印刷文字交叉部位的表观特征

静电墨粉印刷方式形成文字，笔画有一定厚度，有立体感，表面呈凝聚状颗粒分布，印刷质量不同，文字笔画墨粉厚度、表面凝聚状态、平整程度、墨粉颗粒疏密程度等均有不同程度的变化。当先形成文字后盖印时，文字笔画被印文色料覆盖，笔画表面分布有一层色料或印油，在一定角度光照下笔画表面印泥颗粒分布或印油色泽变化比较明显，如文字笔画印刷质量较差，墨粉颗粒分布稀疏，印文色料或印油可能充填墨粉凹陷部位；当先盖印后形成印刷文字时，印文图文线条被文字材料所覆盖，笔画表面无色料或印油分布，在不同角度光照下笔画表面无明显色泽和光泽变化，如文字笔画印刷质量较差，墨粉颗粒分布稀疏，在墨粉缝隙处可观察到被覆盖印文色料或印油，这种现象容易与先字后印时文字墨粉凹陷部位填充的色料或印油相混淆，鉴定实践中应注意加以区分。此外，先印后字时，如印文与文字形成时间间隔较短，文字笔画在印刷过程中将墨粉加热固定时，可能与印文色料相混合形成混溶状态，导致文字笔画表面光泽的明显变化，此种现象容易与先字后印时文字表面覆盖印油导致的光泽变化相混淆，鉴定实践中要区分。

（二）检验方法

1. 显微镜检验

常用于朱墨时序检验的光学显微镜有两种，分别是生物显微镜和体视显微镜。生物显微镜的倍率大，清晰度高，适合对朱墨交叉部位的油墨特征进行微观观察和识别，但缺点是视场小，立体感小，不利于概貌特征的观察。体视显微镜的观察视场大，立体感强，但是倍数大时分辨率高，适合于观察概貌特征，微观特征则无法体现。

利用光学显微镜观察朱墨时序时，主要观察印文笔画和文字笔画交叉处表层的色料形态和两种笔画的“变化”，色料形态是指朱、墨的色料分布以及两者的油墨凝聚等特征；变化则指交叉处印文笔画和文字笔画在时序前后的特征是否一致，这通过和空白处的印文笔画和文字笔画进行比较来发现，其主要体现有交叉处两种笔画的完整程度、交叉点处笔画的油墨洇散等不正常现象。

三维立体显微镜是文书司法实践中应用较为广泛的仪器之一，立体显微镜又称“实体显微镜”或“解剖镜”，在观察物体时能产生正立的三维空间影像。立体感强，成像清晰和宽阔，又具有长工作距离，是适用范围非常广泛的常规显微镜。操作方便、直观、检定效率高，适用于电子工业生产线的检验、印刷线路板的检定、印刷电路组件中出现的焊接缺陷（印刷错位、塌边等）的检定、单板 PC 的检定、真空荧光显示屏 VFD 的检定等，配测量软件可以测量各种数据。立体显微镜是由一个共用的初级物镜，对物体成像后的两光束被两组中间物镜——变焦镜分开，并成一体视角再经各自的目镜成像，它的倍率变化是由改变中间镜组之间的距离而获得的，因此又称为“连续变倍体视显微镜”（Zoom—stereo microscope）。随着应用的要求，体视镜可选配丰富的选购附件，如荧光、照相、摄像、冷光源等。

立体显微镜的特点主要有以下几点：

(1)双目镜筒中的左右两光束不是平行的，而是具有一定的夹角——体视角（一般为12～15度），因此成像具有三维立体感；

(2)像是直立的，便于操作和解剖，这是由于在目镜下方的棱镜把像倒转过来的缘故；

(3)虽然放大率不如常规显微镜，但其工作距离很长；

(4)焦深大，便于观察被检物体的全层；

(5)视场直径大。

立体显微镜因其所具备的众多优点在工农业和科研各部门有着广泛的应用。若在使用过程中出现一些问题可根据实际情况自行解决。根据实际使用情况常见的故障有：视场较模糊或有脏物，可能的原因有标本上有脏物，目镜表面有脏物，物镜表面有脏物，工作板表面有脏物。可根据实际情况采取清洁标本、目镜、物镜和工作板表面的脏物解决。双像不重合可能的原因为瞳距调节不正确，可采取修正瞳距的措施；双像不重合也可能是视度调节不正确，可采取重新进行视度调节；还有可能是左右目镜倍率不同，可检查目镜并重新安装相同倍率的目镜。如果是图像不清晰可能是物镜表面有脏物请清洁物镜。如果变焦时图像不清晰有可能是视度调整不正确和调焦不正确，可重新进行视度调节和调焦。若发生灯泡经常烧掉和灯光闪烁不定的情况时，则也许是当地的线电压太高，请仔细检查电压和显微镜的电线连接情况是否牢固，如不是则可能是灯泡快烧坏了，可重新更换灯泡解决。

立体显微镜的使用关键主要在于调焦。在立体显微镜调焦时，建议选用平面物体，如印有字符的平整纸张、直尺、三角板等。视度调节：先将左右目镜筒上的视度圈均调至0刻线位置。通常情况下，先从右目镜筒中观察。将变倍手轮转至最低倍位置，转动调焦手轮和视度调节圈对标本进行调节，直至标本的图像清晰后，再把变倍手轮转至最高倍位置继续进行调节直到标本的图像清晰为止。此时，用左目镜筒观察，如不清晰则沿轴向调节左目镜筒上的视度圈，直到标本的图像清晰为止。瞳距调节：扳动两目镜筒，可以改变两目镜筒的出瞳距离。当使用者观察视场中的两个圆形视场完全重合时，说明瞳距已调节好。应该注意的是，由于个体的视力及眼睛的调节差异，不同的使用者或即便是同一使用者在不同时间使用同一台显微镜时，应分别进行齐焦调整，以便获得最佳的观察效果。

2. 文检仪

文检仪从客观上来讲,仍是一种光学仪器,其光学性能囊括了可见光检验、红外线检验、紫外线检验和荧光检验的范围,因此又称可视光谱仪、多波段视频检验仪等。文检验仪的基本结构主要包括光源部分、滤光部分、图像系统3个部分,检验原理如下:根据不同书写材料的光学性能差异来鉴别各种可疑文件,通过光学系统和光电转换系统将检验图像显示在监视器上,通过可见图像来直接鉴别文件。它是种无损检验手段,高效直观,先已成为文件检验实务中最为常用的检验仪器之一。该系统采用先进显微镜成像技术,为文件检验提供高分辨率清晰图像,观察局部的细微不同和变化规律。计算机自动控制工作平台X、Y、Z轴移动、连续变倍模块、滤波片转换模块和光源转换模块,为文件检验提供多种观察方式。鼠标操作简单方便,同时可避免紫外光源对人体的伤害。文检仪可采用短波紫外、长波紫外、红外、可见、激光和多组LED多波段光源(每组单一颜色)进行照射,提供反射照明、斜照明、透射照明和同轴光照明等多种检验方式。

可见光是波长介于390~770nm,使人的眼睛可感受到光线,包括红、橙、黄、绿、青、蓝、紫等色光。不同品牌的油墨在单色光的照射下也会有不同的表现,这可以作为区分油墨的初级手段。因此,巧妙而充分的利用可见光对文件进行检验,操作简单、适用普遍,观察效果直接,是现在司法鉴定界普遍适用的检验手段之一。

紫外线检验是指波长小于390nm的光线,文件上不同的油墨色料吸收或反射紫外线效果也不同,这种差异必须通过特殊的紫外摄像仪来记录,从而得到检验图像。

红外线检验是指波长大于770nm的光线,通过检测文件上的不同物质材料吸收或反射红外线的性质差异来检验可疑文件。

荧光检验是使用不同光源来激发文件上的物质,使文件产生不同的荧光现象,以此来表示文件的差异,发现在普通条件下察觉不了的现象。荧光检验遵循斯托克斯定律,用高能量的光激发产生低能量的荧光,但荧光在普通的视觉条件下是看不到的,也要用特殊的摄像仪来捕捉并显示,方能为人所认识。

文检仪的检验原理主要有吸收检验方法。因为各种物质在白光照射下显出各种颜色是因为物质本身对光选择吸收的结果,例如,呈绿色的物体,表明其将绿色光反射回来,而吸收了其他颜色的光。如果在白纸上书写的红色和蓝色的字迹混杂不易分清时,可用红色滤光片改善对蓝色字迹的观察。反之,也可用蓝色滤光片改善对红色字迹的观察。在被检文件在极红区分波段作反射或透射检验时,在某些情况下可显现某种涂改或不明显的痕迹。这主要是利用这些物质在极红区的吸收特性不同。文检仪设有用于极红区投射的光源即白炽灯,它含有丰富的极红区光谱,另在接收光线的一侧放置滤光片来达到分色检验的目的。

文检仪的另一检验原理是荧光检验方法。这是因为许多物质在受到光激发时,能受激发射长于激发波长的荧光。这个现象为人们所熟知。而用短于红光波长的可见光来激发物质在红到近红外光谱区的所谓极红荧光,常常成为定性地辨认不同物质的一种手段。例如,不同牌号的墨水虽然在可见区内用肉眼观察时色泽相同,但在蓝光激发下,在橙、红区或近红外区荧光的波长和强度往往是不同的,由此可以判断文件是否经过涂改。只是人眼对红光的感受能力很弱,更不能感受红外光,所以需由红外照相或红外摄像的方法来记录和转换。又由于激发光源的光谱辐射不可能很纯,而物质受激发射的荧光与激发光相比又极为微弱,若不从照相机、摄像机接收的光线中除去原激发光成分,则微弱的荧光就会受激发光的严重干扰。这就需要先从激发光源中除去波长与荧光谱段相同的那部分光,并从接收的荧光中除去短波部分的激发光,而只接收纯粹的荧光。其方法是在激发光源前和接收的摄像机前分别放置滤光片。前者称为激发滤光片,它必须滤去激发光源中的长波部分光;后者称为接收滤光片,它必须滤去短波长的激发光,只允许通过物质本身发射的、波长长于激发光波长的荧光。由于不同波长激发荧光的效果不同,在极红区不同波段荧光强度也不相同,所以将激发光分波段激发和将极红荧光分波段观察将会产生更好的分辨不同墨水的效果。

3. 拉曼光谱法

拉曼光谱(Raman spectra),是一种散射光谱。拉曼光谱分析法是基于印度科学家 C. V. 拉曼(Raman)发现的拉曼散射效应,对与入射光频率不同的散射光谱进行分析而得到分子振动、转动方面的信息,并应用于分子结构研究的一种分析方法。

1928 年 C. V. 拉曼实验发现,当光穿过透明介质被分子散射的光发生频率变化,这一现象称为拉曼散射。同年稍后,在苏联和法国也被观察到。在透明介质的散射光谱中,频率与入射光频率 υ_0 相同的成分称为瑞利散射;频率对称分布在 υ_0 两侧的谱线或谱带 $\upsilon_0 \pm \upsilon_1$ 即为拉曼光谱,其中频率较小的成分

$\upsilon_0-\upsilon_1$ 又称为斯托克斯线，频率较大的成分 $\upsilon_0+\upsilon_1$ 又称为反斯托克斯线。靠近瑞利散射线两侧的谱线称为小拉曼光谱；远离瑞利线的两侧出现的谱线称为大拉曼光谱。瑞利散射线的强度只有入射光强度的 10^{-3}，拉曼光谱强度大约只有瑞利线的 10^{-3}。小拉曼光谱与分子的转动能级有关，大拉曼光谱与分子振动—转动能级有关。拉曼光谱的理论解释是，入射光子与分子发生非弹性散射，分子吸收频率为 υ_0 的光子，发射 $\upsilon_0-\upsilon_1$ 的光子（吸收的能量大于释放的能量），同时分子从低能态跃迁到高能态（斯托克斯线）；分子释放频率为 υ_0 的光子，发射 $\upsilon_0+\upsilon_1$ 的光子（释放的能量大于吸收的能量），同时分子从高能态跃迁到低能态（反斯托克斯线）。分子能级的跃迁仅涉及转动能级，发射的是小拉曼光谱；涉及振动—转动能级，发射的是大拉曼光谱。与分子红外光谱不同，极性分子和非极性分子都能产生拉曼光谱。激光器的问世，提供了优质高强度单色光，有力推动了拉曼散射的研究及其应用。拉曼光谱的应用范围遍及化学、物理学、生物学和医学等各个领域，对于纯定性分析、高度定量分析和测定分子结构都有很大价值。

拉曼光谱仪是新一代的分析级光学仪器，主要对各种书写色料的组成成分进行图谱分析，尤其是对含碳素成分墨水及各种打印、复印、印刷、传真文件的检验有独到之处。目前，拉曼技术可以实现不同深度的拉曼扫描，可以应用于可疑文件的朱墨时序检验。可用拉曼光谱仪检验交叉点的拉曼光谱图，如果交叉点的光谱图与文字笔画的光谱图相近似，则证明是先朱后墨；如交叉点的光谱图与红色印文材料的光谱图相接近，则证明先墨后朱。拉曼光谱检验法对于各种书写色料形成的字迹均有效果，尤其对没有压痕的字迹效果更好。① 理论上如此，但文书司法实践中用拉曼光谱法鉴定朱墨时序使用的并不是很成功，更多的情况下拉曼光谱法是作为辅助手段使用，为最后的综合评断作帮助。单靠拉曼光谱作出检验鉴定结论依旧是不现实的。

五、实验注意事项

每一种方法的适用条件、适用对象都有其局限性，如物理检验方法多是无损检验，化学检验方法多是有损检验，一般情况下有损检验方法还是尽量避免。最为普遍使用的是观察法，利用各种先进的光学显微镜进行检验，适用范

---

① 刘建伟、苑剑、沈毅：《可疑文件中朱墨交叉时序的无损检验方法研究》，载《刑警 & 科技》2001 年第 3 期。

围广泛，效果良好。文检仪方法检验的进一步研究表明，该法对形成交叉时序的色料种类选择性较强，只有当色料为层状结构时，检验结果才明显；印文与激光打印字迹的检验、色料堆积位置及分布形态观察法则用显微镜观察，效果显著。

朱墨时序检验是文书鉴定领域难度较高的项目，考验鉴定人的技术水平和经验，要成功准确的鉴定出文件的朱墨时序，必须使用多种检验手段，切不可只凭单一的特征点或单一的鉴定方法就下结论，平时工作中就要对朱墨时序多看、多学、多实验，对各种书写色料、印文、纸张、印刷机型等各种仪器和书写工具的性质和原理烂熟于胸，才有把握对朱墨时序进行正确有效的判断。

六、实验作业要求

1. 在规定时间内完成实验任务。
2. 按规定的时间要求，写出实验报告。

七、实验拓展思考

手写字迹、打印字迹鉴定朱墨时序的联系与区别是什么？

实验五　印章印文特征比对表制作

一、实验目的

掌握印章印文特征比对表制作方法。

二、实验原理

1. 印章印文鉴定规范 SF/Z JD0201003—2010。
2. 比对表制作方法类别。

（1）复制剪贴法

文件检验物证技术发展初期，科学技术尚不发达，因此鉴定人对印章印文的检验主要借助肉眼和简易设备，如低倍放大镜。为了鉴定时不损坏检材、样本原件，一般采用复印、拓印等手段将可疑文件与供比对文件上的印章印文转印在比对表左右两列并予以标识，或将其复制件裁剪后分别粘贴于比对表左右两列且进行标记。作为现代文检鉴定特征比对表的雏形，这种原始的剪贴法有其固然的缺陷，如因复制程度不高使细小特征无法显现、油墨堆积造成部分特征变形或增生“新”特征等情况，在技术日益成熟的今天显然已经不再适用。

(2)图像处理系统比对法

当代科学技术的飞速发展无疑是司法鉴定方法赖以发展和成熟的根本动力，特征比对表作为鉴定人得出结论的有力依据，把控其准确性和严谨程度便成为整个鉴定意见的关键。随着计算机信息时代的到来，运用扫描仪进行高倍扫描后通过 Word、Photoshop、Visio 等文字、图像处理软件进行编辑的制作方法成为司法鉴定人在制作特征比对表最常用的手段。在印章印文鉴定中，相比原来的剪贴法，使用图像处理系统可以随意变换印面大小，标识细节特征；在印面清晰度方面更真实地反映了检材、样本印文的本来面貌；在调整印文角度方面也更加方便。总体而言，这种方法对于细节的把握更到位，也使特征比对表的整体制作效果更佳。

三、实验设备与器材

1. 印章、A4 纸张、胶水、剪刀、水笔。

2. 计算机。

3. 数码相机。

4. 图像处理软件系统。

四、实验内容和方法

（一）遵循原则

在制作特征比对表时，该技术规范列明了鉴定机构、鉴定人应当遵守的原则性条款：

1. 特征比对表的重要性

印文鉴定应当制作《印文特征比对表》，以便能对检材印文与样本印文反映出的印文特征的异同情况、变化范围、程度、形成原因等逐一进行全面的对比分析，并对主要印文特征进行标识或说明。

2. 分清整体与局部，分清主次

《印文特征比对表》根据比对的内容，分为检材印文与样本印文整体内容的比对、局部内容的比对和单个文字、图案、线条的比对；样本印文的选取应当客观全面，又要突出重点；选取的样本印文在数量和质量上以尽可能全面反映出该印章印文的特性为限；尽量选取在盖印时间和盖印条件上与检材印文相同或相近的样本印文。

3. 规范鉴定

通常只需要制作整个印文的《印文特征比对表》，不需要另外再制作局部内容和单个文字、图案、线条的《印文特征比对表》，但如需对印文局部内容或单个文字、图案、线条的进行重点的比对分析，也应制作相应《印文特征比对表》；在拍摄、复印或扫描检材印文和样本印文时，应当加上比例尺。

（二）制作步骤和方法

在特征比对表的制作阶段，检验规范主要从准备阶段，检材、样本的选取，检材、样本的编排3个方面作出规定。

1. 准备阶段

在制作《印文特征比对表》之前，应对检材印文和样本印文进行初步的检验。

2. 对检材、样本印文的选取

（1）选取方式

印文的选取可采用照相、复印或扫描等方法进行复制。

（2）复制要求

复制的检材印文和样本印文应当清晰，能真实反映检材印文和样本印文的原貌及其细节；复制的检材印文和样本印文应保持原有色调，对其色调一般不作调整，但如在复制过程中已经造成印文偏色，可参照原始印文作适当调整，尽可能保持与原始印文色调一致。如纸张背景、复制条件等因素导致复制的检材印文和样本印文不能凸显，可对其亮度和对比度作适当调整，但反差不宜过大，以尽量能清晰显示复制的检材印文和样本印文细节特征，又能反映出纸张等文件载体的情况为佳。复制的检材印文和样本印文一般保持原大，如印文过大或过小，可同时对检材印文和样本印文的大小作适当的等比例调整。不能对单个印文作大小调整或对检材印文和样本印文作单向调整或不等比例调整，防止印文变形。但如在复制过程中已经造成印文变形，可参照原始印文作适当调整，尽可能保持与原始印文外形一致。检材印文和样本印文大小规格不同时，应在复制的检材和样本印文图片上加比例尺，或标明图片的分辨率。

3. 印文格式编排

编排格式通常采用左右或上下格式进行编排，一般左（或上）为检材印文，右（或下）为样本印文。复制的检材印文和样本印文之间应保持适当的间距，尽可能编排整齐，便于观察和比对分析。复制检材印文和样本印文的局部内容或单个文字、图案、线条的，应按照对应的内容编排《印文特征比对表》。

（三）标识方法

1.《印文特征比对表》的标识

对于选入《印文特征比对表》的特征点应进行唯一性标识，通常在《印文特征比对表》右上角用“鉴定文书编号”进行标识，表示位置应醒目。对选取的检材印文和样本印文应标明其出处，标识特征异同情况，必要时还应进行文字说明。对于制作完成的《印文特征比对表》应标明制作人、制作时间，并对记录内容进行审核确认。

2. 选取的检材和样本印文的标识

如选取的检材印文仅有一处，可直接用“检材标识”标识选取的检材印文，即“JC”；若同一份检材上选取多处检材印文的，可采用“检材编号”+“阿拉伯数字”进行标识，阿拉伯数字表示选取检材印文的序数。如检材标识为“JC”，则选取的检材印文以从上到下、从左到右的顺序依次标识为“JC. 1，JC. 2……”如检材标识为“JC1 - 1”，则选取的检材印文以从上到下、从左到右的顺序依次标识为“JC1 - 1. 1，JC1 - 1. 2……”以此类推。

3. 选取的样本印文的标识

如选取的样本印文仅有一处，可直接用“样本标识”标识选取的样本印文，即“YB”；若同一份样本上选取多处样本印文的，可采用“样本标识”+“阿拉伯数字”进行标识，阿拉伯数字表示选取的样本印文的序数。如样本标识为“YB”，则选取的样本印文以从上到下、从左到右的顺序依次标识为“YB. 1，YB. 2……”如样本标识为“YB1 - 1”，则选取的样本印文以从上到下、从左到右的顺序依次标识为“YB1 - 1. 1，YB1 - 1. 2……”以此类推。

4. 印文特征的标识

根据技术规范，对比较检验中发现的有价值的印文特征应逐一进行标识。一般用红色标识相同或相近的印文特征，用蓝色标识不同或变化的印文特征；对有疑问或难以确定的笔迹特征，可标识为“？”；对重要印文特征必要时可作编号，并作文字说明。印文特征的标识既要客观全面，又要简明扼要，标识的符号不能对辨识印文特征造成干扰。对各种印文特征进行标识时，推荐使用“印文特征标识符号表”中的标识符号（见表 3 - 3 - 1）。

表 3-3-1 印文特征标示符号

标识符号		标识说明
名称	图示	
实线	——	印文特征画线比较中,用于标示印面结构、规格、布局及组合关系等印文特征
虚线	--------	用于标示文字、线条、图案及相互之间搭配比例特征
圆	○	用于标示文字、线条、图案等印文布局特征,如单字局部的特殊搭配、结构、形态等印文特征
箭头	↘	用于标示文字、线条、图案等印文局部的细节特征,如附着物特征、暗记及单字局部的缺损、变形等印文特征
标号	①、②……	用于对印文特征进行编号

五、实验注意事项

1. 特征标识符号以矢量图最佳

比对过程中,特征标识符号应选用矢量图最佳,矢量图根据几何特性来绘制图形,其特点是放大后图像清晰度高不会失真、文件占用空间较小,相较其他图片格式更具优势。常用制作软件如 Photoshop、Word 等无法绘制矢量图像,下文将着重介绍 Visio 图像处理软件。

2. 印章印文图片大小适中

一般常用的图像处理软件,以 Photoshop 为例,扫描后裁切图片应以 BMP 格式保存,不宜保存为 JPG 或 JPEG 格式,否则将影响图片质量。在调整图片大小时,不宜直接拉动双箭头进行伸缩变换,否则将导致印章印文尺寸变形,无法准确反映印章印面结构特征。此种情况下,通过修改图片格式,按比例放大缩小印章印文图片即可避免该问题。在裁切必要的印章印文图片后,点击"图像"栏内"图像大小",需将图片像素调至适当大小,可避免在 Word 文档中无法粘贴或无法打印的情况发生。

3. 须对原件进行扫描,分辨率以 600dpi 为佳

印章印文鉴定对于检材、样本是否为原件这一性质要求颇为重视,若采用复制件扫描,则鉴定人无法保证获得的复制件是否为检材、样本原件同一比例

复制形成，同时还可能存在因复印、打印而添带其他特征（一般受打印、复印、传真机的自身特征、油墨量等因素影响），妨碍鉴定人的判断，鉴定结论的可靠性也将大打折扣。此外，在扫描过程中，一般将分辨率设置在600dpi为宜，如果分辨率低于300dpi，则扫描图片质量不高，画质不清；若高于1200dpi，则扫描速度过慢且电脑易出现死机现象。

4. 严谨细致，一一比对

鉴定意见的出具关乎诉讼案件的最终裁判，因此，在鉴定过程中必须抱以严谨细致的态度来完成每一个环节，也包括特征比对表的制作过程。对于印章印文鉴定，必须按照先分别检验后比较检验的顺序进行。若存在多枚检材（或样本）印文的情况，为确保检验时不易混淆，则必须先将其列入特征比对表内，并对其逐一进行标识，切忌弄反检材样本各自的顺序，以给法官、当事人留下对鉴定意见权威性、严谨性存疑的不好印象。

六、实验作业要求

1. 在规定时间内完成实验任务。
2. 按规定的时间要求，写出实验报告。

七、实验拓展思考

了解使用其他软件制作特征比对表。

第四节 专业印刷文书检验实验

实验 印刷版型的种类鉴别

一、实验目的

了解凸、凹、孔3种印刷方式的原理及工艺；通过对各种版型印刷品的观察和比较，熟悉并掌握各种版型印刷品的基本特征，学会未知印刷品版型的鉴别方法。

二、实验原理

印刷品在印刷过程中，由于采用的印刷方法不同，会在印件上留下不同的特征。根据文件印迹特征鉴别其印刷方法，必须熟悉不同印刷方法的原理及印刷过程。

1. 凸版印刷

凸版的版面结构为着墨的图文部分凸起，且在一个平面上，不着墨的空白部分凹下。印刷时，在凸起部分敷以油墨，然后使纸张等承印物与印版接触，并在纸背施以一定压力，使印版上图文部分的油墨转印到纸张上。凸版包括活铅版、铅整版、腐蚀铜（锌）版、雕刻铜（锌）版、树脂版和木刻版等。

凸版印刷文件的基本特征：印迹较实，有中淡边浓的挤墨现象；纸面易留下背面凸起的压痕；笔画线条边缘及笔画间的微小空隙处易黏杂质而出现油墨疵点或印迹模糊。

2. 平版印刷

平版的版面结构为着墨的图文部分和非着墨的空白部分几乎在同一平面上。图文部分具有亲油性，空白部分具有亲水性。印刷时，利用油水相拒的原理，空白部分沾水不沾墨，使图文部分着墨印在纸上。平版印刷，有的是直接印刷（如石印、珂罗版印刷），即印版与纸张直接接触转印；有的是间接印刷，即将图文先转印到橡皮辊筒上，再由橡皮辊转印到纸面，因此又称胶版印刷，简称“胶印”。胶印是当前平版印刷的基本方式。

平版（胶印）印刷文件的基本特征：印迹平淡，边缘整齐但不够清晰；由于印版几乎是平的，无印版压痕，墨色均匀，无挤墨现象；在空白处可见稀落的大小不等的墨点，图文上常见不规则点状露白。

3. 凹版印刷

凹版的版面结构为空白部分凸起且在一个平面上，着墨的图文部分凹下；印刷时整个印版着墨，然后用刮刀去掉空白部分的油墨，使凹入的图文部分的油墨在较大压力下，转印到承印物上。凹版印刷文件的基本特征：图文墨层厚，凸起于纸张表面，有光泽和立体感；线条边缘不齐，有规则锯齿现象；粗大线条的纸张背面有凹入压痕。

4. 孔板印刷

印版的图文待印部分由细密小孔组成，油墨通过小孔漏印到纸面上。孔版有誊写（打印）蜡版、电子套影版、丝网版等。

孔版印刷文件的基本特征：图文线条由不规则的点、片状墨迹构成；边缘不齐，墨层较厚；纸面多有油墨染污痕迹。

三、实验设备与器材

读数放大镜;体视显微镜;各种版型印刷文件,如书刊、报纸、邮票等。

四、实验内容和方法

(一)对已知材料进行鉴别

1. 观察已知材料的宏观特征及细节特征。
2. 对不同版型的已知材料进行相互比较。

(二)对未知材料进行鉴别

1. 观察印件的宏观特征。
2. 用放大镜或显微镜观察印件的细节特征。
3. 选取印件上的制版、印刷方法特征。
4. 对各印件特征进行相互比较。
5. 确定各印件的制版和印刷方法。

五、实验注意事项

1. 在实验过程中,注意做好实验材料的保护,不得作任何标记。
2. 注意观察印件中的反常迹象,并合理解释其形成原因。

六、实验作业要求

1. 详细记录各版型印刷品的特征,比较不同版型印刷品的特征异同。

2. 确定未知材料的制版、印刷方法,找出特征根据,并将其记录在实验报告中。

七、实验拓展思考

1. 凸版印刷、平版印刷、凹版印刷、孔版印刷的原理是什么?
2. 凸、平、凹、孔版印刷文件主要特征有哪些?有什么异同?

第五节　打印、复印、传真文书检验实验

实验一　打印文件鉴别

一、实验目的

掌握针式、热敏、喷墨、激光打印文件的特点；掌握针式、热敏、喷墨、激光打印文件的种类鉴别方法；熟悉打印机的同一认定特征；学会打印机同一认定的程序和方法。

二、实验原理

（一）打印文件的种类鉴别

根据印字原理的不同可将电子打字机分为击打和非击打两种。针式打印机属于击打式打印机，而热敏、喷墨、激光属于非击打式打印机。本实验所说的针式、热敏、喷墨、激光都属于点阵式电子打印机。

1. 针式打印机原理及工作特点

针式打印机通过打印头上直径为0.2mm的钢针击打色带上的油墨，打印到纸张上完成打印过程。

外观检测：打印字迹油墨无光泽，笔画边缘有“毛刺”，在黑色区域周围形成低密度油墨晕圈，这是由于钢针表面边缘转印的油墨较少形成的。在放大镜或显微镜下可以看到打印文件存在色差上油墨转印的色斑。此外，由于钢针的击打原因，打印文件的背面用侧光观测有凸起痕迹。

2. 热敏打印机原理及文件特点

热敏式（热转印）打印机，通过打印头的发热元件用热敏色带打印在普通纸上或直接打印在热敏纸上。这种打印机分为两种，一种是打印头上安装两排微小的发热元件，发热元件发热时接触色带，油墨溶解或升华，使油墨转印到打印纸上。另一种是使用热敏纸，打印头上的发热元件直接对纸张表面加热，使显色剂和无色染料发生化学反应而变色，完成打印。

热敏式打印机使用热敏色带打印出的字迹油墨有光泽、颜色鲜艳、笔画边缘整齐。若放大观察，图文呈热熔黏附形态，细小点痕呈方形。倾斜笔画的阶梯边缘棱角分明，字符墨迹平滑，无挤墨现象。如果用多次性或陈旧色带打

印，笔画中间会有小白点或出现大面积露白。用热敏纸直接打印，则打印字迹墨色暗淡，热敏纸是特殊涂料的纸，遇热变色。

3. 喷墨打印机原理及文件特点

喷墨打印机的工作原理与针击式相似，不同之处在于打印头上安装的是两排很细的喷嘴，打字时，在主机指令控制下，将墨水以均匀的脉冲液流，从喷嘴射到打印纸上，形成文字图形。

喷墨打印文件图文由墨迹小点构成，墨迹平实，墨色黑，色泽暗淡，无光泽，墨点自然洇散，周围易有杂散微滴和擦痕。

4. 激光打印机原理及文件特点

激光打印机是集光学、电子学、精密机械与化工技术于一体的计算机外部输出设备，用来实现文件的硬拷贝。激光束经光调制器受文字信息的控制产生相应的偏转，经光学系统反映到光导鼓表面，把偏转形成的文字图形信息变换成电荷电信号，再形成潜像，在显色剂作用下形成实像，转印在纸面上，经定影完成打印过程。

激光打印机打印文件属于页式印刷，图文印迹由细小墨粉颗粒堆积而成，其打印的图文边缘齐整，光泽度好，分辨率高，点阵痕迹不明显，其墨迹平实，色泽鲜艳，撇捺笔画比较平滑，在放大镜下观察，文件空白处易有底灰和弥散的墨粉颗粒。

（二）打印文件的种类鉴别

不同种类、不同机型的打印机具有不同的性能和特点。同机识别之前，首先要进行种类识别，确定其是否为同一种类、同一型号打印机。打印机在使用过程中因磨损造成某些缺陷，其特征也会反映在打印文件上，是同机认定的主要依据。

1. 不同喷墨打印机的同一认定

喷墨打印机的故障主要体现在喷头上，其磨损缺陷具体有以下几个方面：

（1）笔画缺失。由于打印头个别电线断路，喷嘴不工作或堵塞造成有些笔画，尤其是细小笔画缺失。

（2）露白特征。个别喷嘴堵塞，在字符笔画中出现有规律的白点。

（3）字符间距不规则。带动喷嘴左右运动的定时皮带有故障会形成字符间距不规则。

（4）横向字符不成行。走针机构出现故障，间隙不能准确调整造成字符不成行。

(5)纵向排列不齐。双向校直调整不精确会导致纵向字符排列不齐现象。有的喷墨打印机的喷头是一体的,墨水用完,喷头也一起更换。若喷头更换则对应的喷头打印特征则消失。因此检验时,要选择同期样本。

2. 不同激光打印机的同一认定

激光打印机在使用过程中,由于磨损会留下相应的特征。有的是稳定的,有的是随机的;有的有规律,有的无规律。这些特征往往是由磨损部件及性质决定的。

(1)横向黑条、白条特征。出现此种特征,一般原因为检测激光光束的光导纤维损坏,大部分时间激光被点亮,从而形成一大片黑色区域,随后打印机找不到激光检测信号,又将激光关断,从而形成横线白条。

(2)纵向黑条、白条特征。感光鼓损伤、显影电压不稳、墨粉有杂质、加热辊不清洁等会造成纵向黑条、白条特征。

(3)白色斑痕特征。

(4)多余墨点特征。

(5)划痕特征。

(6)图像扭曲、字形特征。

(7)垂直褪色特征。

(8)字符缺陷、脱字特征。

(9)字符空心特征。

(10)文件正面、背面污染特征。

3. 不同针式打印机的同一认定

(1)字符笔画残缺或模糊特征。是因打印头磨损、弯曲、折断或驱动故障造成不出针等原因形成。

(2)字符笔画周围多余点状痕迹。

(3)串行接字笔画错位特征。

(4)串行接字笔画重叠或脱节特征。

(5)错字特征。

(6)字符印迹浓淡不均匀特征。

三、实验设备与器材

放大镜,体视显微镜,文检仪,针式、热敏、喷墨、激光打印机及打印的文件,酒精,丙醇,吸管,水,工具盒。

四、实验内容和方法

（一）打印文件的种类鉴别

1. 观看不同种类打印机硬件结构特点。

2. 观察不同种类打印机的打印过程。

3. 显微镜下观察并比较不同种类打印机打印文件的特征，做好记录、总结。

4. 不同种类打印机打印文件的溶解性实验。

5. 根据打印文件种类鉴别特征，判断未知打印文件的种类。

（二）打印文件的同一认定

1. 显微镜下观察检材打印文件的种类鉴别特征，对照样本，根据种类鉴别特征排除无关样本。

2. 显微镜下观察并选取检材打印文件的同一认定特征，对照未被排除的样本特征，根据同一认定特征的符合，确定检材与哪一份样本为同一打印机打印。

五、实验注意事项

1. 在比较鉴别打印特征前，先了解不同类型打印机的原理、结构、功能、特点等。

2. 在选择同一认定特征时，注意特征的稳定性。

3. 特征的选择既要细，又要区分出偶然因素形成的虚假特征。

4. 注意收集同期样本，防止打印机维修、换件使检材与样本形成的条件发生变化。

六、实验作业要求

1. 用特征标示法详细记录打印文件上所反映出的种类鉴别特征和同一认定特征，并分析特征形成原因。

2. 比较不同种类打印机打印文件的特征异同，归纳总结打印文件的同一认定特征。

3. 分析特征，得出结论，写出实验报告。

七、实验拓展思考

1. 针式、热敏、喷墨、激光打印机打印文件各具有的特点和异同是什么？

2. 打印文件同一认定的特征和方法是什么？

实验二 静电复印文件的同一认定

一、实验目的

了解静电复印机的工作原理；了解静电复印机的同一认定特征；掌握静电复印文件同一认定的方法。

二、实验原理

1938 年美国物理学家卡尔逊发明了静电复印技术。静电复印是一种综合性技术，它是利用光电导体遇光导电的特性，通过光学系统把原稿图文按确定的比例成像在光电导体表面，形成静电潜像，再用带电染色剂把图像显现出来的图文复制技术。1959 年美国施乐公司生产出了第一台落地式全自动办公硒鼓静电复印机。静电复印过程是一个纯物理过程，它所采用的光接受体是光电导材料，这种材料具有在暗态时电阻率较大，近似为绝缘体，而在受光线照射时，其电阻率急速下降变为电的良导体的特性。当进行复印时。首先通过对带电的光电导材料进行曝光，在光电导材料的表面形成能够保持较长时间的静电潜像；其次依靠静电的作用，将具有与光电导材料表面静电潜像极性相反的带电色粉吸附在静电潜像上，从而得到可见的色粉图像。

（一）静电复印过程

一次完整的复印过程，一般要经过充电、曝光、显影、转印分离、定影和情结 6 个步骤。

1. 充电。使光导体表面在暗态下获得一定数量电荷。根据光导体材料不同，既可以充正电，也可以充负电。

2. 曝光。对经过充电的光导体进行曝光。在这一过程中采用光源扫描照射原稿，原稿的空白处不吸收光线，全部反射到光导体表面；图文处不反射光线，在光导体表面形成阴影。根据光导体的特性，在其表面形成与原稿图文相对应的电荷分布，即“潜像”。

3. 显影。显影过程是潜像电荷将带电墨粉颗粒吸附到光导体表面成为可见的墨粉图像，即将静电潜像显现出来。

4. 转印分离。先把纸盒中的复印纸张由搓纸轮和输纸轮输出后接触光导体，利用电晕丝向纸张释放电量，在复印纸上形成与光导体静电潜极性相同但场强不同的电场，这样其表面的墨粉被均匀地吸附（转印）在纸张的表面；再通过分离部件将复印纸与光导体分离开，即完成墨粉图像向纸张表面的转印和分离。

5. 定影。由输纸带将吸附了墨粉图像的复印纸送至定影装置中固像，使墨粉印迹固化在复印纸表面。

6. 清洁。将转印后光导体表面的残余电位消除干净，以备连续复印。转印后光导体上有残余墨粉，清除时常用毛刷和清洁刮板。

（二）静电复印文件的同一认定依据

静电复印机的同一认定是根据复印文件所反映的特征，对可疑复印机是否为印刷物证文件的复印机做出鉴定和判断的技术手段。复印机同一认定的依据是复印机在复印过程中反映到复印文件上的个体特征。

1. 污染痕迹特征。静电复印过程与稿台玻璃、反射镜头等部件密不可分。如果这些部件上存有污染痕迹或磕碰、刮擦损伤痕迹，则会反映在复印文件上：一是稿台玻璃污染。例如，由于胶水、墨迹等黏附在稿台上的污染痕迹将稳定地反映在复印文件上，但是经过维修、保养后这些特征可能会消失。二是压稿板污染。三是定影压力辊表面污染。此外，污染痕迹还包括输纸机构（搓纸轮、输纸带）污染痕迹、定影铲爪的污染痕迹等。而有些痕迹，如玻璃稿台或反射镜上的纸屑、毛发，这些特征也会在最后的复印文件上有反映，但是不稳定。因此，鉴定时要充分认识污染特征，分析是哪个部件产生的特征。

2. 感光鼓磨损特征。感光鼓在使用过程中，光导体与复印纸张、墨粉、载体以及清洁装置长期接触摩擦后，便会产生磨损、损伤痕迹，并稳定地反映在复印品中，损伤特征包括划痕、磕碰痕、老化痕等。损伤一旦形成，就具有一定的稳定性，在更换部件前都会反映在复印文件上，这也为复印机的同一认定提供了条件。

3. 光导体感光材料剥落痕迹特征。光导体因自身性能、工艺质量或受外力作用，其表面感光层会脱落，在复印件上留下痕迹，因感光材料不同形态有差别。例如，硒光导体感光层脱落后其边缘充电时会形成较高的电位，转印后，在文件上表现为与脱落处痕迹形态一致、边缘为黑色的漏印区；硫化镉和有机光导体一般不易出现感光材料剥落痕迹，一旦感光材料脱落，脱落处边缘的电位不会保留，所以痕迹形态表现为没有黑色边缘，呈现漏印状态，底灰大的情况下表现较为明显。

三、实验设备与器材

放大镜，体视显微镜，静电复印机及其复印文件。提供复印机复印材料检材 1 张、样本 5 张以检验是否为同台复印机复制形成。

四、实验内容和方法

1. 观察不同品牌型号的静电复印机，熟悉复印机工作原理及各部分的结构特点。

2. 直接观察静电复印文件的表观特征。

3. 利用显微镜放大观察静电复印文件上图文的显微特征。

4. 找出可供进行复印机同一认定的特征。

5. 根据同一认定特征，进行检材和样本的比较检验，对所给材料进行同一性的判断。

五、实验注意事项

1. 在选择同一认定特征时，注意特征的稳定性。

2. 收集的样本一定是同期样本，否则可能由于复印机的维修、换件的影响导致同一认定特征发生变化。

六、实验作业要求

1. 在检验过程中，详细记录同一认定特征，分析特征形成原因。

2. 归纳总结静电复印文件同一认定的依据，得出结论，写出实验报告。

七、实验拓展思考

1. 复印机的同一认定特征有哪些？

2. 复印文件的特点是什么？

实验三 传真文件鉴别

一、实验目的

了解传真机的工作原理；了解传真机的种类及特点；通过对不同种类传真机传输文件的鉴别和对传输过程的操作演示，熟悉不同种类传真文件的特点，对传真文件上报头码的内容、格式进行分析，掌握传真机的种类特征和同一认定特征。

二、实验原理

传真机是在公用电话网或其他网络上传输文件、图表及数据等信息，集计算机技术、通信技术、精密机械与光学技术于一体的通信设备，具有快速、准确、真实传送各种信息的特点，在办公自动化领域中占有重要的地位。每台传真机都能发信和收信，集收发功能于一体。

传真文件是原稿的硬拷贝。发方传真机的发信系统利用光电转换技术将原稿图文转变为电信号，通过电话线路传输给收方，收方传真机的收信系统把接收到的电信号转变为光或热信号，通过相应的技术，将还原的光信号以可视的、与原稿一样的图像记录在承印介质上，形成传真文件。传真文件的形成是由发送机和接送机共同完成的，所以传真文件上必然会留有发送机和接收机的特征，即在一定条件下传真机的某些特征会反映到传真文件上。传真文件鉴定就是根据传真文件上反映的由传真机有关部件造成的痕迹特征，判断发方和收方传真机的品牌、型号，并通过传真文件上的个体痕迹特征，对可疑传真机进行同一认定。

目前市场上常见的传真机可以分为 4 大类：热敏纸传真机、热转印传真机、喷墨传真机、激光传真机。

对于不同类型的传真机而言，主要的区别在于不同的工作原理。

1. 热敏纸传真机：热敏纸传真机又被称为卷筒纸传真机，是通过热敏打印头将打印介质上的热敏材料熔化变色，生成所需的文字或图像。

2. 热转印传真机：热转印传真机又称色带传真机，是通过加热转印色带，使涂敷于色带上的油墨转印到纸上形成文字或图像。

3. 喷墨传真机：喷墨传真机则是由步进马达带动喷墨头左右移动，把从喷墨头中喷出的墨水喷涂在普通纸上，实现文字和图像的打印。

4. 激光传真机：激光传真机采用的是激光打印机的打印技术，凭借控制激光束的开启和关闭，在感光鼓上产生带电荷的图像区，此时传真机内部的碳粉会受到电荷的吸引而附着在纸上，形成文字或图像。

某可疑传真机是不是作案用机，应收集其传真样本，根据各台传真机所具有的随机性特征总和的相符，进行同一认定。传真机的图像输入部分相当于复印机的原稿扫描，传真机的图像输出部分相当于电子打印机的文件打印。所以，许多复印机与电子打印机的同一认定特征可以用于传真机的同一认定。

光敏鼓损伤痕迹。激光静电复印式传真机的光敏鼓在长期使用中不断磨损，相应就会产生一些损伤痕迹，并反映到传真文件上。若相互比较的传真件出现同一形态痕迹，即可作为同一认定的依据。

记录头特征。热转印式或喷墨普通纸传真机在使用中会发生损坏、松动、上脏以及长期受热变形等特征，反映在纸上则有笔画缺损、空白、笔画弯曲、笔画变形或出现纵向白道。这些特征的组合，在不同传真机上有所区别。

原稿台透光玻璃污损痕迹。原稿台透光玻璃污损会在印件上产生纵向黑道。另外，扫描图像的 CCD 如发生损坏，也会产生纵向黑道或白道。

热转印色带留下的图像文字负片。采用热转印色带作为记录媒体的普通纸传真机，使用后的转印色带上会留下传真图像的负片。如果能收集到这种使用过的热转印色带，便可仔细辨认印迹并与检材作比对，进而作出结论。

时间、日期、发送者的眉头和页眉等信息特征。大部分传真机在接收的一端均会留下传送时间、日期、发送者识别码的眉头和页眉等信息，据此可认定嫌疑传真机。

三、实验设备与器材

放大镜，体视显微镜，热敏、热转印、喷墨、激光传真机及相应传真文件，酒精、丙酮，吸管，水，工具盒。

四、实验内容和方法

（一）传真机的操作实验

1. 传真机的发送、接收操作演示。
2. 发送不同的原稿进行操作实验。

（二）传真文件的种类鉴别

1. 观察传真文件的宏观特征。

2. 用放大镜或显微镜观察传真文件的细节特征。

3. 观察并比较不同种类传真机的传真文件特征。

(三)传真文件的同一认定

1. 观察检材的同一认定特征。

2. 观察给定传真机传送文件样本的同一认定特征。

3. 进行综合评断,作出鉴定结论。

五、实验注意事项

1. 注意观察同一份材料上的文字笔画、线条的形态及打印、手写字迹、印文字迹的特征异同。

2. 着重区分哪些是发送机的特征?哪些是接送机的特征?

3. 注意观察报头码特征。

六、实验作业要求

1. 详细记录特征,分析特征形成的原因。

2. 写出判断传真文件种类特征以及同一认定特征的依据,得出结论并写出实验报告。

七、实验拓展思考

1. 如何识别不同种类传真机的传真文件?

2. 如何进行传真文件的同一认定?

第六节 变造文件检验实验

实验一 添改文件检验

一、实验目的

1. 掌握添加、改写文件特点。

2. 掌握添改文件鉴定方法。

二、实验原理

添改文件，指采用添加、改写等手段在原真实文件（或文字）的基础上添加部分内容（或笔画），对原真实文件的局部内容加以改变形成内容虚假的可疑文件。本实验要求学生分组设计案情，交叉鉴定，以提高学生实务工作能力。

三、实验设备与器材

1. 检材。
2. 放大镜。
3. 体式显微镜。
4. 荧光显微镜。
5. 文件检验仪。

四、实验内容和方法

1. 详细了解案情

相对其他文检案件而言，详细了解变造文件案件的案情特别重要。不要局限于委托单位的要求，要认真了解案情，明确双方当事人争议焦点的实质。了解案情往往是通过送检人的介绍或查阅案卷资料得知，有时候也可以询问双方当事人来弄清文件在案件中的作用。要着重了解与鉴定有关的情况，从文件的形式到文件的内容都要了解清楚。如文件是谁写的，何时提交的，文件形成的时间、地点和所用的工具材料以及文件的保存等情况。不注重了解案情，就等于割断了文件与案件事实的联系，孤立地就事论事实施鉴定，往往事倍功半，解决不了问题，甚至导致错误的结论。只有在详细了解案情的基础上才能着手鉴定。

2. 分析文件内容和形式上有无矛盾

对原文件进行添改，可能造成添改后的文件内容和形式之间出现矛盾或不协调，甚至造成文件的格式分布与通常的或规范的文件格式出现明显矛盾。首先要观察文件的内容和采用的文件形式之间关系是否符合规范的、通用的或人们在生活中约定俗成的表达习惯，另外要研究添改后形成的文件格式是否符合规范。例如，添改形成的文件格式可能出现段首空格不空、少空、多空等不规范现象，或行首、行尾超出正常范围等不正常现象。但是，在检验中要特别注意一种情况，就是书写人本身具有特殊的书写文件格式，我们要把这种特殊格式和添改后造成的文件格式区别开来。

3. 分析文件内容前后表述有无矛盾

一份真实的文件都是为了表述某一特定的内容，其具有较强的连贯性和逻辑性，经过添加或改写，目的是改变或部分改变原来表述的意思、反映的事实，这就破坏了文件的完整性、逻辑性，添改的部分内容与原来内容可能出现叙述中逻辑不清的现象；在添改过程中，受添改者注意力、观察力局限性的影响，可能会出现顾此失彼、添改内容与原有内容存在矛盾的现象。

4. 观察文字色料的差别

添改文件的形成，一种是用书写文字的同支笔或同种色料添改；另一种是由于条件所限，用与原文字同色或近色的非同种色料、非同支笔添改。相对来说，第二种添改比较容易检验。不同种类的文字色料在添加的染料、颜料、防腐剂、稳定剂等材料的种类、数量、比例等方面不同，因此对色料的颜色、光泽必然产生影响，添加、改写的文字笔画与原文字笔画就会出现差别。例如，用复写纸书写的合同或协议上的文字，直接用圆珠笔改写，其色料本身颜色有差别，这样添改后的文字与原文字就会出现色差。书写时间的不同，也会造成差别，文字色料书写后，受空气、光照作用，出现氧化、聚合、胶联作用，书写时间越长变化幅度越大。我们可以利用侧光、透射光、反射光等对文字的颜色进行直观观察，发现差异。例如，在一起添加文字伪造协议的案件检验中，原文字与添加文字均为蓝色圆珠笔书写，利用侧光观察，原文字色料颜色偏蓝、光泽度较小，而添加文字的蓝色中反映出紫红色、有较强光泽，从而认定了添改事实。在观察被怀疑文字的同时，我们还要注意观察周围文字笔画的颜色有无变化，有无重描痕迹。

5. 重点观察纸张折痕处笔画的差异

有的文件在添改前曾有长期折叠或反复折叠过程，折叠处纸面胶层被破坏或纤维结构断裂，折痕处添改的字迹笔画可能会出现墨水洇散的现象，圆珠笔笔画颜色也浓于其他笔；有的可能出现部分笔画在折痕处出现缺失现象，而折叠前书写的文字则不会出现这些现象。这也是我们检验时应该重点注意和选择的特征。

6. 观察采用间接手段变造文件所遗留的痕迹

如果采用擦刮、消退、裁剪等间接手段对文件进行变造，须对原文字进行处理，必然会留下相应的变造痕迹，这些痕迹会对纸张或添改字的笔画造成不同程度的影响。如擦刮会造成纸张纤维的改变,可利用反射光观察纸面是否有纤维翘起,用透射光比较可疑文字处及周围与其他部位纸张透光率有无不同,用侧光或垂直光观察纸张背面有无痕迹,同时要观察重新添改的文字笔画有无洇散现象;对消退文件,可造成纸张上底纹图案或相邻格线、文字笔画的破坏,造成纸张颜色的变化,在纸张上留下消退斑渍,并使重新添写的文字有洇散或颜色变浅现象;如对文件进行裁剪变造,必然在纸张边缘留下裁切痕迹。例如,一起变造支票案件,作案人利用消退剂处理原文字,同时造成底纹格线的消退,手工描绘上的格线明显与真实支票颜色有差异,我们在检验时将这一点作为有价值的特征,准确揭露了作案人的变造行为。

7. 观察文字布局有无反常现象

对文件进行添改,位置通常在原文件的字间、行间、段首、段尾、内容与落款之间,或文件的其他空白之处,这必然会破坏原文件正常的文字布局,受空间的影响,或由于添改人对书写空间估计不准,常造成添改部分出现疏密不均、与原来布局不协调的现象。例如,在一起伪造合同案件中,作案人在正文下面、落款上面又加入一条款,由于书写空间较小,就出现书写文字明显变小,字间距、行间距均变小的特点,与原来文字布局明显不同,明显违背了书写人的正常书写习惯,再结合其他特征,可以十分有把握地认定添加事实。

8. 分析笔迹特征

添改字迹虽然有时添改内容较少,特别是添改数字的,很多是在原有数字的基础上改写变造,但仍存在笔顺特征。也可分析连笔特征。因为连笔特征主要是因为书写人的书写活动是一个连贯性的动作,其前后字间存在一定的连笔动作或连笔意向,特别是连写的数字之间。而后添改上的内容与前后文字间没有连笔动作或连笔意向,与前后文字明显不协调。如果文件添改文字与原文字非同一人书写,我们首先可以利用写法、笔顺等笔迹特征进行检验。在有的案件中,添改笔迹虽然为同一人书写,但添改文字与原文字在书写速度、运笔的流利程度、用笔力度的分布等特征上存在差异。另外,改写字迹要借助原文字笔画,可能要受到原笔画位置、长短的限制,改写后文字在搭配比例、运笔方面必然与平时书写存在差别,附加的笔画在书写速度上、运笔上也受到限制出现运笔生涩、呆板等现象,添加的笔画与原笔画在连接处也不同于正常书写的连笔动作,可能出现重描、另起笔、断笔等现象,出现运笔不连贯、形连实断的特点,这都是我们可以利用的特征。

9. 研究笔痕特征的差异

书写工具、衬垫物及非同一人书写等因素，都可能造成笔画笔痕特征的差异。不同书写工具造成的笔痕差异相对较明显。同种书写工具也会造成笔痕差异，这是因为制造工艺、磨损程度、出墨量的多少不同，会使笔画的露白、墨点有区别，从而形成不同的笔痕特征。不同人用同一支笔进行添改，也会由于书写环境、书写人心理因素、执笔部位方式等因素的制约，出现笔痕的细微变化。在软硬程度不同的衬垫物上书写的笔画，笔痕特征反映也不同，相对来说，在硬而平的衬垫物上写字，笔画细且墨淡，在软的衬垫物上书写的字笔画较宽且墨浓。研究笔痕特征，既要观察文件的正面特征，又要注意观察文件背面的反常迹象。

10. 借助仪器设备

借助仪器设备，可以更科学、更准确地解决肉眼无法认定的添改。如可以借助红外线、紫外线对文字色料的作用不同认定添改，可以借助仪器分析确定消退现象。不同笔画对红外线作用的结果为完全吸收、半吸收、少量吸收或不吸收，可以利用这一点在红外线下观察文字笔画的差异。例如，用有机黑墨水改写的碳素墨水文字，由于碳素墨水对红外线表现为完全吸收，而有机黑墨水则表现为不吸收，在红外线下观察，原文字笔画呈黑色调，添改的文字笔画密度几乎为零。也可利用添改文字部分与原文字或纸张对紫外线的反射能力不同进行鉴别。例如，消退变造文件，有的消退剂涂抹到纸张上后，与无消退剂纸张在可见光下无明显区别，但当用波长为 365nm 的紫外线照射时，消退处与非消退处纸张的反射能力明显不同。除此之外，还可以利用激发荧光法鉴别，用化学方法鉴别添改后文字与原文字笔画的相对时间等。

11. 综合分析

近几年来，由于文件材料的多样性、相似性及变造手段越来越趋于智能化，各类案件中的文件物证所需鉴定要求不同，检材和样本的限制，一起案件仅采用一种或两种检验方法，已不能完全揭露案件的本来面目。所以，要树立系统鉴定的观念，对案件进行综合分析，在了解全部案情的基础上对构成文件的各个要素（笔迹特征、笔痕特征、复印特征、装订痕迹特征、裁切痕迹特征、纸质、压痕、印刷符合等）进行多角度、全方位鉴定，从整体上鉴别文件物证的真伪，确定添改事实。

五、实验注意事项

1. 案情设计须合理。
2. 检材可同时存在多处添改痕迹。
3. 显微镜检验时应不断调整光源强度与角度,已取得最佳实验效果。

六、实验作业要求

1. 在规定时间内完成实验任务。
2. 按规定的时间要求,写出实验报告。

七、实验拓展思考

1. 添改特征有哪些?
2. 如何进行系统鉴定?

实验二　擦刮文件检验

一、实验目的

1. 掌握擦刮文件特点。
2. 掌握擦刮文件鉴定方法。

二、实验原理

擦刮文件,是指利用一定的工具如刀片、橡皮等,采用刮、擦等手段对原真实文件的局部内容加以改变形成内容虚假的可疑文件。本实验要求学生分组设计案情,交叉鉴定,以提高学生实务工作能力。

三、实验设备与器材

1. 检材。
2. 放大镜。
3. 碘熏箱。

四、实验内容和方法

（一）碘熏法的应用和传统原理的解释

1. 碘熏法的操作

对于无色压痕字迹的显现，碘熏法的操作是：将碘片放在能密闭的玻璃器皿底部，如层析缸、干燥器等，碘片升华为棕红色的碘蒸气，将其中的文件熏染，1～2分钟后即可观察到清楚的棕黄色的压痕字迹，无压痕处颜色浅。显出的字迹可用复印、照相或扫描进入计算机等方法固定。

对于擦刮变造文件的碘熏法检验，是将检验纸张上可疑部位放在碘蒸气上熏，观察是否有擦刮消退现象，凡擦刮处均有较深的棕黄色。该方法简单方便，深受欢迎。

2. 碘熏法的传统原理解释

由于被显压痕部位与无压痕处的表面性状不同，自然对有色粉末或粉末挥发的有色气体吸附量不同，产生颜色深浅差别而显出被污损部位或不易辨认的文字内容。任何物体都具备吸附气体、液体的特性，但吸附的多少与物体的表面状态有关。用碘熏法显示被擦刮部位时，由于擦刮部位纸张纤维变得松乱，能吸附碘量自然大于无擦刮部位。

（二）运用“比表面”理论对碘熏法原理的新解释

从上文可以看出，碘熏法能够显出压痕字迹和擦刮痕迹，在原理上并没有完全解释清楚。下面就用“比表面”理论从根本上解释碘熏法为什么能够显现压痕字迹和擦刮痕迹的原理。

1. 写压痕纸张能吸附碘蒸气的原理

碘熏法显现压痕字迹的原理是基于表面化学中固体表面有吸附气体特性而言的，在一定的条件下，一种物质的分子、原子或离子能自动地附在某种固体表面的现象称为吸附。固体之所以能或多或少把周围介质内的分子、原子、离子吸附到自己表面来，是由于处于固体表面上的质点受到相应质点的拉力，处于不平衡的力场条件下，表现出过剩的能量及表面能，在一定的温度和压力下，表面能随不同固体分子间作用力不同而大小各异，一般情况下固体的大于液体、气体的表面能。因此，固体可将周围介质气体分子吸引到其表面而使其转化为表面分子，以降低体系的表面能，这是个自发的过程。

2. 压痕纸张、擦刮处吸附碘量多的比表面原理解释

比表面是指单位质量物质的总表面积。纸张的比表面可解释为1或单位

质量的纸张具有的表面积。"比表面"这一概念是评价多孔性物质(催化剂、吸附剂等)的重要参数之一。如活性炭的"比表面"为500~800m^2/g。

有压痕纸张对碘蒸气的吸附量为许多因素所决定,除了纸张和碘蒸气本身的品种以外,还取决于碘蒸气气体的压力、温度和纸张固体的"比表面"。

从微观的角度来看,任何一种物体的表面都是凹凸不平的,所以很难为固体的表面积下一个确切的定义。从宏观的角度观察,原纸张各处的比表面应是一样的,但人们在纸张书写字迹时,同时产生的压痕字迹将原来同等质量纸张材料的面积压薄增大即"比表面"增大。在碘熏时有压痕处的"比表面"比无压痕处"比表面"大,自然"比表面"大的地方吸附碘量增多,而形成差异,显出压痕字迹。由此可见,用"比表面"这一理论可很好地解释出碘熏法显出压痕字迹的原因。而对于擦刮变造文件,其擦刮处纸张纤维翘起,也就意味着"比表面"增大,所以经过碘熏"比表面"增大的擦刮处能较多地吸附碘,使此处颜色加深,与没有擦刮处产生明显的差别,达到显出擦刮处的目的。"比表面"是影响吸附量的重要因素,"比表面"大,则吸附量大。然而要测定固体的"比表面"必要用到 BET 多分子层吸附理论。BET 理论是布鲁尼尔(Brunauer)、埃密特(Emmell)、特勒(Teller)在 1938 年将 Langmuir 单分子层吸附理论加以发展而建立起来的,而且迄今仍是规模最大、影响最深、应用最广(特别是固体比表面的测定上)的一个吸附理论。BET 理论认为,固体对气体的物理吸附是 Van del Waals(范德华)引力造成的结果,因此,吸附量主要取决于表面的大小,而不是表面的特殊性质。①

五、实验注意事项

擦刮变造文件是文件检验中检验的对象,属于不易看见的文字。擦刮字迹直接用肉眼不易观察到,也往往为犯罪嫌疑人所忽视,所以,提取和显现擦刮字迹对警方侦破案件来说,具有十分重要的意义。

六、实验作业要求

1. 在规定时间内完成实验任务。
2. 按规定的时间要求,写出实验报告。

---

① 黄建同、李继东:《碘熏法显现压痕字迹和擦刮痕迹的原理探讨》,载《警察技术》2001 年第 3 期。

七、实验拓展思考

擦刮特征有哪些?

实验三　消退文件鉴定

一、实验目的

1. 掌握消退文件特点。

2. 掌握消退文件鉴定方法。

二、实验原理

消退文件,指采用各种消退手段消除原真实文件的局部内容,必要时添加所需内容形成内容虚假的可疑文件。本实验要求学生分组设计案情,交叉鉴定,以提高学生实务工作能力。

三、实验设备与器材

1. 检材。

2. 放大镜。

3. 各消退试剂。

4. 文件检验仪。

四、实验内容和方法

(一)纸张上消退文字的检验

纸张上的字迹主要有3类:手写字、打印字、印刷字及复印字。这3类字迹又可根据其色料的化学溶解性能分为3类:水溶性色料,如钢笔水字迹(不包括碳素墨水字迹)、部分签字笔字迹;油溶性书写色料,如圆珠笔字迹;不溶性色料,如碳素墨水字迹、复印字迹、激光打印字迹、印刷字迹等。实际案件中犯罪嫌疑人多数是对手写字迹进行消退变造。

(二)消退纸张上字迹的方法

1. 氧化性消退剂。如次氯酸盐类、高锰酸钾、过氧化氢等。主要用于消退各种染料墨水和蓝黑墨水字迹。

2. 还原性消退剂。如草酸、保险粉、柠檬酸等，主要用于消退各色染料墨水字迹。

3. 氧化还原性消退剂。如高锰酸钾—草酸，高锰酸钾—维生素，主要用于消退各种染料墨水字迹和蓝黑墨水字迹。

4. 酸性、碱性消退剂。如盐酸、醋酸、氢氧化钠、碳酸钠、氨水和肥皂等。肥皂主要用于消退黑白照片上的圆珠笔和钢笔水字迹。

5. 有机溶剂消退剂。如甲醇、乙醇、二甲基甲酰铵等，主要用于消退圆珠笔和复写纸字迹。民间常用的消退剂有牙膏、花露水等。

6. 物理消退法。如用手术刀在显微镜下擦刮除字或用激光除字，主要用于消除不溶性字迹。

（三）纸张上被消退字迹的显出方法

1. 各种光源照射法。利用不同波长的光源增强字迹与背景之间的明暗反差、颜色差别、荧光强弱等，从而显出被消退的字迹。例如，采用波长为365nm的长波紫外线对可疑部位进行照射。凡是有消退剂的部位对紫外线的吸收能力均大于无消退剂的部位，造成一定的反差，以此为根据可以将消退事实确定下来。有些色料特别是含碳色料被消退后，如果凭借可见光或紫外线仍不能辨读，则可采用红外线检验。

2. 硫氰酸气熏法。硫氰酸气熏法是采用现制的硫氰酸气体熏，利用硫氰酸气体与被消退的蓝黑墨水字迹在纸张上残留的三价铁离子发生化学反应，生成血红色物质从而显出被消退字迹的方法。

3. 化学试剂涂显法。化学试剂涂显法是指用棉签蘸取与消退字色料成分相匹配的化学显字试剂，轻涂于被消退字迹处，立即显出已被消退字迹的方法。常用的显现被氧化性消退剂消退的蓝黑墨水字迹，即显现三价铁离子的化学试剂有：(1)5%的5倍子酸，显现字迹为棕黑色；(2)5% 的硫氧酸钾，显现字迹为紫红色；(3)5%的亚铁氰化钾酸性水溶液加几滴盐酸，显现字迹为蓝色；(4)0.5% 的羟基喹啉酒精溶液，显现字迹为墨绿色；(5)5%的硫氰酸钾酸性水溶液加几滴盐酸，显现字迹为血红色；(6)10%的水杨酸乙醇溶液，显现字迹为淡红色；(7)10%的鞣酸乙醇溶液，显现字迹为黑褐色。常用的显现二价铁化学试剂有：铁氰化钾水溶液加几滴盐酸，显现字迹为蓝色。

4. 热熨法。可使用普通家用电熨斗，将其通电加热后在被消退字迹纸张的背面来回熨烫，从而把被消退的字迹显现出来。热熨法对被消退的纯蓝墨水、蓝黑墨水字迹的显出效果好，进行热熨法显字时，消退后残余的消退剂将与纸张中的木素加速反应是纸张变黄，原字迹染料在加热的条件下发生结构变化变成棕色而显出原字迹。

5. 碘熏法。碘熏法是显出擦刮痕迹的有效方法。有些字迹如碳素墨水字、复印字、激光打印字等的消退均是采用小刀刮，很难再显出原字迹，但可碘熏出擦刮痕迹。擦刮处比较毛糙，表面积较大，因此吸附碘多，从而显出擦刮痕迹。

6. 荧光增白剂显现法。先采用1%的荧光增白剂V BL溶液涂在被消退的文字部位，然后在紫外线激发下，观察荧光的明暗反差。主要适用于被消退的纯蓝墨水和蓝黑墨水。

7. “9412”显字剂显色法。这是一种专门研制的显色剂，它能将铁离子从草酸的配合中夺取出来，使二价铁、三价铁参加反应，生成更稳定的化合物，显出橘红色字迹。“9412”显字剂不但可以显出被高锰酸钾－草酸、高锰酸钾－维生素消退的蓝黑墨水字迹，而且还可以显出漂白粉、过氧化氢、酸、碱等一系列消退剂消退的蓝黑墨水字迹。

（四）塑料上消退文字的检验

1. 塑料上字迹的消退

塑料制品种类繁多，如电视机壳、手机、计算器、录像带塑料盒、食品塑料盒、仪表等，这些物品上均铸塑有产品名称、产地、品牌、数字编号等，作案人将其偷盗后往往锉掉有关字迹。市场上塑料制品的主要成分是聚乙烯、聚丙烯、聚氯乙烯、聚苯乙烯等。

2. 塑料上被消退字迹的显出方法

在塑料等聚合物上，被锉除的字迹可以再现，是由于聚合物具有“机械的记忆”能力。聚合物是通过线型分子相互联系的，而在延伸过程中没有丢失这种联系。由于物体表面层分子都有被拉向内部的趋势，如果把内部分子移到表面成为表面层分子，就必须克服向内的拉力而做功，所消耗的功就转变成表面层分子的位能，所以表面层分子一般比内部分子具有过剩的能量，称为表面能。塑料上的字迹被锉掉后，该字迹位置内部的分子变成了表面分子，这部分分子就会有过剩的能量，其受热后就比周围的分子反应快，被锉掉的字迹就能够再现。

（五）金属上消退文字的检验

1. 金属上字迹的消退

作案人常常将盗窃来的车辆、枪支、照相机、手表等金属材料上的冲刻号码、商标及其他标记锉掉，使人无法辨认；或再冲刻上新的号码，以便销赃获利。显现金属上被锉除的字迹,可为侦破案件提供线索和证据。

2. 金属上被消退字迹的显出方法

(1)铝。显现前用细砂纸将其轻轻打磨至平滑后,用棉签蘸10%的氢氧化钠,涂显10分钟,然后再涂三氯化铁的盐酸水溶液(40ml水+10ml盐酸+5g氯化铁),显出后用棉签蘸清水将药液洗净可保存较长时间。

(2)铜。先用细砂纸将其表面打磨平滑,用棉签蘸硝酸+ 水(1∶1)涂擦数次,约20秒,然后涂三氯化铁的水溶液(22g三氯化铁+27ml水),字迹便可显出;风干后若不易看清,可再涂一层水,则字迹复出。铜不溶于稀盐酸、稀冷硫酸,但可溶于硝酸而生成硝酸铜。

(3)钢。用棉签蘸浓盐酸∶冰乙酸∶无水乙醇=1∶1∶2的溶液,涂显20分钟,然后涂三氯化铁的水溶液(22g三氯化铁+27ml水),涂显1分钟,最后用自来水清洗一下,显出的字迹可长久保存。①

五、实验注意事项

对于消退字迹检验,只要检验方法适当,都能得出理想的效果。对于自然消退字迹,一般采用文检仪等无损检验即可,除非必要,方可采取有损检验。

六、实验作业要求

1. 在规定时间内完成实验任务。
2. 按规定的时间要求,写出实验报告。

七、实验拓展思考

如何分析及检验消退文件?

实验四 拼接文件检验

一、实验目的

1. 掌握拼接文件特点。
2. 掌握拼接文件鉴定方法。

① 庄琳:《消退文件检验常用的方法》,载《河南公安高等专科学校学报》2007年第2期。

二、实验原理

拼接文件,指利用原真实文件(一份或多份)的局部内容,采用剪接、粘贴拼凑、复制等手段直接拼接,或利用图像处理软件进行剪裁拼排,间接拼接形成的内容虚假的可疑文件。本实验要求学生分组设计案情,交叉鉴定,以提高学生实务工作能力。

三、实验器材与设备

1. 检材。
2. 放大镜。
3. 紫外灯。
4. 文件检验仪。

四、实验内容和方法

1. 目力检验

通过侧光、透光观察补接部位是否存在补接痕迹。

厚度:观察补接部位边缘是否增厚;

透光度:观察补接部位透光度有无明显改变;

补接痕迹:观察补接部位是否伴有小刀切割痕迹,粘贴物痕迹;

其他痕迹:观察补接部位是否有补接时熨压处理而产生的熨压痕迹;

纸张种类和质量:比较补接部位纸张与其他部位纸张种类、质量是否相同或相近,纸张纤维方向是否一致;

格线和花纹:比较补接部位的纸张格线、花纹等与其他部位是否一致。

2. 显微镜检验

如果伪造手法精细,肉眼观察不明显,可借助适当倍数的体视显微镜观察拼接部位的显微痕迹形态特征,并与周围无拼接部位进行对照比较,对已确定的拼接痕迹,需用显微照相方法进行拍照固定。

3. 紫外荧光检验

将制作好的拼接文书检材置于暗室的检验台上,用紫外灯照射激发,根据拼接部位与其他部位荧光颜色或强弱的差异确定拼接事实和拼接范围。若拼接的纸张、字迹墨水、粘贴物质成分与原文书不同,二者荧光颜色或强弱就不同。

4. 气熏剥离检验

拼接文书可通过气熏剥离法将补接的纸片直接剥离下来。

操作方法：气熏剥离之前将已确定的补接部位略加润湿待检，将大烧杯盛入适量水，用酒精灯加热至水开产生蒸气，然后将纸张补接部位朝向杯口，移至烧杯上方气熏，再用小镊子等工具仔细剥离，使拼接纸片与原文书纸张脱离。

五、实验注意事项

气熏剥离检验前应先对检材原貌进行拍照固定，气熏剥离过程中注意保护好检材，尽量避免破坏检材。

六、实验作业要求

1. 在规定时间内完成实验任务。
2. 按规定的时间要求，写出实验报告。

七、实验拓展思考

检验拼接文件还有哪些其他方法？

实验五 换页文件检验

一、实验目的

1. 掌握换页文件特点。
2. 掌握换页文件鉴定方法。

二、实验原理

换页文件，指采用抽取、替换等手段对原真实文件的局部内容加以改变形成内容虚假的可疑文件。本实验要求学生分组设计案情，交叉鉴定，以提高学生实务工作能力。

三、实验器材与设备

1. 检材。
2. 放大镜。

3. 显微镜。

4. 文件检验仪。

四、实验内容和方法

（一）对检材的预处理与初步检验

1. 检材的预处理。在篡改文件鉴定中，有一部分是有损鉴定，即为了检验检材的某些成分等，对检材进行最小限度的破坏。所以，对检材的预处理主要是通过拍照、扫描、复印等方式固定检材的原始状态。另外，将检材数字化处理后，也有利于使用 Photoshop 等软件进行比对检验。

2. 检材本身物质材料检验。在受理案件、清楚鉴定内容后，首先就是要对检材进行初步的检验。这种检验可以是目测或是使用基本的光学仪器等进行。在篡改文件的鉴定中，对检材的物质材料等进行预检是十分必要的，通过初步目测等检验，可以排除可疑点或发现新线索，有利于制定下一步详细的鉴定方案。

（二）喷墨式打印机与激光式打印机打印文件的墨迹特点

由于墨水种类不同，喷墨式打印机打印文件墨迹形态有不同特征。固态墨打印是将固态墨加热液化后喷到纸上，墨水遇纸即固化，所以固态墨印迹没有洇散现象，色泽亮丽。而液态墨印迹较平实，有水溶褪色的痕迹，笔画边缘有微小的墨点痕迹等。激光式打印印迹存在墨粉凝聚的痕迹，立体感较强，笔画线条呈波浪锯齿状，笔画边缘有较为浓密的墨粉颗粒，空白部位有分散的墨粉颗粒。

五、实验注意事项

换页文件检验，除了通过打印字迹墨粉形态，还可以通过纸张特点、装订痕迹、特殊标示等来观察。

1. 纸张特点

同时形成多页文件，使用的纸张种类往往是相同或是呈规律性变化的，如果是对多页文件进行换页，则会破坏这种规律性，导致纸张的特性之间出现反差或矛盾。纸张的特点主要包括纸张的灰白度、厚度、纤维的脉络、光滑度等。例如，被替换的两页纸张比未被替换的纸张略显灰暗，更加其被篡改的可能性。

2. 装订痕迹

多页文件往往会进行装订整理，这也就会留下形态各异的装订孔洞。由于装订针有不同的规格，所以装订空洞之间的距离也不尽相同。在拿到多页文件进行初步检验时，一定要检查的项目就是文件是否有装订痕迹。一般通过透射光检验可以得到非常明显的效果。同时检查可疑页纸张上留下的装订孔洞痕迹与原各页纸张上留下的痕迹是否吻合，尤其是首页和末页上，由于印压形成的装订物在相应纸张部位留下的印压痕迹是否吻合。

3. 特殊标示

有些特殊纸张上固有一些起装饰或防伪标志的图案、水印、底纹等，有些纸张生产商生产的不同批次的纸张上会存在一些不同的细小“污渍”，这些都为检验提供了有力的依据。

文件检验是一项系统工程，要结合多重元素考虑。不仅要结合文件本身要素，还要与案情相结合，提出解决问题的关键。例如，双方对合同的签名页均没有异议，就没必要就合同各自对应的签名笔迹和印章印文是否异同进行检验。如果双方也都认定两份合同是在同一时间打印形成，对合同形成时间鉴定不一定非进行不可，且耗时。此外，假如通过比对两份文件、纸张上的墨迹形态，发现两份文件的墨粉形态存在本质的差异，最后通过软件图像处理发现两份文件在行间距等文字布局上存在差异，综合以上，就能够对纸张的同时形成得出否定的意见。

在进行文件检验过程中，不能忽视文件要素的形成过程以及与周围环境等之间在时间和空间上的分布规律或相互关系。只有系统分析，才能最终为案件审判提供证据。

诸如文件换页检验，得出“否定同一”意见要比得出“认定同一”意见容易，“认定同一”则需要对文件各个要素逐个比对确认，综合判断特征的质量和数量是否能够带到“认定同一”的标准，所以，得出“认定同一”的意见需要更加审慎对待。

六、实验作业要求

1. 在规定时间内完成实验任务。
2. 按规定的时间要求，写出实验报告。

七、实验拓展思考

多页换页文件如何鉴定？

第七节　文书物质材料检验实验

实验一　纸张光学和物理特性的检验

一、实验目的

通过对纸张重量、厚度、白度、荧光、网痕、网目、平滑度、施胶度等项目的检验，了解纸张的光学和物理特性。

二、实验原理

不同种类的纸张有不同的用途，按其不同的需求具有不同的性质。纸张的性质包括施胶度、抗张强度、匀度、耐折度、撕裂度、挺度、白度、光泽度、不透明度、荧光、平滑度、紧度等。

1. 施胶度：各种纸张的施胶度虽然都有具体的技术标准规定，但各造纸厂在生产同种产品时总有所差异，另外，纸张的干湿程度对施胶度的测定也有所影响。因此，鉴别时要注意在同种条件下才能进行比较。

2. 荧光：纸张中添加荧光增白剂是为了提高纸张白度。由于荧光增白剂的化学组成和分子结构的不同，纸张中的纤维种类、加工方法、加入的胶料、填料、色料等的不同，使纸张的颜色反应，荧光反应也随之不同。

3. 匀度：纸张的匀度是指在迎光照射时纸页内纤维组织分布的均匀程度。匀度差的纸张，有些部位纤维云集，有些部位则纤维稀疏，透光观察时，纸页有些部位阴暗，有些部位则较透明。

4. 光滑度：一般纸张光滑度，可以用手触知，也可利用自然光或灯光在偏斜的光照下，用肉眼来观察，但应注意不要把由于纸张陈旧而引起表面起毛与纸张的光滑度混淆起来。

5. 纹痕：造纸过程中留下的痕迹，主要有网痕、毯痕、辊痕和水印等。

6. 定量及厚度：

(1) 定量：是指每平方米纸张的重量，以 g/m^2 表示。

(2)厚度:是指纸在两测量板间受一定压力下直接测量的厚度,以毫米表示。一般用千分尺进行检验。

7. 白度:纸的白度是指纸表面白色的程度。

8. 外观纸病的检查:

(1)尘埃:是指纸页表面用肉眼可见与纸面颜色有显著区别的黑点、黄点、棕色点的纤维束等杂质。尘埃有纤维性质的尘埃、非金属性质的尘埃、金属性质的尘埃。

(2)斑点,是指纸页上与纸面颜色区别不大,而与纸面色泽明暗和反光不一致,主要有湿斑、水滴斑、气斑、浆斑等。

(3)透光点、透帘:是指纸页上纤维层很薄但未完全穿透,为大小不一的点子,小者叫透光点,大者叫透帘。

(4)孔眼、破洞:是指纸页上存在的完全穿透没有纤维的点子,易于在反射光线下凭肉眼看出,小者称孔眼,大者叫破洞。

(5)翘曲、起拱、鼓泡、泡泡沙、皱纹:是指纸页表面呈现的凸凹不平的纸病。

(6)掉粉、掉毛:是指纸面上散在填料微粒和折断的细小纤维。

三、实验设备与器材

文检仪、精密天平、千分尺、放大镜、显微镜、手电筒。

四、实验内容和方法

1. 检验施胶度

用钢笔在检纸上几个部位画线,用眼睛直观墨迹的渗透和扩散程度,或在检纸上滴上一滴水,观察水的渗透和扩散程度。

2. 检验纸张的荧光

常在紫外灯下进行。将纸张平整地置于紫外灯下,从不同的距离、不同的角度进行观察。在观察纸张荧光的同时,也要注意纸张在使用过程中所形成的斑点、杂质、污点等的荧光。

3. 观察纸张的均匀程度

造纸生产过程中,由于造纸工艺不同、设备不同、操作方法不同等的影响,各造纸厂生产的纸张总产生不同的匀度问题。检验纸张的匀度时要采取迎光或借助反射光的方法,用肉眼观察纸张的均匀程度。

4. 检查光滑度

一般纸张光滑度，既可以用手触知，也可利用自然光或灯光在偏斜的光照下，用肉眼来观察。

5. 检验纸张的纹痕

用放大镜在自然光下观察，如有必要，可借助透射光反复比对测量。

6. 测量定量和厚度

取检纸 $10cm^2$，称其重量，然后以所称得的重量乘以 1000 即得出每平方米纸张的重量。

7. 检查白度

用一张黑纸，中间剪一个大小适当的圆孔，把检验的两张纸放在圆孔中，使两张纸各占圆孔的一半互相衔接起来观察比对（如图 3－7－1 所示）。

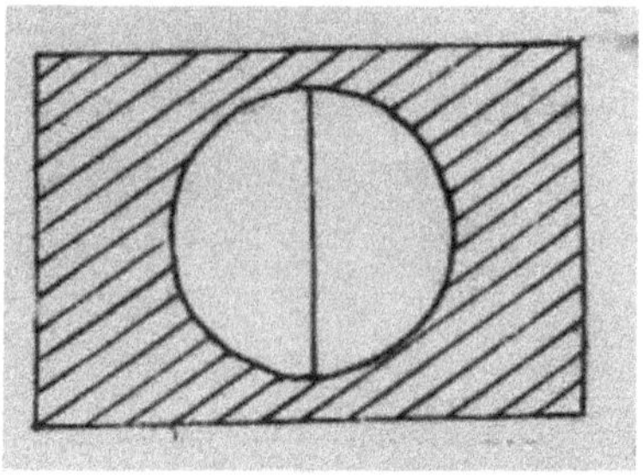

图 3－7－1

8. 外观纸病的检查方法

（1）迎光看纸病：将纸摆在具有透光装置的玻璃上迎光照看。

（2）平看纸病：将纸平铺在桌上，光线由左方照射，眼睛离纸面约一市尺，目光正对纸面看。

（3）斜看纸病：是将纸的一边提高凑近眼睛，从不同的角度斜看。

（4）手摸检查。

五、实验注意事项

1. 案件纸张检验所要解决的问题是检验与案件有关纸张的种类和成分；确定纸张的销售范围和生产厂家；鉴定作为检材的纸张和犯罪嫌疑人处提取的纸张样品是否相同；确定与案件有关的数张碎纸是否原属同一张纸以及用纸是否相同来鉴定货币和证件的真伪等。首先必须进行易检且无损的检验。

2. 纸张的纹痕检验在纸张的初检中具有重大价值。一般不可能用目视法判别。

六、实验作业要求

详细记录纸张检验的过程与实验结果，描述纸张的理化特征。

七、实验拓展思考

1. 纸张的常规检查包括哪些？
2. 常见纸病的形成有哪些原因？（本科生选做，研究生必做）

实验二 纸张纤维的显微形态检验

一、实验目的

1. 了解掌握偏振光显微镜的基本构造及使用方法。
2. 能够利用显微镜观察、总结各种纸张纤维的结构特点。
3. 学会纸张纤维标本片的制备。

二、实验原理

纸张是植物纤维材料经加工处理后紧密交织在一起的纤维薄层。由于使用的植物纤维材料原料不同，所以各种不同纸张其纤维形态也各不相同。

利用显微镜观察纸张纤维的结构，确定纸张纤维的组成，是纸张检验时一项很重要的工作。

三、实验设备与器材

1. 实验器材

偏振光显微镜，切片器或双刀片，载玻片及盖玻片。

2. 实验试剂

氯化锌碘试剂。

3. 实验样品

各类纸浆纤维的显微玻片，不同纸张检材。

四、实验内容和方法

1. 介绍偏振光显微镜的构造和使用方法。

2. 纸浆种类的鉴别。

通过显微镜仔细观察各种纸浆的颜色、不同纤维特征，根据观察的结果绘制特征纤维的示意图。

3. 纸张纤维标本片的制备及观察。

(1)取纸张检材一小块于载玻片上，加一滴蒸馏水湿润；

(2)细心用分离针把纤维，用滤纸吸取多余的水分；

(3)加一滴氯化锌碘试剂，盖上盖玻片，即可；

(4)将标本片置于显微镜下观察，确定纤维种类。

五、实验注意事项

如纸张施胶较多，可采用下列分离法：

1. 取检纸一小块，置于1 %的氢氧化钠溶液里，浸泡或加热煮沸3～4 分钟，取用蒸馏水洗净，至碱液完全洗尽为止。

2. 将经上述处理后的纸片置于载玻片上，细心用分离针把纤维拨开，再加1～2 滴水，使纤维均匀分布，然后用滤纸吸取多余的水分。

3. 加一滴氯化锌碘试剂，盖上盖玻片，供显微镜下观察。

六、实验作业要求

详细记录样本纸张纤维的形态特征，完成实验报告。

七、实验拓展思考

1. 制作和观察纸张纤维标本片中遇到哪些问题？请结合实际操作列举。

2. 各种纸浆纤维有哪些结构特征。（本科生选做，研究生必做）

实验三　黏合剂基础检验

一、实验目的

1. 学会观察黏合剂的外观性质。

2. 初步了解用化学预实验来检验黏合剂的方法。

二、实验原理

黏合剂的种类很多，一般按其外观形态分为糨糊和胶水。

糨糊分为淀粉糨糊、糊精糨糊和化学糨糊3种。淀粉糨糊是由淀粉加水调制而成，常见的有稻米、小麦、玉米、马铃薯等，一般可由显色法和显微镜检验；糊精是淀粉水解成葡萄糖的中间产物，一般需经显色法及菲林试剂反应共同检验确定；常用的化学糨糊主要是指羧甲基纤维素糨糊，一般可由显色法和显微镜观察检验。

胶水可分为动物胶水、植物胶水和化学胶水3种。动物胶的主要成分是蛋白质，可由鞣酸试验、茚三酮反应和密龙试剂反应检验；植物胶常见的有阿拉伯树胶和松香胶，其主要成分是植物纤维素，阿拉伯树胶可通过酸碱试验、浓硫酸试验和碱式醋酸铅试验检验，松香胶可通过荧光观察、蔗糖－浓硫酸法和紫外光谱法检验；化学胶水分为无机化学胶水和有机化学胶水，无机化学胶水常用的是硅酸盐胶水，可通过化学反应检验其无机离子；有机化学胶水主要有聚乙烯醇类和聚丙烯酰胺等，聚乙烯醇可由碘或氯锌碘溶液试验和薄层色谱法检验。

另外，可根据在日光及紫外光下观察涂有糨、胶的被检物所表现的性质，如有无光泽、表面是否光滑等，以及所发出的荧光来初步判断糨、胶的种类。

三、实验设备与器材

1. 实验器材

紫外观测仪、骨针、滴管、白色滴板、陶瓷加热板。

2. 实验试剂

碘液、氯锌碘溶液。

3. 实验样品

淀粉糨糊、糊精糨糊、化学糨糊、阿拉伯树胶、聚乙烯醇胶水、纸张（本科生实验）。

沾有未知成分黏合剂的纸张A、B、C、D（研究生实验，包括上述6样）。

四、实验内容和方法

1. 外观检验

将淀粉糨糊、糊精糨糊、化学糨糊、阿拉伯树胶、聚乙烯醇胶水这 5 种黏合剂，分别涂于纸上，待干后在日光和紫外光下观察现象并记录。

2. 化学预检验

本科生：

(1)选取沾有淀粉糨糊的纸张，在其粘有糨的一面，滴几滴热蒸馏水，待浆软化后，用骨针刮取，放少许于白色滴板上，分成两份，待用。

(2)在一份刮取的黏合剂上加几滴蒸馏水溶解，再加一滴碘液染色，观察显色情况。

(3)在另一份刮取的黏合剂上加几滴蒸馏水溶解，再加一滴氯锌碘溶液染色，观察显色情况。

根据观察结果，判断淀粉糨糊的原料成分。

研究生：

(1)先对沾有未知成分黏合剂的纸张 A、B、C、D 进行外观检验。

(2)在沾有未知成分黏合剂的纸张 A、B、C、D 中选取一张，在其粘有糨或胶的一面，滴几滴热蒸馏水，待浆、胶软化后，用骨针刮取，放少许于白色滴板上，分成两份，待用。

(3)在一份刮取的物质上加几滴蒸馏水溶解，再加一滴碘液染色，观察显色情况。

(4)在另一份刮取的物质上加几滴蒸馏水溶解，再加一滴氯锌碘溶液染色，观察显色情况。

根据结果初步判断所用黏合剂的原料成分。

五、实验注意事项

1. 外观检验可在黏合剂涂抹均匀和涂抹不匀两种情况下进行，用骨针挑取黏合剂时注意控制力量，保证纸张完好。

2. 若无法挑取纸上软化的糨糊，可直接用骨针挑取淀粉糨糊放于白色滴板上，分成两份。

3. 本科生实验中各组淀粉糨糊的原料成分可能不同。

六、实验作业要求

1. 详细记录外观检验时观察到的现象。
2. 记录在化学预实验中的现象,判断淀粉糨糊的原料成分。(本科生)
3. 初步判断未知成分黏合剂的原料成分,请写明判断依据。(研究生)

七、实验拓展思考

黏合剂的判断有哪些依据?是否有更为简便的鉴别方法?

第四章　痕迹检验技术实验

第一节　手印检验实验

实验一　捺印手印

一、实验目的

捺印手印是收集手印样本的主要途径。在侦查实践中,需要大量手印样本辅助案件侦查。捺印手印的效果直接影响手印的分析、编码、储存、查对和鉴定。因此,掌握捺印手印的步骤、操作方法、技能非常重要。

1. 了解掌握捺印手印的内容与方法,提高样本质量的技巧。

2. 熟练掌握捺印手印的步骤,并完成实验要求。

二、实验原理

由于手纹具有触物留痕的特点,且手纹特定的组织结构(乳突纹线与小犁沟等之间存在高度差)明显而稳定,使手与物面接触时留下的印痕客观地反映着手纹的形态与特征,且痕迹与手纹一一对应。因此,我们可以通过给乳突纹线着色(沾油墨),并将其转印于纸张上的过程(捺印过程),获取反映手纹的形态与特征等的手印样本。

三、实验设备与器材

捺印油墨盒、捺印卡(包括10指指纹卡片、单指指纹卡片或专为实验用的实验捺印卡片)。

四、实验内容和方法

(一)捺印方式

1.3 面捺印

3 面捺印包括每个手指的正面、左面、右面3 面。要求将手指纹线的内部花纹系统、外围纹线系统、根基纹线系统捺印出来以便全面检测。捺印时应按照拇、食、中、环、小指的顺序进行,避免颠倒换位。捺印时上端应捺印到靠近指尖顶端部位,下端要捺印到手指褶纹以下,侧印时要从指甲左边缘滚到指甲的右边缘。捺印后如发现个别纹线不清晰、不完整或有变形、重叠的,必须在卡片背面补印,并注明手位、指位的名词。

2. 平面捺印

平面捺印要求将手指垂直按压在指纹卡片的平面捺印处,只需捺印出手指或掌正面的花纹,并将左右手的4 个手指(食、中、环、小)并列捺印,以便校核3 面捺印的手位、指位是否准确。

3. 局部捺印

局部捺印是手印分析、检验、鉴定工作的需要,根据检材手印的遗留情况专门捺印指纹或掌纹的某一部分。如指尖顶部、中心花纹、左右三角两侧,以及掌上部某指根区、虎口部、内侧部、外侧部、腕部等局部的捺印。

(二)捺印的一般步骤

以班为单位,每2 人一组,互为捺印人和被捺印人,彼此捺取对方的手印。操作步骤和方法:

1. 填写捺印卡

按卡片格式认真填写捺印人、被捺印人的姓名、年龄(出生年、月、日)、身高等;将捺印卡(纸)平铺在捺印桌(台)上,捺印折线的边缘应与桌(台)边缘平齐,以适应捺印动作;将被捺印人的手指在捺印盒上自左向右(或自右向左)缓慢地滚动一次或再重滚一次,使指头3 面都能均匀地黏附油墨。

2. 捺印方法

(1)被捺印人面向捺印桌,捺印人站在被捺印人捺印手指的同侧(惯用左手工作者不限定），以便捺印。

（2）捺印的姿势。捺印人用右手拇、食两指捏住被捺印人手指左右两侧，手掌覆盖在被捺印人的手背上，再用左手拇、食两手指轻轻捏住被捺印人手指尖端，以便控制整个手背和手指。

（3）捺印的动作。将被捺印人的手指先在油墨盒上自左向右滚沾油墨，然后在指纹卡片规定的方格内，将手指也自左而右滚捺。平面的和局部的捺印，不必滚动，只让平面和局部接触，捺印人在被捺印人的手背施加一定的压力，使其全面而均匀地接触即可。

滚动中注意用力要均匀，只能滚动一次，不可挪动、停顿、重复或倒退。

（4）捺印的顺序。先右手后左手，按照拇、食、中、环、小的次序，一一捺印，不可颠倒位置。

（5）捺取平面指印样本时，捺印人用右手握住被捺印人的手掌背的两侧，使其食、中、环、小 4 指伸直并拢，平面接触于捺印盒上，另用左手食、中两指指尖轻轻按压其 4 个手指的关节和指甲部分，使手指的正面全部沾墨后，再将 4 指同时移印在指纹卡片上平面捺印的方格内，先右后左进行。如被捺印人的手指过长，可以将手指稍许倾斜印在卡片上，以便使指头和指节全部捺全。

（6）捺印全手指掌平面印痕样本时，捺印人的右手握住被捺印人手背腕部的两侧，让其 5 指自然伸直，平面接触于捺印板上，用左手在其掌背、指节和指尖部位，给了一定压力（掌部压力要大，指节部压力一般，指尖部压力要轻），以保证掌心、指关节、指尖等部位均能捺全捺清楚。

（7）如需捺印全手前后滚动样本，捺印时让被捺印人整个腕部接触油墨，然后向前滚沾油墨，到指尖部位时腕部高抬使指尖至指甲沿沾上油墨。然后以相同动作在纸上捺出全手指掌的印痕。并按先右手后左手的次序进行。

（8）捺印局部的印痕样本时，应视该部位的凸凹形态，采取捺印板上沾墨或胶滚直接涂墨，并把捺印纸放到与该部位形体相适应的物体上进行捺印。

3. 捺印后的处理

（1）逐个检查捺印的样本是否齐全、是否达到捺印要求。遗漏的要补捺，个别未达要求的必须在该卡片边部或背面补捺，如大部分基本不符要求，必须重捺。重捺和补捺的指纹要注明手印名称。如遇有缺指、多指、残指等情况，也须注明。

（2）如在普通白纸上捺印，必须注明手别和指称。

（3）捺印完毕后，应将所用工具，洗刷洁净，以备再用。

五、实验注意事项

1. 认真填写卡片并了解被捺印人的情况

向被捺印人讲明捺印要求，并检查被捺印人的手指，如手掌面有污垢必须用水洗净，擦干后再捺印、汗液太多可用酒精擦洗、皮肤太干燥则可用甘油等使其柔软后再进行捺印。对于手指皮肤磨损、脱皮严重或受伤的应暂时停止捺印，对于手指有残缺、伤疤不能捺印的应注明原因、时间和程度，并认真填写相关内容，不得有误。

2. 油墨均匀、适度

捺印部位的各个部分油墨要均匀，厚度要适当，色调应以看清花纹为准，纹线连贯自然。

3. 纹线要清晰、完整、不变形

要使捺印的各个部位纹线均清晰一致，防止一部分清晰，另一部分模糊；同时要保证整体或局部都不变形。

4. 捺印对象准确

在明确捺印对象的前提下，捺印的手位、指位和部位要准确。

六、实验作业要求

1. 每人交十指捺印、左右手掌平面捺印、左右拇指3面捺印、10指指节捺印和3~5个不同部位的手指局部捺印样本各2份。

2. 完成实验报告。

七、实验拓展思考

1. 分析影响捺印效果的因素。

2. 总结捺印操作中应注意的问题。

3. 捺印手印的种类及要求是什么？

实验二 手印测量

一、实验目的

手的长短、宽窄及其长、宽比例是手的外表结构形态的重要部分。手的各部位间的距离反映着手的某些固定特征，它对个人识别和现场手印的分析具有重要意义。

1. 了解掌握手印测量的内容和方法。

2. 熟练掌握手印测量的步骤，并完成实验要求。

二、实验原理

手指、手掌各部位的大小、长短及其相互间的距离所反映的特征具有一定的稳定性和特定性，与人体身高、体态之间存在一定的比例关系，利用统计学的知识测量手印的各部位长度，对手印的分析及鉴定有着重要的意义。

三、实验设备与器材

1. 直尺、铅笔。

2. 每人一套全手印卡片。

四、实验内容和方法

1. 测量手印的全长

以中指手指末节为中心点，通过此点沿中指纵作延长线贯穿全手，作为全手掌的纵线；在中指指尖顶点和手掌下边缘最突出各作一条垂直于纵线的横切线；测量这两条横切线之间的距离为全长。

2. 测量手印的内缘长

由拇指第一屈肌褶纹的内端至食指尖顶点横切线之间的垂直距离为手的内缘长。

3. 测量手印的外缘长

由手掌外侧下边缘最突出点横切线至小指顶点横切线之间的垂直距离为手的外缘长。

4. 测量手印各指的长

由各指根与第一组屈肌褶纹联结处的下缘至各指尖顶点横切之间的垂直距离为手各指的指长。

5. 测量手掌长

测量手掌前边缘最长点的横切线至手掌下边缘最突出点的横切线之间的垂直距离为手掌的长。

6. 测量手掌宽

在手掌指根上部最宽处作一条与纵线垂直的水平线，沿此水平线测量掌内、外两边缘的距离为手掌宽。

五、实验注意事项

1. 测量手印的步骤和方法要统一，测量的数据要准确。

2. 按手指顺序进行测量，图示标明清楚，以防混淆。

六、实验作业要求

1. 按照要求完成手印 6 个内容的测量。

2. 写出实验报告。

七、实验拓展思考

1. 结合实验评断手印测量方法的可靠性与准确性。

2. 在手印的具体测量步骤中应注意哪些问题？

3. 分析影响手印测量数据的因素。

实验三　粉末显现法

一、实验目的

1. 了解几种常用粉末的性能及适用范围。

2. 掌握刷显法、喷粉显法、撒粉抖显法、静电刷显法在常见客体上显现手印和固定、提取的方法。

二、实验原理

粉末显现手印，是物理显现方法之一，是用固体物质（粉末）直接加染于手印表面而显现出手印。其原理是汗潜或带油质的手印与粉末存在较强的亲和力，二者接触后，粉末即附着在手印上而显出印痕。

三、实验设备与器材

1. 毛刷、磁性粉、喷粉器、透明胶纸、黑白衬纸、剪刀。

2. 磁性粉、包膜铝粉、包膜铜粉（青铜粉）、氧化铜粉。

3. 玻璃、搪瓷、陶瓷、油漆木、各种纸张。

四、实验内容和方法

1. 磁性粉刷显法

用磁性粉显现手印时，必须使用特制的磁性刷显现操作，使永磁钢下降并保持在套管头部位置，吸住磁性粉末后，即使用粉末形成的磁力线刷状体，轻轻在疑有手印的物面上刷动，如有手印即可显现出来（此时纹线的黏附力大于磁力线的吸引力）。但大部分粉末仍被磁力线吸引，附着在磁性刷上而随之移动，既不飞扬，又不浪费，待手印清晰显出时，即可将剩余粉末收回容器。若掉落物面上的粉末过多，可用干净的磁性刷去吸引而回收。最后，轻轻弹去物面上浮动的少许粉末，纹线即清晰地显现出来了。

2. 喷粉刷显法

用手枪式喷粉器显现指纹，将粉末装在特制的手枪式喷粉器内，将喷粉器带毛刷的一头对准疑有手印的客体，毛刷以 30°～45°角对着疑有手印的物体，保持 10～15cm 的距离用手轻轻挤压皮球，瓶中的粉末经管道随着气流喷撒于客体表面，当均匀铺上一层粉末后，再换上喷粉器备用的干净毛刷或用普通软毛刷刷去多余粉末，即显出手印。

3. 撒粉刷显法

这是常用的一种方法，通常用软毛刷，最好用灰鼠毛制成的毛刷。其式样有扁宽的和圆形的齐毛刷两种。撒刷的方法有两种：一种是以毛刷蘸取少量粉末，将毛刷对准疑有手印的物面，用手轻轻弹击刷柄，使粉末徐徐落到客体表面，待均匀地铺上一层粉末时，弹掉刷上多余粉末（收回容器内）。用干净毛刷在疑有手印物面上轻轻扫动，如有手印即会显现出来，再将毛刷顺着纹线流向刷动，直至手印全部显出。扫去多余粉末，至纹线清晰，纹线之间不残留浮动粉末为止。这种方法适用于水平面的客体。另一种是直接刷粉法，适用于显现垂直面客体上的手印。用毛刷蘸取较多的粉末后，沿着物体的垂面从下往上直接扫动，大部分粉末自然掉落地面，少数粉末黏附于物面，当手印显出时，在弹去多余的粉末，顺着纹线的流向来回扫动，直至纹线明显清晰为止。

撒粉显现法适用于透明物体和有光泽的非透明物体，不适用于显现纸张、本色木上的手印。

4. 撒粉抖显法

这种方法主要用于纸张、本色木或其他细小物体上显现手印。用毛刷蘸满粉末抖落在物体表面，或将粉末直接倒于物面，使之覆盖一层粉末，然后用双手拿起物体两端使其上下抖动，让粉末滑过疑有手印的部位，即可将潜在手印显现出来，再将多余粉末倒回容器，轻轻弹击纸张背面，抖掉浮动在手印纹线间的粉末即可。

5. 提取固定

一种方法是照相固定提取。用盲色片拍原物大，或直接扩大方法照相。另一种方法是透明胶纸复印提取。将透明胶纸覆盖在已显出的手印上，具体方法是剪裁与指纹大小相适应的一段胶纸，先将胶纸固定一端，然后从背面用手指从一端推压向另一端，使其与纹线充分接触，待无白色气泡时，再将胶纸轻轻揭下，贴在与纹线颜色反差较强的衬纸上。

五、实验注意事项

1. 要针对不同客体正确选用显现操作方法

用粉末显现法应注意选择与客体颜色反差明显的粉末，要保持粉末的干燥。

2. 显现时应先观察客体表面是否潮湿

如果潮湿，应先适当烘干或晾干后再显现，以免破坏手印。毛刷也应保持干燥、松软。

3. 在显现手印前应注意手印周围有无附着物和斑渍

如有应先提取，以免被粉末覆盖，不利于化验和仪器分析，在提取这些物证时，也要防止破坏手印。

4. 要注意观察物体表面是否有油层

如果在侧光下可以看见手印，应先直接照相提取，切不可用撒粉方法染色，如物面油质很少（如洗涤过的食具、擦过的枪支、枪套等），或主要是手上的油质留下的手印，可用黏性小的重金属粉末显现。

六、实验作业要求

1. 选用 4 种粉末显现出不同客体的汗潜手印，并用透明胶纸固定提取。

2. 完成实验报告。

七、实验拓展思考

1. 结合实验情况评价每种粉末的显现效果。

2. 分析影响显现效果的因素。

3. 在提取、固定、显现手印环节应分别注意哪些问题？

实验四　碘熏显现法

一、实验目的

1. 了解碘的性质、显现原理及适用范围。

2. 掌握碘熏法在几种常见客体上显现手印的方法。

二、实验原理

碘升华后，碘蒸气与手印物质中的油脂和汗垢成分之间有物理黏附作用，使手印染色显出；碘蒸气与手印物质中的不饱和脂肪酸产生化学反应，生成二碘硬脂酸，使手印纹线变成褐色显出。

三、实验设备与器材

酒精灯、烧杯、三脚架、石棉网、玻璃片、纸张、本色木、塑料制品、碘等。

四、实验内容和方法

（一）碘熏显现3种方法

1. 热熏法

将碘放入容器（烧杯）内，加盖玻璃片，置于三脚架石棉网上，用酒精灯加热，使碘迅速蒸发呈棕紫色气体，即可开始熏染。有直接熏染和间接熏染两种方法。

（1）直接熏染法。将有手印的物体直接置于烧杯口上方5～10mm处，并缓慢移动物体被熏染部位，使碘气分子均匀地被吸附，边熏染，边观察，待手印清晰地显现出来，即可移开。

（2）间接熏染法。将一块和烧杯口大小相适应的玻璃片盖在烧杯上，受碘气体熏染，待其表面均匀地附着一层碘时，再将玻璃片覆盖于疑有手印的物体表面，几秒钟后，取下玻璃片，手印即可显出。

2. 冷熏法

利用碘在常温下自然升华的性质，把碘晶体放入较大的器皿中，将有手印的物体摆在或悬挂在器皿内的支架上盖好，或装在有碘的聚氯乙烯袋中显现，注意不要使碘片直接碰到物体上，以免产生黄褐色斑块。待其慢慢地吸附一层碘气体分子后，手印即可显现出来。碘熏完后要及时加盖或密封盛碘的容器，以免气体外逸而损害人体。

3. 喷碘器熏染法

喷碘器是碘熏手印的一种专门工具。有单球式、二连球式和口吹式等。其基本的构造原理是利用一个中间扩大呈球的玻璃管，把碘放入玻璃管球部，在球体的两端塞进玻璃棉，以防碘片掉出。在玻璃管后端接一个橡皮球（或二连球）。使用时，一只手握住玻璃球部，借助手的温度加速碘的蒸发；另一只手不断按压橡皮球（若后端不接橡皮球，可以直接用口吹，口腔气体的温度也能促进碘的蒸发）造成一股气流，对准疑有手印的部位，使碘气分子随气流喷出喇叭口，而附着于有手印的物体上，纹线即会显现出来（玻璃球两端安装磨口玻璃活塞，用时开启，不用使关闭，可避免没用完的碘蒸气外逸）。

（二）手印固定方法

1. 照相固定提取

同其他手印拍照相同，要求做到不变形。

2. 氯化钯（$PdCl_2$）溶液固定法

适用于固定各种纸张上碘熏的手印，其具体操作方法：将带有碘手印的物体浸入溶液内，数秒至1分钟后取出，经水洗晾干，手印被固定，或用棉球（或软毛刷）蘸溶液轻轻涂于碘手印上，经水洗晾干，手印呈棕褐色，被固定下来。

3. 碘化钾淀粉溶液固定法

淀粉对碘之呈色作用主要是碘为淀粉所吸着而造成固溶体（形成吸附化合物）。淀粉对碘之呈色，普遍为蓝色，也有随淀粉的种类不同而呈红色的。将带有碘熏手印的物体迅速浸过上述混合液，手印纹线即呈蓝紫色，经清水漂洗、晾干，手印即被固定下来。或用喷雾器把溶液喷成薄雾，均匀地喷到手印上，碘手印即成蓝色被固定下来。

4. 粉末固定法

石墨、碳粉、氧化铜粉、二氧化锰粉可用于木质和纸张上；四氧化三铅用于复写纸上。将粉末撒在用碘熏出的手印上，用力摇动有手印的客体，使粉末充分吸附在手印上，再抖掉多余粉末（切忌用毛刷），这样使手印颜色加强，然后喷上一层灰尘固定剂，手印即被固定下来，可以较长期保存。缺点是此客体不能还原。

（三）碘熏手印的还原方法

如需要把碘熏过的客体恢复原状，可用下列方法：

1. 将未做固定处理的碘手印长时间暴露在空气中，碘即自然挥发掉，客体即还原。

2. 将未做固定处理的碘手印暴露在氨气中熏染，手印即可被清洗掉。

五、实验注意事项

1. 经碘熏法显现的手印要尽快固定，以免显现的手印随着碘的升华而消失。

2. 采取碘熏法显现手印时，尽量不破坏承痕客体，手印采集结束后应将客体还原原状。

3. 碘蒸气具较大的腐蚀作用，对金属制品上潜在手印的熏显不能用此方法，操作中也要避免与金属工具接触。

六、实验作业要求

1. 完成碘熏显现手印 2 ~4 枚，并任选两三种固定方法固定碘手印。

2. 完成实验报告。

七、实验拓展思考

1. 结合实验评价碘熏显现手印方法的利与弊。

2. 在具体的操作过程中应注意哪些问题？

3. 分析影响显现效果的因素。

实验五　烟熏显现法

一、实验目的

1. 了解烟熏的物体及适用范围。

2. 掌握在常见客体上烟熏手印和固定、提取的基本方法。

二、实验原理

利用某些物质（松香、樟脑粉等）燃烧产生烟雾而附着在汗潜手印上使纹线着色。

三、实验设备与器材

玻璃片、搪瓷、陶瓷、金属块、油漆木、塑料制品、樟脑粉、煤油灯、蜡烛、松香烛(用松香、棉线绳制成)。

四、实验内容和方法

烟熏方法适用物体较广,粉末适用的物体,烟熏均适用,可显现搪瓷、陶瓷、玻璃、金属、油漆木、塑料制品等客体上15天以内的汗垢手印和油质加层手印及竹器、人民币、纸张上的新鲜汗液手印。

具体方法:将一种烟熏物质点燃,把待熏的物面悬于火苗上方5~10cm烟子集中的地方,并移动被熏的部位,使烟子熏满物面,冷却3~5分钟后,用软毛刷刷显手印,并扫除多余的烟子,直到纹线清晰为止(刷显方法和粉末显现方法同)。

五、实验注意事项

1. 操作时要避免熏染过久和烟子太厚,导致手印不清晰。
2. 被熏物距火苗不要太近,以防烧毁物证。

六、实验作业要求

1. 完成烟熏显现手印2~4枚。
2. 完成实验报告。

七、实验拓展思考

1. 烟熏法显现手印时应注意的问题有哪些?
2. 分析烟熏法显现手印的利与弊。
3. 分析影响显现效果的因素。

实验六 茚三酮显现法

一、实验目的

1. 了解茚三酮的性能及显现手印的原理。
2. 了解适用范围,掌握茚三酮在常见客体上显现汗液手印的基本方法。

二、实验原理

茚三酮显现汗液手印的原理是与手印汗液中的α-氨基酸氧化脱羧产生

氨、二氧化碳以及醛，而本身又被还原。还原型茚三酮与过量的茚三酮及所产生的氨缩合，生成了紫色产物，从而显现出紫色纹线。茚三酮适用于显现各种纸张、票证和本色木上的新鲜及陈旧的汗液手印；也可显现浅色棉府绸和涤棉纺织品上的新鲜汗液手印及血的浅淡手印。

三、实验设备与器材

茚三酮溶液、丙酮、镊子、脱脂棉、电熨斗、旧报纸或杂志、牛皮纸、普通白纸、彩色纸。

四、实验内容和方法

（一）茚三酮的基本配方

配方一：茚三酮 4 ~ 5g、丙酮 95 ~ 96ml。

配方二：茚三酮 4 ~ 5g、乙醚 95 ~ 96ml。

配方三：茚三酮 4 ~ 5g、乙醇 95 ~ 96ml。

3 种配方可以分别单独使用，其浓度要根据气温条件，气温高可稀些、气温低可浓些，茚三酮的用量不能超过 9%，实验证明配方二比配方一的显现效果好。

（二）操作方法

根据不同客体可使用涂液法、浸泡法、喷雾法。一般采用涂液法，用软毛刷或棉球蘸溶液轻轻在疑有手印的客体上，浸泡法是将疑有手印的客体直接投入溶液中浸泡，喷雾法是用装有溶液的喷雾器，对准疑有手印的客体表面喷雾。

使用上述一种方法操作完成后，晾干，待被显物面无浮液后，置室内，常温下（18 ~ 25℃）经 1 ~ 2 小时后可慢慢显出手印，4 ~ 6 小时全部显出，色调逐步加深。

在急需快速显现指纹时，可用隔纸加热的方法，涂液晾干后，隔纸 5 ~ 10 层，用电熨斗直接加热。其目的：一是提高温度以加速化学反应的进程；二是借助纸张受热而蒸发出水气，以调节显现过程所需的湿度。如气候太干燥，相对湿度在 60% 以下，加热显现时，需在隔纸上喷少量的水。加热方法放入调温调湿箱内更为理想，半小时左右手印即可呈紫色显出。但陈旧的手印要避免加热显现，因为浓度高，用量大，加热会使物面着色，影响手印的清晰度。

(三)茚三酮溶液显出手印的消退

使用下列其中一种溶液可消退茚三酮溶液显出的手印。

1. 15%的过氧化氢(双氧水)。

2. 盐酸甲醇溶液:5%盐酸、甲醇(1∶1配制)。

3. 纯甲醇溶液。

4. 饱和氯化钠和酒精混合液(1∶1配制)。

5. 浓氢氧化铵和水溶液(1∶2配制)。

6. 次氯酸钠或次氯酸钙水溶液。

使用方法:用棉球蘸溶液,轻轻涂在着色的物面上。手印及周围的紫色即渐渐消退,经水洗,再用吸墨纸吸去浮水,晾干整复即可。

五、实验注意事项

1. 茚三酮不适用于显现带油性、蜡纸等物体上的手印。

2. 被蛋白质污染的物面也能显出紫色,对施胶较多的纸张,因含蛋白质,在显现时往往纸面的紫色很深,会影响手印的清晰度。

3. 茚三酮溶液保存期一般为2周,如使用放置超过2周的溶液,事先应做显现实验。

4. 涂抹溶液时要点蘸,用力要轻、均匀,切忌大力纵横涂抹。

5. 操作时应戴口罩,保持工作间的空气流通。

6. 加湿加温显现速度快,容易褪色,对显现的手印要及时照相固定。

六、实验作业要求

1. 在两种客体上用基本配方显现汗液手印2枚。

2. 在两种客体上用改进配方显现汗液手印2枚。

3. 陈旧手印显现。

4. 完成实验报告。

七、实验拓展思考

1. 结合实验评断以茚三酮为主要试剂的显现方法的利与弊。

2. 分析影响显现效果的因素。

3. 操作时应注意哪些问题?

实验七 手印分析

一、实验目的

1. 了解和掌握手印分析的意义、内容。
2. 了解和掌握手印手位的分析依据。
3. 了解和掌握手指指位的分析依据。
4. 了解和掌握手印部位的分析依据。

二、实验原理

手印分析，观察手印的种类、质量、遗留部位、形态大小、花纹类型，在实务中对于查清犯罪事实、揭露和证实犯罪有重要意义。

三、实验设备与器材

1. 放大镜、直尺、铅笔。
2. 单指印、掌印和残缺手印作业各 1 套。

四、实验内容和方法

1. 确定手印指尖的朝向。
2. 分析判断指尖纹线的流向规律。
3. 分析判断指纹中心花纹的组合形态。
4. 分析判断指节纹、掌纹的流向规律和纹线组合形态。
5. 结合手印的边缘轮廓形态分析判断。
6. 结合手掌面上屈肌褶纹和皱纹的形成、分布规律分析判断。
7. 结合同一手 5 指的关系以及单指形态轮廓的规律特点分析判断。

(1)了解手印的遗留条件。

(2)分析手印纹线的变化规律。

(3)结合手印的遗留环境分析判断。

五、实验注意事项

1. 观察手印时要注意保护手印，防止手印痕迹被破坏。

2. 观察手印讲究一定的顺序，先整体再部分、从上至下、从左至右，顺序可依实际情况而定。

六、实验作业要求

1. 完成手印手位、指位和部位的分析、判断。
2. 归纳总结分析判断的依据。
3. 完成实验报告。

七、实验拓展思考

1. 归纳、总结利用手指纹线流向规律和组合形态特点判断手位。指位和部位的依据。
2. 归纳掌纹判断手位和部位的依据。
3. 手掌屈肌褶纹的形态结构对手印的分析有何帮助？

第二节　足迹检验实验

实验一　足迹样本的提取

一、实验目的

1. 掌握赤脚掌面及侧面、袜印、鞋印捺印的基本过程和方法。
2. 了解静态和动态足迹捺印方法对样本特征的影响。
3. 认识站立与行走时形成不同的足迹特征反映。

二、实验原理

足迹样本提取是采用涂染踩捺的方式，利用物体触物留痕的原理，收取对象留下的足迹自然样本，或要求被收取对象按照模拟现场条件制作痕迹实验样本。

三、实验设备与器材

黑色油墨、调墨板、捺印板、油墨辊、油墨碟、捺印纸（普通 80g 白纸，通常为 8 开）以及清洗工具。

四、实验内容和方法

(一)单枚静态足迹捺印

1. 在油墨碌上均匀黏附油墨

将少许油墨涂于调墨板上,用油墨磙纵、横推碾,待油墨基本推碾均匀以后,以纵推方式,从一端匀速地向另一端推碾油墨磙,使油墨磙表面均匀地沾附上油墨。

2. 在捺印板上涂抹油墨

将沾有油墨的油墨磙,从捺印板的一端匀速地推向另一端,使油墨均匀地涂抹在捺印板(或海绵)上。油墨的厚度应以被捺印客体的不同而稍有区别。若捺印赤足足迹,可将有字的白纸放在捺印板的背面,从有油墨的一面来看,能隐约见其背面纸上的字即可;若捺印穿鞋足迹、穿袜足迹,油墨需比前者厚点,但要涂抹均匀。

3. 捺印静态足迹

将没有皱褶的16开白纸平铺在平整的地面上(白纸下应用一层报纸衬垫,并保持白纸的清洁)。将要捺印的鞋底、足底部的附着物清除干净,轻轻地踩踏在均匀沾有油墨的捺印板上,然后垂直站立于已经铺平展的白纸上,再垂直提起,离开纸面。

按以上的足迹捺印方法分别捺印赤足、胶鞋、皮鞋、拖鞋、棉袜、丝袜左右足迹各一枚。

4. 文字说明

捺印完毕后,分别在完成的捺印足迹下端的白纸上注明被捺印人姓名、性别、年龄、身高、体态等,并注明足是否有残缺、受伤或畸形,以及捺印的时间、地点等。

(二)成趟足迹捺印

1. 摆放足迹捺印纸

将没有皱褶的白纸平铺在平整的地面上(白纸下应用一层报纸衬垫,并保持白纸的清洁)。白纸的大小可以根据测量出的捺印人正常行走时相邻左右两足迹之间的距离以及捺印人4枚成趟足迹的总长度来确定,一般为宽度大于50cm,长度大于260cm。

2. 在捺印板上涂抹油墨

按上述方法在捺印板上均匀地涂抹油墨。

3. 捺印成趟足迹

立正站在捺印板（或海绵）上，使左右鞋底面均匀地沾附上油墨，同时注意跟后沿和鞋尖前端都要沾附上油墨，按照正常行走的步法，从白纸的一侧向前行走，从而留下相应的足迹。

4. 文字说明

在已完成的成趟足迹捺印纸上注明被捺印人的姓名、性别、年龄、身高、体态，以及捺印时间、捺印地点等。

五、实验注意事项

1. 调抹油墨要均匀，不要过浓、过淡或厚薄不匀。

2. 将无皱褶的白纸铺于平整的洁净处。

3. 捺印足迹的油墨浓淡均匀，纹线、图案清晰，特征明显。

4. 单枚静态足迹捺印时，要自然站立，不可有意踩踏或左右倾斜。

5. 被捺印人的赤足或鞋底上如有污物，要用水洗净，擦干后再捺印。

6. 捺印一次不能重复蘸取油墨，必须重新滚铺油墨后再蘸取捺印。

7. 脚底蘸取的油墨要全面，特别要注意在站立蘸取油墨时不易黏附的位置。

六、实验作业要求

1. 每人以站立、行走方式分别捺取左右脚赤足印、穿袜脚印、穿鞋脚印各2份。

2. 初步对站立、行走方式形成的穿鞋足迹特征的差异作出分析、判断。

3. 完成实验报告。

七、实验拓展思考

1. 结合实验情况分析影响捺印效果的因素。

2. 对不同的捺印种类应注意哪些问题？

3. 如何才能按照实验要求完成捺印？

实验二　足迹的测量

一、实验目的

1. 掌握赤脚印、穿袜脚印、鞋印的测量方法、步骤，划分形态区。

2. 确定观测点，描绘形态区的种类特征。

3. 了解赤脚印、穿袜脚印、鞋印的一般及主要的形态特征。

二、实验原理

使用相应的检测工具，分别测量脚印各部位的长度、宽度，排除脚印受不同条件影响的变化值，得出的数据是脚印的主要特征之一，可以推断其身高、形态，是脚印鉴定和人身认定的一项重要数据。

三、实验设备与器材

分规、直尺、铅笔、量角器。

四、实验内容和方法

（一）赤脚脚印的测量

通过第二脚趾的中心点（若无第二趾痕反映，或缺趾，则以拇指印中心点与第三趾印中心点之间的连线中点作为中心点）和后跟印痕最宽处的中心点作一条连线为脚印中心线（或称测量基线）。

1. 赤脚印长度的测量

首先通过脚印最长趾前缘最突出点作脚印中心线的垂线，其次通过后跟后沿最突出点作脚印中心线的垂线。两条垂线之间的垂直距离为赤脚印全长。

2. 测量赤脚脚印各部宽

赤脚脚宽是指沿脚印中心线垂直方向赤脚脚印的最大宽度。具体测量方法：分别作趾内外缘最突出点的平行脚印中心线的切线，二切线之间的垂直距离为赤脚脚印的宽度。

赤脚印弓宽是沿脚印中心线垂直方向，赤脚印弓区的最小宽度。测量方法：用直尺在垂直脚印中心的方向上找出弓区最窄处，测量直尺与弓内外缘两交点之间的距离。

赤脚印跟宽是沿脚印中心线垂直方向脚印跟区的最大宽度。跟宽的测量方法:用直尺在垂直脚印中心线的方向上,找出跟区最宽处,直尺与跟内外缘二交点的距离为跟宽。

(二)鞋印的测量

在鞋掌印和鞋跟印最宽处定中心点,直线连为中心线。然后通过鞋尖前沿和鞋跟后沿各作一条垂直于中心线的垂线,并与鞋尖前沿鞋跟后沿相切。两切线之间的垂直距离为鞋印全长。

当掌后缘与中心线垂直时,沿中心线测量掌后缘至前缘切线之间的距离即为掌长。

当掌后缘与中心线不垂直时,与中心线平行,掌内侧后沿至前缘切线之间的距离就是掌内侧长。

当掌后缘与中心线不垂直时,与中心线平行,掌外侧后沿至前沿切线之间的距离,就是掌外侧长。

当掌后缘与弓的界限不清时,则不测量掌长。

掌后缘(及弓前缘)至跟前缘之间的中心线的长度即弓长。内外侧的长度不一致时,可分别测量内外侧与中心线平行的长度。

鞋掌宽也是鞋印轮廓最宽处的宽度。通常用第一跖趾里宽加上第五跖趾外宽来表示掌宽,又称为跖趾直宽。测量方法:在掌的内侧凸点和外侧凸点分别做两条与中心线平行的切线,两条线的垂直距离为掌宽。

弓部宽即底腰部位最窄的距离。测量时与中心线平行,在弓部内外缘分别做两条切线,两切线的垂直距离为弓宽。

在跟的内缘和外缘分别做两条切线,且两切线平行(不一定与中心线平行),两切线的垂直距离为跟宽。

五、实验注意事项

1. 不能破坏细节特征。

2. 规范标记和标明测量数据。

3. 选定测量点并准确读数。

六、实验作业要求

1. 每人交标出测量点的测量数据的赤足、穿袜和穿鞋脚印各一份。

2. 完成实验报告。

七、实验拓展思考

1. 结合实验评价测量方法的准确性和可靠性。
2. 分析静态和动态足迹测量数据的变化。
3. 足迹测量中应注意的问题有哪些?

实验三 立体足迹的提取

一、实验目的

掌握用石膏提取立体足迹的过程及操作方法。

二、实验原理

石膏制模提取立体足迹,是利用石膏溶于水后能迅速凝结变干,并且变形很小的性质,将石膏与水按一定比例调配好后倒入立体足迹中(倒入石膏液时不得破坏足迹),待其凝固以后取出,用水冲去足迹石膏模型表面的浮土,从而获得与立体足迹特征凸凹像相反(与造痕体赤足、鞋、袜凸凹特征一致)的石膏足迹模型。

三、实验设备与器材

石膏粉、脸盆、橡皮碗(或塑料水瓢)、木(竹)条、镊子、脚印围墙、铁锹、搅棒。

四、实验内容和方法

(一)立体足迹的形成

用铁锹等工具在实验场地上修整一块较松软的土地,然后在上面自然行走,留下立体脚印。

(二)修筑围墙

用2~3cm高的脚印围墙将待取脚印围住,围墙距离足迹边缘或边缘外的步态特征3~4cm。如果脚印反映了起落脚特征,围墙也要将所反映的特征包括进去。放好围墙后用力下压,使其与地面充分接触,避免石膏液从围墙下面流出。

（三）调制石膏液

将清水按所需量盛在脸盆或其他广口容器内，在脚印旁边调制石膏浆，一只手缓缓将石膏浆撒入水中，另一只手用搅棒顺容器底部搅拌，搅拌时要防止出现气泡，石膏浆的浓度呈稀糊状，能自然流动又不破坏痕迹特征为宜（石膏粉与清水比例约3∶5）。

（四）制模

将调好的石膏浆从脚印最低处的边沿缓缓倒入，让其自流，随着液面增大，自然地灌满整个脚印的表面，当厚度约为1cm时，放入两根骨架（长度不超过脚印长度），再灌注第二层石膏浆，倒浆时注意不要让骨架浮起，要让其紧贴于第一层表面上。这时石膏浆可以稍浓些，但不应超过自然状态，否则就不光滑、平整、结实。

（五）模型的处理

1. 取模。灌注石膏浆半小时后石膏即可凝固，这时可用小棍削尖在模型上面注明时间、地点、案名等。为了判断模型是否凝固，可用手指按压模型表面，若不向外渗水，不出现压坑，则说明模型已凝固，即可取模。提取时，将围墙周围泥土挖松，双手平均向内用力搬动，小心将模型棒托取出，切忌用一只手拿着模型的一端向上硬搬。在双手接触上表面一侧托出的同时，顺势将模型翻过来，脚印花纹面向上，一只手托着，另一只手以拇指肚贴近模型，细心地除掉黏附的泥土，切忌用指甲或其他硬物扣出。

2. 淋洗。模型上的泥土要用水淋洗。淋洗时，将模型花纹一面向上，用水缓缓地淋去泥沙，露出特征即可，切忌用刷子刷或指甲抠挖。

3. 晾干。淋洗后的模型要放在通风处晾干，不要高温烘干。

五、实验注意事项

1. 调制石膏液时应边调边搅拌，既要调快调匀又不要产生气泡，注意将石膏液中较粗的颗粒捡出或捏碎。

2. 调制石膏液时要注意掌握好石膏粉与清水的比例，防止过稀或过浓。过稀易破坏足迹特征，石膏凝固时间过长；过浓石膏液难以倒出，且足迹特征难以充分、准确地体现，甚至被破坏。石膏液的调配要做到一次完成。

3. 做围墙时要使足迹的全部特征都包围其中，尤其要注意步态特征的范围，防止因做围墙而破坏足迹特征。

4. 灌注石膏液时，选择围墙内离足印较远、较低的位置缓缓倒入，让石膏液逐渐漫过立体足迹。容器应尽量贴近地面，以免因容器过高使石膏液的冲击力太大，破坏足迹特征，也可用小棍引导石膏液流入。

5. 放置的骨架长度、重量适中，位于足迹的中间。如果石膏液较稀，要用手轻轻地提起，待石膏液稍凝固后再松手，以防骨架沉落于足迹底部破坏足迹特征；如果骨架浮在石膏液表面，要轻轻向下按压，使其位于石膏液的中间，确保其担负支撑石膏防止其碎裂的作用。

6. 取石膏模型时，应从足迹侧面向下挖空轻轻取出，防止用力不匀或硬行搬动而损坏足迹模型。

7. 对石膏模型进行冲洗时，切忌用硬质物体刷洗，以免破坏足迹特征。

六、实验作业要求

1. 每人提取一个石膏脚印模型。
2. 认真分析立体足迹模型上的特征。
3. 写出实验报告。

七、实验拓展思考

1. 石膏水溶液法提取足迹时应注意哪些问题？
2. 影响足迹提取效果的因素有哪些？
3. 影响足迹特征变化的原因有哪些？

实验四　平面足迹的提取

一、实验目的

1. 了解和掌握用静电吸附器提取平面粉尘足迹的操作过程及方法。
2. 掌握摩擦生电和复写纸法提取平面粉尘足迹的操作过程及方法。

二、实验原理

利用静电发生器接触取迹膜（有机玻璃、锡箔、塑料膜、塑料板等）或在取迹膜上用皮毛、绸布等直接摩擦，使取迹膜上带有静电，与地面之间形成高压静电场，从而使地面上的粉尘足迹被吸附到取迹膜上，达到提取的目的。

由于复写纸具有一定的黏性，利用复写纸与地面密切接触，使地面上的粉尘足迹黏附转移到复写纸上，可以达到提取平面粉尘足迹的目的。

三、实验设备与器材

复写纸、报纸、静电吸附器、聚氯乙烯塑料布或薄板、毛巾或动物皮毛、粉末物质(粉末灰、尘土等)。

四、实验内容和方法

(一)静电吸附器提取法

对遗留在水泥地面、水磨石地面、木板面、地毯、纺织品等物体表面上的粉尘平面加层或减层足迹,主要采取静电吸附器提取法。静电吸附器提取法主要利用带静电的物体使形成足迹的介质产生转移而实现足迹提取的目的。运用此法时应特别注意客体要干燥,并要注意保持板、膜与承受客体之间的贴合,不能有移动。

1. 以行走的方式在水泥地上、木板地、桌、凳或毛巾上走过,留下脚印。

2. 先将黑色静电膜盖在疑有脚印的承受客体上,静电膜光滑面朝下,金属板朝上,在用静电吸附器的滚动电极在塑料薄板上向前滚动,关电源并放电后,轻轻揭起静电膜或静电板,其上即可显示清晰脚印。

(二)黏取法

主要是利用复写纸或相纸、透明胶带纸等方法直接粘贴、复印平面粉尘足迹或经过粉末法刷显后的汗液足迹。运用此法时应注意承受客体是否干燥、平整、光滑。

1. 复写纸印压法提取脚印

(1)以行走的方式在水泥地、木板地上留下平面脚印。

(2)将一张新复写纸覆盖在灰尘脚印上,注意不要滑动,复写纸上再盖一张报纸,用一只手和小臂将报纸靠胸部一侧固定好,用另一只手拿毛巾在报纸上由内向外推压数次(保持不移位),这样脚印就可附在复写纸上,然后把复写纸拿到光线比较好的地方进行拍照(所拍照片底片上的影像左右相反,放大时应注意矫正)。

2. 摩擦提取法

(1)直接摩擦提取法。将黑色静电膜直接铺在留有脚印的硬质客体上,然后用毛巾、皮毛等快速在静电膜的背面用力摩擦,以产生静电,半分钟左右脚印即被复印到静电膜上,轻轻取下即可。

操作时黑色静电膜不能移动,以免模糊或出现重叠现象。

(2)间接摩擦法。将塑料板放在平面物体上(最好是绝缘物体),用毛巾、毛皮等快速摩擦1分钟,尽量摩擦全部表面,使其带静电荷后,迅速将摩擦面轻轻贴压于物体表面约20秒后取下,板面上即可出现脚印。操作时最好戴手套,以防静电经人体流失。如果粉尘较厚,脚印不清晰,可反复提取几次,直至清晰为止。

(3)将提取的平面脚印进行照相固定。

五、实验注意事项

1. 只在干燥客体上使用静电吸附器,用后及时放电。

2. 摩擦生电提取平面足迹的方法因产生的电压较低,效果较差,一般只在无静电取迹器时才使用。

3. 静电提取足迹,适用于干燥的承痕体与粉尘足迹,且取迹器用后应及时放电,以免静电电击人体。

4. 取迹时,塑料薄膜应与地面紧密贴合,同时不要挪动塑料薄膜,防止破坏地面足迹。

5. 足迹在硬质客体上用软塑料薄膜提取;足迹在软质客体上则用垫有海绵的塑料板提取。

6. 照相固定后分层保管。

六、实验作业要求

1. 每人用复写纸印压法提取平面粉尘脚印一个。

2. 每人用静电吸附器和摩擦生电吸附法提取粉尘脚印各一个。

3. 完成实验报告。

七、实验拓展思考

1. 分析影响平面足迹提取效果的因素。

2. 针对不同的提取方法应注意哪些问题?

3. 影响平面足迹特征变化的原因有哪些?

实验五 足迹分析

一、实验目的

足迹分析既是获取侦查线索的主要途径,也是足迹检验的前提。了解和掌握足迹分析的内容、方法和依据,既是足迹勘查的需要,也是足迹检验的目的。

二、实验原理

足迹分析是运用足迹学的理论和方法,对现场足迹进行系统综合的分析判断,揭示足迹所隐含的信息。

三、实验设备与器材

赤足印、鞋印和袜印各一套、直尺、铅笔。

四、实验内容和方法

(一)分析鞋的种类

根据鞋印特征分析判断鞋的种类,不仅有利于进一步系统分析鞋的加工制作特征,还能为缩小侦查范围、确定侦查方向提供依据,同时也是鞋印检验的前提。

1. 塑料鞋分析

塑料底鞋分为硬塑料凉鞋、泡沫塑料凉鞋。其制作工艺分为注塑、压塑和组装。塑料鞋印特征主要表现痕迹花纹完整、周边清晰、花纹粗大封口,且多呈纵向、斜向的条状、块状和网络状。

2. 皮鞋分析

按照鞋底原料的不同,皮鞋分为皮底皮鞋、胶底皮鞋、塑料底女鞋。胶底皮鞋的鞋底花纹表现为有宽边埂,花纹封口,鞋弓一般没有花纹,后跟周边常有钉孔。皮底皮鞋印痕边沿不完整,没有花纹痕迹,鞋印呈板块状。

3. 布鞋分析

布鞋主要分为布底布鞋和塑料底布鞋。布底布鞋印特征主要表现有凹凸不平的针脚、布纹以及磨损等。其鞋底印周边有裁切的纤维毛边。布底鞋印呈麻点状,痕迹整体不够清晰、完整,鞋弓印部位一般能出现部分针脚印痕。

（二）分析行为人的人身特点

1. 分析行为人的身高。

2. 分析行为人的体态。

3. 分析行为人的性别。

4. 分析行为人的年龄。

（三）分析案情

1. 分析足迹在现场的分布情况。

2. 分析足迹在现场的遗留时间。

3. 分析足迹的介质与案件的关系。

五、实验注意事项

1. 认真寻找、发现和识别足迹特征。

2. 充分利用稳定、可靠的足迹特征。

3. 对足迹的发现依据要充分可靠。

六、实验作业要求

1. 完成不同内容的足迹分析。

2. 完成实验报告。

七、实验拓展思考

1. 根据鞋印分析鞋种类的依据有哪些？

2. 根据足迹分析行为人人身特点的依据有哪些？

3. 影响足迹分析的因素有哪些？

第三节　工具痕迹检验实验

实验一　工具种类的识别

一、实验目的

掌握工具分类的原理和方法，熟悉各种工具的名称、形状、规格、产地与性能，了解各种工具的主要用途，为准确描述受检工具及推断使用范围打下基础。

二、实验原理

熟悉各种工具的形状、规格、使用方法，便于根据现场工具痕迹判断留痕工具的种类、规格，使用该工具的行业和使用人的熟悉程度，进而推断行为人的职业习惯、专业技能、人身条件，分辨现场真伪，为侦查工作提供依据。

三、实验设备与器材

锯割类工具、打击类工具、钳切类工具、劈切类工具、切削类工具、撬压类工具等。

四、实验内容和方法

1. 教师进行分类讲解，同时介绍每种工具的行业特征、用途、使用范围、地方名称（俗称）。

2. 测量各种工具的规格、并拟草图标示。

五、实验注意事项

教师按系列讲解时，要认真记录、仔细观察，不清楚的及时提出问题。掌握工具规范的分类法、名称和规格，了解不同地区使用工具的叫法，拓宽知识面。

六、实验作业要求

1. 借阅五金手册、作几种常用工具分类、规格测量。

2. 制作实验报告。

七、实验拓展思考

1. 如何识别不同工具种类的特征？

2. 对不同工具分类的依据有哪些？

3. 犯罪现场常见的工具种类有哪些？

实验二　打击痕迹特征的识别

一、实验目的

1. 了解打击痕迹形成机理。

2. 掌握观察、描述打击痕迹特征的方法。

3. 区别不同种类工具打击痕迹的一般特征和细节特征。

二、实验原理

工具在一定距离内碰撞客体，瞬间产生破坏力，这种作用力留下的痕迹，称为打击痕迹。不同的打击工具和受击客体，不同的打击力和打击方向，所形成的痕迹特征都是有差异的。根据打击形成的凹陷状痕迹分析打击面，推断打击工具种类。

三、实验设备与器材

单刃斧、圆头锤、多用斧、短水管、活动扳手、直尺、木块、橡皮泥、铅（铝）片、放大镜、体视显微镜、测量显微镜。

四、实验内容和方法

1. 老师示范讲解。

2. 制作样本痕迹。

用不同的工具在不同的材料上以不同的角度和力度作打击实验制作样本。

3. 显微镜下观察。

观察测量打击工具痕迹，注意打击痕迹中痕止缘的轮廓形状，痕底上各凹凸特征的尺寸位置，痕迹中反映出来的工具边棱数量，推断打击工具种类，分析形成痕迹作用力的大小、方向、角度。

4. 痕迹特征的描绘。

五、实验注意事项

1. 垂直打击时，要能将工具打击面的整体轮廓反映出来。

2. 要在痕止缘和痕底上寻找特征点。

六、实验作业要求

1. 记录实验分析过程，并以图示法说明成痕工具、打击力的方向、角度。
2. 完成实验报告。

七、实验拓展思考

1. 分析打击工具痕迹形成要素对痕迹特征的影响。
2. 分析打击工具痕迹的种类及特征识别。
3. 分析犯罪现场上常见的打击工具以及痕迹特征。
4. 相同工具在不同的承痕体上形成的痕迹有什么不同？

实验三　撬压痕迹特征的识别

一、实验目的

1. 掌握撬压痕迹的形成机理。
2. 掌握寻找撬压痕迹的一般特征和细微特征的方法。
3. 了解工具接触部位不同对痕迹特征的影响。

二、实验原理

使用不同工具，采用杠杆原理，施力于被破坏客体时留下的痕迹，称为撬压痕迹。在接触部位引起的变形，因撬压工具的形状、规格及行为人的力度不同而各异。撬压一次动作，在支点和重点形成两处痕迹，在痕止缘和痕底直接反映接触部位的形状及特征，有时在痕壁出现擦划线条。根据这些特征，可以判断作案工具的种类和规格。

三、实验设备与器材

夹柄螺丝刀、平口螺丝刀、钢丝钳、鲤鱼钳、直尺、游标卡尺、量角器、放大镜、体视显微镜、测量显微镜、板扣、木板、铅(铝)片等。

四、实验内容和方法

(一)制作样本痕迹

用螺丝刀做扩缝撬压、拆离撬压、扭转撬压，用钳子作夹持撬压，并在铅

(铝)片上制作相应部位的撬压、擦划痕迹。

1. 扩缝撬压。将工具插入被破坏客体的缝隙中,进行上下撬动,物体较大时还会出现左右移动,使客体的缝隙扩大或造成局部损坏。在被扩客体成痕部位的支点和重点部位会出现撬压痕迹,反映出撬压工具的作用部位局部形状。可用于推断工具种类和规格、力的大小、方向、角度,以及进行工具同一检验。

2. 拆离撬压。通过工具的杠杆作用,破坏客体,达到分离客体的目的。在分离部客体上,会留下工具端部痕迹和杠部痕迹。多次撬压往往使端部痕重复出现,杆部痕迹重叠出现。可以用于推断工具种类和规格、力的大小、方向、角度,以及行为人的身高。痕止缘和痕底是工具同一认定的最有价值部位,应在显微镜下仔细观察分析。

3. 扭转撬压。把工具插入被破坏客体的间隙中,连续改变作用力的方向,使工具扭转,破坏客体的一个部位或一个部件。出现的痕迹反映出工具杆部的形状。

4. 夹持撬压。用钳类工具的夹持面全部或一部分,夹持客体的某一部位,进行上下或左右扭动,达到破坏客体的目的。当上下夹持运动时,客体表面的前平台部痕迹明显而清晰。左右夹持运动时,平台与齿纹二端部的痕迹清晰;运动中有多次滑动的,要注意特定部位的完整痕迹。由于夹持撬压需要的力度较大,形成的痕迹能较清晰、完整地反映夹持部的形貌和规格,甚至可以反映出前平台的加工痕迹和齿纹上的缺损和毛边。可以推断夹持工具种类和规格,条件好的还可以用于同一认定。

(二)分析痕迹

观察、测量撬压工具痕迹,推断撬压工具种类和规格,分析形成撬压痕迹的方式,作用力的大小、方向、角度。

(三)制作样本

在橡皮泥、金属片上,以螺丝刀前部的不同角度制作实验样本,与螺丝刀对照检验,观察角度变化与痕迹变化。

五、实验注意事项

1. 制作样本痕迹只能在提供的木板等实训材料上进行,不得在实训室以外。

2. 在制作样本痕迹时,小心操作,防止弄伤自己和他人。

3. 使用实训器材后按规定整齐摆放在指定位置,不可到处乱放。

六、实验作业要求

1. 对不同撬压痕迹进行力度、角度、工具种类的观测和分析,加以图示。

2. 熟悉常用撬压类工具的外形特征和使用范围。

3. 熟知撬压成痕客体的物理性能及撬压工具各接触面造成的特征反映。

4. 完成实验报告。

七、实验拓展思考

1. 分析撬压工具痕迹形成要素对痕迹特征的影响。

2. 分析犯罪现场常见的撬压工具以及痕迹特征。

3. 如何根据痕迹及客体被破坏情况判断撬压方式?

4. 在不同客体上用不同撬压方式制作撬压样本痕迹,用力的大小可能不同,有些费力,有些省力,有何规律?

实验四　擦划痕迹特征的识别

一、实验目的

1. 了解擦划痕迹的形成机理,掌握擦划痕迹的特点。

2. 熟悉常见的劈刺工具及使用方法,掌握单刃、多刃工具在不同客体上形成劈刺痕迹的形貌及特点,能够独立进行检验。

3. 学会观察、识别和描绘常见擦划工具形成的痕迹及其特征。

二、实验原理

使用工具在压力作用下在客体表面划动位移,对客体表面形成线条状痕迹,称为擦划痕迹。擦划痕迹通常伴随撬压、打击、钳剪、刺切等痕迹出现,有时也能单独出现。擦划痕迹是由工具的边棱或突出部位与客体表面接触压划形成的,随着接触面、接触角和压力的变化,线痕也产生变化。痕起缘有时会反映工具接触部位的形状。根据这些痕迹特征可以推断形成擦划痕迹的工具种类和规格。

三、实验设备与器材

螺丝刀、铅片、铝片、体视显微镜、直尺、分规、铅笔。

四、实验内容和方法

（一）制作样本痕迹

用菜刀或柴刀等砍切铝线、橡皮泥条等物质；在木块边上砍切一片；用单刃、多刃刀具刺切纺织品、仿革片。

（二）小组交换检验观察

1. 观察单一擦痕样本。将留有单一擦痕的样本置于体视显微镜下观察，重点观察以下内容：

（1）单一线痕形态。注意凹陷状线条和凸起状线条的结构，包括凸峰、腰边、低谷等，将粗大、明显、连贯的线条与螺丝刀刃口部位的凹凸特征相对照，弄清它们的对应关系。

（2）观察痕起缘、痕迹面和痕止缘的形状，注意凹凸特征与线条特征的关系。

（3）观察痕止缘堆积的金属颗粒和线条痕上鱼鳞状毛刺的朝向，并以此判断擦划痕迹的形成方向。有堆积物的一端为痕止缘，毛刺朝向与擦划痕迹的形成方向相反，指向痕起缘一端。

2. 观察不同压力大小形成的擦划痕迹。将不同压力大小形成的擦划样本痕迹置于体视显微镜下，观察擦划线痕在压力大小改变时的变化规律。

螺丝刀受到的压力小时，只有工具上有凸起部位与客体接触，擦痕以少数凹线反映工具凸点结构，整个痕迹较浅；当螺丝刀受到的压力大时，工具上的凸凹点大多接触到客体表层，整个痕迹较深，线痕数量多。所以，当压力由小变大时，线条痕迹会发生由窄变宽、由浅变深、线痕数量由少变多的变化；当压力由大变小时，线条痕迹会发生由宽变窄、由深变浅、线痕数量由多变少的变化。

3. 观察不同接触角度形成的擦划痕迹。将工具以不同的前角、侧角和偏角形成的擦划样本痕迹置于体视显微镜下观察，测量前角、侧角和偏角的具体角度，了解不同接触角度形成的擦划痕迹的变化。

（1）前角在痕迹中主要通过起点、终点处痕迹坡面现客体表面的夹角来反映。当螺丝刀前角改变时，相当于螺丝刀的接触部位发生改变。所以，擦痕中的线痕会出现数量变化、深浅变化和粗细变化。当前角大于90°或小于90°时，工具是以不同接触部位形成线痕，两者差异很大；当前角在0°～90°，变化越大时，接触部位的变化越大，线痕变化也越大，差异点明显增多。

(2)侧角在痕迹中由痕迹坡面下周客体表面所构成的角来反映。当螺丝刀的侧角改变时,可以导致工具与客体接触线长短的变化或压力分布的变化,决定着工具与客体接触面积的大小。因此,擦痕会出现总宽度的变化、线痕数量的变化和两侧相反的深浅变化。

(3)偏角在痕迹中以擦痕起点、终点线与擦痕中心线所构成的夹角来反映。偏角是对擦划线条影响较大的接触角,它的变化导致工具接触部位的前后位置和凹凸点排列关系发生改变,可以引起擦划痕迹总宽度的变化、单一线痕粗细的变化、线痕数量与间距的变化以及单一线痕有无的变化。

(三)描绘痕迹特征

将体视显微镜下观察到的擦划痕迹特征用铅笔描绘下来,要分别描绘以下痕迹特征:

1. 单一擦划痕迹的描绘。要描绘出痕迹的整体轮廓形状,并将痕起缘、痕止缘、痕迹面、堆积物以及毛刺等特征进行全面描绘和标示。

2. 描绘不同压力大小形成的擦划痕迹。这主要描绘压力大小改变时线痕宽窄、深浅及线条数量的变化情况;必要时,可辅以文字说明。

3. 描绘不同接触角度形成的擦划痕迹。这主要描绘接触角度改变时引起的擦划痕迹的宽窄、数量、数量、深浅和间距的变化情况。要分别将前角、侧角和偏角改变时的变化情况进行描绘;必要时,可辅以文字说明。

五、实验注意事项

1. 在实训过程中,要注意爱护实训器材,避免损坏工作实训设备。

2. 制作实训样本时要小心操作,擦划的力量要适当,避免伤及自己和他人。

3. 按要求制作实训样本,样本痕迹要能充分反映压力变化和接触角度变化对擦划痕迹的影响。

六、实验作业要求

1. 按照擦划痕迹特征描绘的内容及要求,将观察到的单一擦划痕迹、不同压力擦划痕迹和不同接触角度擦划样本痕迹特征分别描绘出来,并加以文字说明。

2. 描绘并标注擦划工具接触部位的形状特征。

3. 叙述不同压力擦划痕迹和不同接触角度擦划痕迹特征的变化规律。

4. 叙述判断擦划方向的方法。

5. 完成实验报告。

七、实验拓展思考

1. 分析劈刺痕迹特征形成要素对痕迹特征的影响。

2. 分析劈刺痕迹特征的种类及特征识别。

3. 分析犯罪现场上常见的劈刺工具以及痕迹特征。

实验五　钳切痕迹特征的识别

一、实验目的

1. 了解钳切痕迹形成的机理。

2. 熟悉钳类工具的外形和刃部结构，掌握钳类工具的工作原理，使用方法。

3. 能熟练地进行检验操作。

二、实验原理

使用具有咬合刃口的钳类工具，采用相对合力的方法破坏客体时形成的痕迹，称为钳切痕迹。在接触部位引起的变形，因钳切的工具不同、客体不同、规格不同，行为人的钳切方向、方法和力度不同而各异。钳切痕迹为双创口形，客体由于挤压变形和剪切变形的共同作用通常产生双斜坡和两个断头锋角，并具有线条垂直朝向中心的特点，根据这些特征，可以判断钳切作案工具的种类和规格，进而推断行为人的技术状况和人身条件。

三、实验设备与器材

钢丝钳、断线钳、鹰嘴钳、胡桃钳、鲤鱼钳、铝丝、铜丝、铁丝、放大镜、体视显微镜、测量显微镜、笔录纸、塑料方盘。

四、实验内容和方法

1. 用常见的几种钳切方式制作样本。

对口钳面与制样客体成垂直，一次性完成钳切。顿钳切：对口钳切面与制样客体成垂直状,经多次停顿后加力完成钳切。扭钳切:钳切时手左右扭动,不断改变钳切面与制样客体的角度,扭动加力完成钳切。旋钳切:钳切面以钳切客体为轴,旋转的同时加力,直到切断。错口钳切:用鲤鱼钳夹圆体口后部的交错刃口切断铝丝或铜丝。

2. 用放大镜逐对观察钳切痕迹特征。

结合成痕工具相互对应的刃口,找出挤压痕迹和钳切痕迹,钝口的通常是局部挤压伴随钳切痕迹,锐口的通常是钳切痕迹伴随局部挤压,有些客体上则反映出纯钳切形成的痕迹。正钳切的断头均匀对称,有 2 个断头,4 个斜断面,一个立顶部。从钳切起缘到钳切止缘,会留下钳刃口的细小特征。钳刃口上加工、使用形成的磨损、卷边、缺口等同时压入钳切客体,随钳切过程刻画出凸凹线痕止于钳切止缘,较好地反映了刃口和刃顶的特征。顿钳切除有正钳切的痕迹特征外,斜断面有不等距的停顿阶线,最后止于钳切止缘。

扭钳切由于刃咬合部随着手的扭动或客体的摆动,同时加力钳切,最后形成不均匀的断头,痕迹特征也在一定程度上受到重叠、移动的影响。也有用钳刃在钳切客体上压进一个对切口,然后用钳齿部夹住切口的一边,另一只手上下摆动客体至断离,出现的斜坡面很小,断离面主要是多次扳折形成的不规则形貌。痕迹面小,但钳切面仍然具有起缘、止缘和线痕用于检验。

旋钳切在断口出现旋转螺纹,两端呈锥状断离,立顶是圆或不规则的,起止缘痕迹因旋转而被破坏。因加工或使用的原因钳刃不能对口咬合的,在钳切客体上会出现斜坡钳切变形,上下刃止缘不重合于角顶,出现偏差,能显示出工具的宏观特征变化。

在痕起缘和斜坡边缘还可以观察到钳刃口挤压形成堆集变形,立顶由于挤压也宽于客体直径。

胡桃钳钳切的痕迹反映出外刃咬合角的明显特征。

鲤鱼钳夹圆体后部交错的刃口一般用于钳切直径较小的客体,作纯剪切的错口咬合,在大断面上起缘有细线,止缘有鱼鳞状撕裂纹,小断面的印压纹反映了挤压面的不规则小线或小片。

3. 把观察到的钳与钳切痕迹分类描绘并标示出其特征。

五、实验注意事项

1. 独立完成实验,用规范的术语描绘完成实验报告。

2. 实验中要使用多工具、客体、力度制作痕迹样本,选出典型的痕迹进行检验。

3. 实验中要爱护公物，不得损坏。

六、实验作业要求

1. 绘图并标示痕迹特征。

2. 写出实验报告。

七、实验拓展思考

1. 分析钳切痕迹特征形成要素对痕迹特征的影响。

2. 分析钳切痕迹的种类及特征识别。

3. 分析犯罪现场上常见的钳切工具以及痕迹特征。

实验六　剪切痕迹特征的识别

一、实验目的

1. 了解各种剪类工具的工作原理、使用方法、使用范围。

2. 认识剪切痕迹特征与工具接触部位之间的对应关系。

3. 掌握剪切痕迹形成的原理及其检验技术。

二、实验原理

使用具有咬合刃口的剪类工具，采用相对合力的方法破坏客体时形成的痕迹，称为剪切痕迹。剪类工具的对合刃口多为错口咬合形，刃部有刃口与刃侧，刃侧无加工花纹，直接反映在两个断头的斜坡上。剪切时与被剪客体呈切划接触，痕迹以线条状反映出来，剪止缘有印压形成的痕迹特征。在剪切过程中的每次停顿，往往会在断口的一侧出现一个细齿状痕迹。在剪切织物或皮革时，剪刃的缺损在断口上出现拉断特征。枝剪类工具则在木条断面上形成从起缘流向止缘的线条。根据这些特征，可以判断剪切作案工具的种类和规格。

三、实验设备与器材

家用剪、枝剪、裁剪、铁皮剪、纺织品、仿革、树枝、金属片、放大镜、体视显微镜、测量显微镜、铅笔、直尺、笔录纸等。

四、实验内容和方法

(一)制作样本痕迹

1. 制作钢丝钳剪切样本痕迹。

(1)用钢丝钳剪切一根较粗的铜丝或铝丝,注意不要剪断,留下钳刃各个部位与铜丝结合的情况。

(2)用钢丝钳以直剪、斜剪、顿剪、扭剪等方式剪切铜丝或铝丝,形成剪切断头,分别将每次剪切形成的里外两个断头进行编号和标记。

2. 制作断线钳剪切样本痕迹。用断线钳剪切粗铁丝,将 2 个剪切断头进行编号和标记。

3. 用家用剪刀剪切铝丝,形成 2 个断头,把 2 个断头进行编号和标记。

(二)观察痕迹特征

1. 观察钢丝钳剪切痕迹。

(1)未剪断铜丝的观察。将没有剪断的铜丝放在体视显微镜下,观察铜丝上下咬痕的关系,尤其要注意观察剪切部位反映的钢丝钳刃口的宽度和咬合位置,判断是对等咬合还是错口咬合;观察并分析痕底反映的凹凸坑丘特征与钢丝钳刃顶部位结构特征的关系。

(2)观察不同剪切方式形成断头的形状。剪切时形成 2 个断头,每个断头出现 2 个斜坡。直剪形成的断头坡面比斜剪形成的坡面短;顿剪形成的断头斜坡上常反映出小阶梯纹,整个斜坡上线痕不连贯或在某些部位出现平行错位;扭剪时剪切断头形状不规则,常出现不同程度的弯曲,断头峰角不明显,断面线痕出现扭曲。

(3)观察直剪形成断头的峰角大小、立顶高度、立顶厚度,并与钳刃咬合角大小、刃口宽度、咬合间隙大小进行比较;观察一次剪切形成的里、外侧断头峰角的大小关系。

(4)观察刃顶、刃口形成的痕迹。刃顶和刃口留有工具加工时形成的细小特征,并在使用中形成磨损、卷边、缺口等特征,钢丝钳剪切客体时,钳刃与客体呈切划接触,在断头斜坡上形成反映工具刃口部位凹凸结构的凸凹线条痕迹,在结束成痕的瞬间,刃顶印压接触断头立顶,有时能反映出凹凸坑丘特征。

(5)观察刃侧形成的痕迹。剪切时刃侧以挤压方式将其表面的铣纹、铲纹和锉纹等加工花纹印压在剪切断头斜坡上，注意观察各种加工花纹的形态及里外刃出现的规律。

2. 观察断线钳剪切痕迹。

（1）观察剪切断头形状。将剪切断头放在体视显微镜下，观察两个斜坡形状、峰角大小、立顶宽度等，将观察到的情况与钢丝钳剪切断头情况进行比较。

（2）观察剪切断头斜坡表面线痕，并与钢丝钳剪切断头斜坡表面线痕进行比较。

3. 观察家用剪刀剪切痕迹。将家用剪刀剪切断头置于体视显微镜下观察，断头两斜坡为非对称状，呈一大一小，大斜坡上的线条细小而呈镜面状，光线照射下反光强烈，立顶向小斜坡方向倾斜。将观察到的情况与钢丝钳、断线钳剪切断头情况进行比较。

（三）描绘痕迹特征

1. 钢丝钳剪切痕迹特征描绘。

（1）描绘未剪断样本的痕迹形状及特征。

（2）分别将几种不同剪切方式形成的断头形状特征进行描绘与标注。

（3）描绘剪切断头斜坡反映的刃侧、刃口形成的痕迹特征。

2. 描绘断线钳剪切断头的形状及坡面上的痕迹特征。

3. 描绘家用剪刀剪切断头的形状及坡面上的痕迹特征。

五、实验注意事项

1. 利用剪切工具制作剪切样本痕迹时，施加在剪切刃口的剪切力较大，破坏力较强，操作时要注意安全，尤其是要注意手部的安全。

2. 由于剪切样本痕迹较多，在制作时，要根据工具种类不同、剪切方式不同分别贴上标签，以示区别。

3. 制作断线钳剪切样本痕迹时尽量选择硬度大且较粗的铁丝作为被剪客体，制作剪刀剪切样本痕迹时尽量选择硬度小的铝丝作为被剪客体。

4. 观察痕迹特征时，一定要按体视显微镜的操作规程进行，选择适当的放大倍数，确保剪切痕迹清晰、明显，便于观察。

六、实验作业要求

1. 绘图并标示特征。

2. 写出实验报告。

七、实验拓展思考

1. 分析剪切痕迹特征形成要素对痕迹特征的影响。

2. 分析剪切痕迹的种类及特征识别。

3. 分析犯罪现场上常见的剪切工具以及痕迹特征。

实验七 刺切痕迹特征的识别

一、实验目的

1. 了解刺切痕迹形成的机理。

2. 熟悉不同刺切工具形成痕迹的特点,以及刺切工具在不同客体上形成痕迹的反映。

3. 掌握不同刺切工具在不同客体上形成痕迹的形态,不同客体、不同作用方式引起痕迹、特征变化的规律。

4. 掌握观察和描绘刺切工具形成痕迹特征的方法。

5. 认识各种条件下形成刺切痕迹的特点及工具与痕迹之间的对应关系。

二、实验原理

使用具有尖锐、锋利刃部的工具,采用劈或刺的方法破坏客体时形成的痕迹,称为劈刺痕迹。工具在接触部位引起的变形,因劈刺工具的不同、客体不同、行为人的劈刺方式和力度不同而各异。劈切痕迹多为创口形。痕止缘多与痕底重合。劈刺痕迹的轮廓反映劈刺工具的截面形状。痕迹较浅时,在起缘部位反映刃部特征。痕迹较深时,刺壁出现条状线痕,痕止缘以印压接触的形式反映底部痕迹。根据这些特征可以判断作案工具的种类和规格。

三、实验设备与器材

单刃匕首、双刃匕首、三刃匕首、剪刀、菜刀、斧头;厚木板、薄木板、木棒、生猪皮(或生羊皮、生牛皮等家);体视显微镜、直尺、分规、量角器、铅笔。

四、实验内容和方法

(一)制作样本痕迹

1. 分别用单刃匕首、双刃匕首、三刃匕首、剪刀在薄木板架空情况下用尖刃部垂直刺穿薄木板,形成贯通痕迹。

2. 分别用菜刀、斧头垂直砍切厚木板,在木板上形成一定深度痕迹,但不要过深,以肉眼能观察到痕底为准。

3. 用菜刀倾斜砍切木棒或木板,使部分木材分离,形成砍切面痕迹。

4. 将生猪皮放在木板上或泡沫板上,分别用单刃匕首、双刃匕首、三刃匕首刺穿生猪皮,形成贯通痕迹。

(二)观察痕迹特征

1. 匕首刺切痕迹观察。将不同种类的匕首用尖刃部刺穿薄木板形成的样本痕迹分别放置于体视显微镜下观察,重点观察以下几个方面:

(1)痕迹形成的方向。观察木板正反面处痕迹,寻找木纤维翘起特征,一般木纤维翘起指向为形成痕迹的作用力方向,重点在木板反面痕迹寻找。

(2)痕迹形态特征反映。观察薄木板正面痕迹,注意区别单刃匕首、双刃匕首、三刃匕首、剪刀形成痕迹的区别:在单刃匕首形成的痕迹中,一刺角尖锐,另一刺角钝圆且伴有毛刺,观察中注意利用显微镜寻找两个刺角的区别;双刃匕首形成的痕迹中,两刺角均为尖锐状,但注意两个锐角大小是否相同,如不同可作为辨别是哪个刃形成痕迹的依据。三刃匕首形成的刺切痕迹中,有3个尖锐刺角,也要注意观察测量各刺角大小,两刺角中心线的夹角,作为三刃匕首的种类特征。剪刀形成的痕迹一刺角尖锐但左右不对称,另一刺角有一条边多为斜线形或弧形。

(3)观察生猪皮上的刺切痕迹。由于动物皮肤有一定弹性,注意观察形成的痕迹形态与木板上的痕迹形态的区别,特别是痕迹角度、宽度变化。单刃匕首痕迹注意寻找刃背撕裂痕迹特征;入口有无内凹以及出口有无外翻现象。三刃匕首注意观察形成痕迹与工具结构外形的差别。剪刀单刃与双刃痕迹差别。

2. 菜刀、斧头垂直砍切痕迹观察。菜刀垂直砍切所形成的痕迹窄而长,注意观察菜刀上刃口的卷刃、豁口等特征在木板上痕迹的反映,特别是这些特征形成痕迹个别特征的形态、位置,通过测量个别特征到痕迹两端距离,与菜刀上的特征进行对照。斧头垂直砍切所形成的痕迹比较宽,整体痕迹短,也能反映刃口的卷刃、豁口等特征。

3. 用菜刀倾斜砍切木棒或木板形成分离后痕迹观察。在砍切痕迹面或分离面上观察有无线条痕迹,注意记录这些线条痕迹的宽窄、深浅、间距、流向及相互关系,与菜刀上的卷刃、豁口等细节特征进行对照,分析它们的对应关系。

（三）描绘痕迹特征

在观察痕迹特征的基础上，用铅笔在作业纸上描绘各种痕迹特征：

1. 描绘不同类型匕首形成的痕迹。注意描绘痕起缘的轮廓形状及痕止缘纤维翘起的形态特征。用测量工具测量木板痕迹与生猪皮上痕迹的宽度、角度，并标注进行比较。

2. 描绘菜刀、斧头垂直砍切木板形成的痕迹。注意要将菜刀、斧头形成痕迹的轮廓及卷刃、豁口等形成的个别特征描绘、标注出来。

3. 描绘菜刀倾斜砍切木板或木棒痕迹面或分离面痕迹。要将痕迹的形态、线条特征描绘出来，特别注意线条的分布、流向、间距、粗细等特征。

五、实验注意事项

1. 注意安全，严禁拿刀具做其他无关的事情，操作时要小心谨慎，戴棉纱手套操作，防止伤害到自己和他人。

2. 尽量选用质地较硬的木材作实训客体，木纤维不易断裂变形，形成的痕迹较稳定，痕迹特征较明显，便于观察。

3. 当痕迹特征不明显时可多做几次实训来寻找稳定的特征，如垂直砍切痕迹的卷刃、豁口形成特征和倾斜砍切的线条特征，容易受到木材纤维断裂的影响形成假特征。

六、实验作业要求

1. 简要叙述本次实训的目的、内容、使用器材、步骤。

2. 分别描绘不同匕首和剪刀在木板上形成的刺穿痕迹正反面特征。说明不同匕首形成痕迹的区别，匕首与剪刀形成痕迹的区别，说明如何判断刺切痕迹的方向。

3. 描绘在生猪皮上形成的匕首刺切痕迹特征，分析说明其与在木板上形成痕迹的差别。

4. 分别描绘垂直砍切和倾斜砍切木板的痕迹特征，分析说明两痕迹特征的主要差别。

七、实验拓展思考

1. 不同外形结构的匕首形成痕迹主要区别是什么？剪刀和单刃匕首形成的痕迹有哪些区别？

2. 匕首在木板和生猪皮上形成痕迹主要有什么区别？出现差别的原因是什么？

3. 菜刀垂直砍切和倾斜砍切在痕迹特征反映上有何异同？

4. 刺切工具上的种类特征和细节个别特征（卷刃、豁口等）在痕迹上如何反映？如何利用这些特征分析工具种类？

实验八　工具痕迹的提取

一、实验目的

了解工具痕迹提取材料的种类、性能及使用方法，掌握各种提取材料的成型原理，熟悉工具痕迹的固定、提取、保全的方法。

二、实验原理

行为人使用工具破坏障碍物或某些目的物，通常会在障碍物或目的地的相应部位上形成的一些明显的、稳定的形变，即痕迹。

对这些痕迹除了进行照相固定，原物提取外，还可以利用一些稀软的物质在凝固后对外部形象有较细腻的反映的特点，对痕迹进行固定和提取。

三、实验设备与器材

106 室温硫化硅橡胶及其固定剂、齿科打样膏、易熔合金、醋酸纤维素、软塑料棒、热熔焊枪、甘油、烧杯、开水、电炉、木板、金属片、铁榔头、螺丝刀、塑料盘、实验报告单、塑料袋、标签。

四、实验内容和方法

1. 制作样本

用铁榔头、螺丝刀等在木块、金属片上制作打击、撬压等痕迹，在痕迹上涂以甘油或其他润滑油待用。

2. 106 室温硫化硅橡胶提取痕迹法

106 室温硫化硅橡胶是近白色的黏稠液状胶。成型后，能够细致地反映出痕迹的细微特征，固化剂加得适当，制出的型片有弹性，不易碎裂；固化剂过少，不易干燥成型；固化剂过多，提取时容易脆散。所以，一定要严格按比例配料。硅橡胶提取法可以用于深浅、面积大小不等的痕迹。使用时，先吹去痕迹上的浮尘或渣滓，在一块干净的玻璃板上放上适量的硅橡胶，按比例加上3%正硅酸乙酯、2%月桂酸二丁基锡，如需颜色可略加各种颜料，一同调匀，缓缓地从痕迹一边向另一边注加，待凝固后（约1小时），从一边轻轻揭起，缓缓取下模型，用小塑袋装好并用透明胶纸封口，放入盒中封存，标签上标明提取的时间、地点、案由、数量、提取人，接受人签名后移交。

3. 齿科打样膏提取痕迹法

齿科打样膏又称硬塑料。使用时，先用摄氏70度左右的温水把打样膏泡软，待其软化后取出搓光洁表面，再放入温水里浸泡数分钟，取出甩干水，直接按入痕迹里，10分钟左右打样膏冷却固化后，轻轻取下，用小塑料袋包装后放入专用盒中，标注后签名移交。

4. 易熔合金提取痕迹法

合金成分是52%铋、18%锡、30%铅。制作时，在涂有甘油的痕迹边用橡皮泥做个围墙，把易熔合金在小坩埚内融化后除去上浮的杂质，从一边缓缓注入痕迹圈内，待冷却后轻轻取下。包装、标注、签名移交。

5. 塑料热熔法提取工具痕迹

把软塑料焊棒从后部塞入热焊枪的加料口，扣动扳机把塑料棒抵压到加热管内，接通电源1分钟以后，扣动扳机，熔融状塑料即从焊枪口挤出，注入痕迹中再稍加堆积，3分钟左右即冷却固化，并且有弹性，轻轻揭下，包装、标注、签名移交。

6. 醋酸纤维素法提取工具痕迹

醋酸纤维素薄膜又称AC纸，须先制备。制备方法是：用醋酸纤维素20g溶于120ml丙酮中，用玻璃棒轻搅至完全溶解，然后倒在一块干净的玻璃板上，待其流平，加盖防尘罩自然风干后，去罩揭下薄膜，裁成适当大小备用。AC纸适宜提取金属表面上的细小痕迹。提取时，取一块稍大于痕迹面积的AC纸，表面喷涂丙酮后，迅速从一侧向另一侧滚压，使其紧贴并密合痕迹，上面再喷涂一层丙酮，再覆盖一块AC纸在上面，用手紧压数秒，10分钟左右即固定了痕迹，揭起后，包装、标注、签字移交。

7. 对提取的痕迹物证做防破坏处理

木质的痕迹物证可以盖上一块硬纸片，用胶纸粘贴定位。金属的痕迹物证要先涂以50%凡士林、50%石油磺酸钡混合后制成的防锈剂，再覆盖硬纸片保护。

另一种方法是把2g有机玻璃溶于100ml三氯甲烷，涂在检材表面，形成有机玻璃薄膜，使空气和痕迹隔开，防止氧化和锈蚀。在检验完毕后，检材仍然是法庭证据，要再次做防氧化、锈蚀的保全处理。

五、实验注意事项

独立完成实验，用图示和规范的术语完成实验报告。注意实验安全，防止烫、灼伤。

六、实验作业要求

1. 移交包装、标注、签字完成的工具痕迹模型。
2. 写出实验报告。

七、实验拓展思考

1. 结合实验评价各种方法的利与弊。
2. 在工具痕迹中应注意什么问题？

实验九　工具痕迹的分析

一、实验目的

了解和掌握以工具痕迹推断工具种类的依据和具体方法，并学会分析行为人的身体条件和技术水平。

二、实验原理

不同的工具，在外力的作用下，在承痕客体上形成具有特定形状、尺寸、深浅的痕迹，而这些痕迹又直接反映了造痕工具接触部位的形貌、作用力的大小、使用工具的技能及行为人的人身条件等。根据确定的工具种类，分析其使用的行业和地域，分析行为人的技能和习惯，判断行为的性质，推断行为人的人身条件，为侦查提供线索。根据痕迹上反映出的特征，认定留痕工具。

三、实验设备与器材

塑料盘，配各种工具的模拟检材，主要几种造具，木框、卷尺、游标卡尺、直尺、放大镜等，每组 1 台体视显微镜、1 台测量显微镜，全班共用人体磅秤 1 台。

四、实验内容和方法

（一）每组分别观察所配检材上的痕迹，并绘出草图

（二）根据工具痕迹特征，推断造痕工具的种类和规格

首先应该熟悉各种可能用于作案的工具，尤其是当地的工具，熟悉其形貌、使用范围、痕迹形态。然后对痕迹进行5步分析：

1. 宏观分析

（1）1处痕迹还是多处痕迹。

（2）每个痕迹的形状和位置。

（3）1件工具形成还是几件工具形成。

（4）工具的1个部位形成，还是几个部位形成。

2. 逐个分析

（1）每个痕迹是在什么破坏方式下形成的。

（2）每个痕迹的形成过程，痕迹和工具部位的对应关系。

3. 归纳判断

把相同破坏方法形成的痕迹归纳在一起，综合判断工具构类型。

4. 排除相似工具形成的痕迹

根据归纳判断，把相似工具留下的痕迹分开，如平口螺丝窄木工凿，鲤鱼钳的夹持口和钢丝钳的夹持口，斩口锤与钳、锯与锉等。

5. 实验与结论

模拟现场破坏动作，以初步推断出的一种或几种工具在类似的客体上制作痕迹，得出比较结论，提出造痕工具名称和规格，并予图示。

（三）根据工具痕迹特征推断行为人的身体条件和技术水平

根据痕迹特征可以确定技术的熟练程度。这是一种运动习惯性的反映。例如，钻孔的形貌可以分析出钻孔人的技术水平，圆直的钻孔，说明技术很好；扁或多角形的钻孔，说明进钻不稳，摆动成孔，技术不好。

（四）根据工具痕迹上的微量物质分析留痕工具的使用状况

1. 工具上黏附的残渣碎屑、污垢油渍。可以推断出工具的正常使用场所或存放场所。

2. 从工具上崩脱的残缺片，可以进行痕迹对接和反映工具的使用情况。

3. 工具上黏附作案现场的某些物质，如血迹、纤维、粉尘、油漆等，可以证明此工具曾在作案现场使用。

五、实验注意事项

在完成以上工具痕迹检验的基础上，运用人体解剖学知识等，独立地进行分析判断，每项分析要阐明理由，防止杜撰，并写出实验报告。

六、实验作业要求

1. 图示法分析痕迹与工具的对应关系。

2. 写出实验报告。

七、实验拓展思考

1. 根据工具痕迹分析判断工具种类的依据有哪些？

2. 根据工具痕迹分析判断行为人身体条件和技术水平的依据有哪些？

3. 根据工具痕迹上微量物质分析留痕工具的使用状况的依据有哪些？

第四节　枪弹痕迹检验实验

实验一　枪械结构的识别

一、实验目的

1. 通过本实验，熟悉常见枪械的结构；

2. 掌握枪械与形成弹头弹壳上痕迹有关的机件结构的位置与形貌，为枪械性能分析和弹头、弹壳上射击痕迹的检验打好基础。

二、实验原理

枪是以火药为能源，在管形发射具中加速弹丸，用以杀伤有生力量或破坏被击物的射击武器。枪与炮同是射击武器，通常以口径的尺寸予以区分，在我国和苏联地区，口径在 20mm 以下的称为轻型射击武器，俗称为枪；口径在 20mm 以上的称为重型射击武器，俗称为炮。英美等国则以 25.4mm(1in)作为枪与炮的界限。枪通常由枪管、击发、发射、供弹、闭锁、退壳等机构组成。熟悉枪械的结构，才能了解枪械与弹头、弹壳上射击痕迹之间的对应关系，为枪械痕迹检验打下基础。

三、实验设备与器材

各种枪械、30cm 塑料显影盘、游标卡尺、实验记录表、实验报告单、铅笔、擦枪布、枪油。

四、实验内容和方法

(一)教师讲解并讲授枪支分解要领

(二)枪支的不完全分解与结合(以冲锋枪为例)

1. 验枪

打开保险,卸下弹匣,右手拉枪机手柄向后,检查膛内有无枪弹,确认无弹后,放手让枪机自行复进到位,扣动扳机,放回击锤,装上弹匣,待分解结合。

2. 卸弹匣

枪口转向右方,右手拇指前按弹匣扣,其余四指同时握住弹匣,弹匣扣前按到位后,解脱对弹匣的锁定,将弹匣朝逆时针方向旋转40°,即卸下弹匣。

3. 卸通条

把刺刀半打开,向外旋转推出通条上端,然后抽出通条,把刺刀恢复行军状态。

4. 卸机匣盖

右手拇指前推突出于机匣盖后部的复进机导向杆尾部,使之压入机匣盖内,解脱与机匣盖的锁定,左手握住机匣盖后部向上提起,取下机匣盖。

5. 卸复进机

左手握枪托颈部,右手捏住复进机导向杆座向前推,使其尾部脱离尾座导孔后,向上提起,缓慢松开,向后取下复进机。

6. 卸枪机

右手拉枪机柄向后,使枪机槽对准机匣导轨的缺口外,向上提出枪机,将枪机芯与枪机体旋转分离。

7. 卸活塞筒

右手向上扳动上护木压销半圆形缺口至与枪管垂直,左手握住上护木向上提起,即同时取下活塞筒套。

8. 关闭保险

结合按分解的相反顺序进行,完成后,多次后拉枪机手柄至极限,放手使其自行复进，扣压扳机，放回击锤，确认结合正确后，关闭保险。

（三）枪械成痕部位的观测与描绘

1. 枪管的观测

（1）轴向透光观察膛线的条数、旋向、膛内光洁状况、磨损锈蚀程度，并予记录。

（2）用游标卡尺测量枪膛直径，并予记录。

（3）观察弹膛结构，并予记录。

（4）绘制枪管的平面剖视图。

2. 枪机的观测

（1）枪机结构的观察并描绘。

（2）枪机上主要成痕部位的位置及几何形状的游标卡尺测量，并在结构图上标示。

3. 排壳装置的观测与描绘

（1）制式武器导棱上排壳装置的观测并描绘。

（2）霰弹枪排壳装置的观测并描绘。

4. 供弹机构的观测与描绘

（1）弹匣式供弹机构的观察测量并描绘。

（2）弹仓式供弹机构的观察测量并描绘。

（3）单发后装枪手填供弹机构的观察测量并描绘。

（4）前装霰弹枪手填方式的观察并描绘。

五、实验注意事项

1. 遵守实验纪律

实验中枪与弹严格分开，严禁用实弹作枪与弹的配合实验，严禁私自带枪弹进入实验室；实验中严禁枪口对人，严禁甩枪开玩笑；严格按照操作规范进行枪械的分解结合。不准乱拆乱装，更不允许随意敲打撞击，防止损坏枪械；拆卸下来的零部件要依序放置，避免与其他枪的零部件混放，不允许把机件丢失或损坏；发生问题要及时向实验教师报告。

2. 实验完毕要验收枪械

枪械要擦拭涂油后验交教师；未点交完毕，学生不得离开实验室。

六、实验作业要求

1. 绘制实验枪种枪械结构草图，并标示成痕部位。
2. 测绘成痕部机件几何形状及规格。
3. 完成实验报告。

七、实验拓展思考

1. 结合实验了解和掌握枪械结构与痕迹形成的关系。
2. 评断枪械成痕部件的形态结构特点对痕迹形成的影响。
3. 了解枪械结构特点对痕迹特征识别有何帮助。

实验二 枪弹结构的识别

一、实验目的

1. 了解枪弹发展史，熟悉常见枪弹的品种、规格及所适配枪支的种类。
2. 掌握常见枪弹的结构与性能。

二、实验原理

凡是供枪械发射的弹药统称为枪弹。枪弹与枪械组成了轻型射击武器系统。枪弹是供枪发射的一种被击发物，它是以火药燃烧产生的气体压力为动力，推送弹头，用以碰击或燃爆物体，杀伤或毁坏目标物的一种组合体。枪弹通常由弹头、弹壳、发射药和底火组成。枪弹在发射过程中与枪支各部机械的接触部位相互作用，由于枪弹材料相对较软，会形成反映枪械相应部位结构特征的痕迹。熟悉枪弹机构，有助于对枪弹及枪弹痕迹的检验，为涉枪案件提供侦查线索。

三、实验设备与器材

每小组手枪弹、步枪弹、猎枪弹各 1 发，30cm 塑料显影盘 1 个，中平锉 1 把，钳工钢锯 1 把，壁纸刀 1 把，小剪刀 1 把，钢丝钳 1 把，小台虎钳 1 个，铜丝刷 1 把，2 寸漆刷 1 把，擦枪布 1 尺，钟表零件盒 6 个。

四、实验内容和方法

1. 教师用实物讲解常见的枪弹及配用枪种。

2. 教师用挂图或幻灯方式讲解几种常见枪弹的结构和性能。

3. 以小组为单位解剖枪弹。

（1）解剖手枪弹、步枪弹。固定台虎钳。用擦枪布包裹枪弹壳部，用台钳夹持弹壳部，不得紧压，弹壳口与台钳口平。然后，用钢丝钳剪切部夹紧弹头靠近弹壳口位置，钢丝钳尖落在台钳口部，手柄往上撬起，即将弹头拔下，把弹壳内的火药倒入钟表零件盒内。打开台虎钳口部，擦枪布二叠后平放在上面，把弹头平放在台虎钳张开的口部布上，轻轻下压，使弹头的1/2陷下，摇动手柄夹紧弹头。把平锉平放在弹头上，右手握锉柄，左手轻放在锉头上，把锉端平，前锉时稍稍用力，后退时稍稍抬起，直到锉出钢心，观察其结构及所用材料。并予记录、描绘。

释放底火击发能。台虎钳夹持方式同弹头，用锉或锯的方式将弹壳轴向剖下2/5，暴露出一个传火孔，观察其结构及火药燃烧能的传导过程，并予记录、描绘。

（2）解剖猎枪弹。把机制塑壳12号猎枪弹子夹在台虎钳上，让出底火金属帽部分，方法如夹步枪弹壳。打开壁纸刀2cm，在底火帽与塑料壳结合部与弹轴垂直切一个深约2mm的口，再在前束口部后3mm处切一个2mm深的垂直口，收回刀片留下5mm尖在外，从弹前部切口的一边向底部切口的同向边平行于弹轴切开一条线，再沿切口的另一边切开一条线，挑去切开的塑料片，观察并记录、描绘其内部结构。然后切去前部封口，逐段取出装填物，分别倒入钟表零件盒，最后观察底火结构，并描绘。

（3）实验结束。用铜丝刷除去锉与锯条上的金属屑，钟表零件盒及其中的枪弹材料依次放好，枪弹残体用漆刷扫入塑料盘。清扫室内后，将实验材料与工具点交给实验教师，方可集体离去。

五、实验注意事项

实验中严格按实验程序操作；禁止将枪弹及其残体带出实验室。要以认真、谨慎、一丝不苟的态度投入实验，禁止任意敲打撞击枪弹，防止操作事故的发生。特种弹的弹头不得用于解剖实验，实验结束时，要把枪弹残体放入每组配发的塑料方盘中，清洁工具，清洁实验场所，交回实验材料和工具后，经实验教师清点无误后方可离去。

六、实验作业要求

1. 绘制 3 种弹的结构图。

2. 写出实验报告，着重于枪弹的结构、性能。

七、实验拓展思考

1. 结合实验了解和掌握枪弹结构与痕迹形成的关系。

2. 评断枪弹成痕部件的形态结构特点对痕迹形成的影响。

3. 了解枪弹结构特点对痕迹特征识别有何帮助。

实验三 弹头上射击痕迹的识别

一、实验目的

1. 通过本实验，熟悉枪管内膛线在射击弹头上所形成痕迹的形貌，掌握枪膛各部位在射击弹头上形成痕迹的特征。

2. 在了解各种枪管内部结构特点的前提下，区分其射击弹头，推断枪膛磨损程度。

3. 熟练地描绘射击弹头上的各种痕迹。

二、实验原理

膛线痕迹是线膛内壁不同的结构特征在弹头表面留下的痕迹。在枪弹发射时，弹头挤进，越过坡膛，通过线膛后留下的痕迹，这些痕迹特征较多，形态复杂，反映清晰，是枪弹痕迹检验中最重要和最常见的痕迹。

三、实验设备与器材

放大镜、体视显微镜、测量显微镜、汗手套、游标卡尺、胶头镊子、夹弹具、三角尺、量角器、分规、射击后的弹头、4 寸塑料方盘、铅笔、棉纸、实验报告纸等。

四、实验内容和方法

（一）实验准备

用胶头镊子夹住油浸过的射击弹头的头尾，在棉纸上来回滚动，吸去防锈油备用。

按 2 ~ 4 人为一组配备体视显微镜、测量显微镜、放大镜、游标卡尺等检验器材及每组 2 ~ 4 颗从 2 支以上使用同种弹的枪支中发射出的弹头，把弹头按顺序编上号，隔放在垫有多层棉纸的 12cm 塑料方盘中备用。

（二）测量

用游标卡尺测量弹头的长度、直径，在天平上称出重量，并记录其形状。

（三）初步检验

用胶头镊子夹住弹头 2 头，用放大镜概略观察，点清膛线数及旋向，弹头被甲的完好程度，弹头的变形程度，附着物黏附情况。

（四）寻找、发现和确定特征

把射击弹头夹在夹弹具上，或直接放在体视显微镜载物台上，观察枪管阳膛线在射击过程中印压在弹头上所形成的凹陷状阳膛线痕迹；观察其清晰程度；观察主、次棱线痕迹；观察起、末端痕迹形状及金属卷屑痕迹状况。观察膛线初生、次生痕迹的形状、位置、分布状况；在测量显微镜下，在阳膛线痕迹中段或弹头柱部中段选点测量阳膛线痕迹的宽度，即主、次棱线之间的平行距离。也可以用游标卡尺测量的膛线痕迹的宽度；测量阳膛线痕迹倾斜角。先将弹头朝前放置，阳膛痕迹向右倾，即为右旋膛线；反之，则是左旋膛线。弹头轴线与阳膛线棱线痕迹相交所形成夹角的度数，就是阳膛线痕迹的倾斜角，该角等于发射该弹枪支膛线的缠角。常用的阳膛线倾斜角的测量方法有：

1. 比对投影仪放大测量法

把弹头放在比对投影仪载物台上，弹头轴线与载物台任意的两条对应边平行，在投影屏上放一张透明涤纶膜，将影像焦距调清后，用彩色水笔或特种铅笔在其他制图工具的帮助下把弹头轮廓及阳膛线主次棱线痕迹描绘下来，然后取下涤纶膜，在弹头轮廓图中作垂直平分线，即弹头轴线，与棱线痕迹相交，再用量角器测量出倾斜角。

2. 实物幻灯机投影测量法

把弹头放在实物幻灯机载物台上，投影在贴有白纸的墙壁或与地面垂直的木板上，用铅笔和其他绘图工具描绘出弹头轮廓和主次棱线痕迹，画出弹头垂直平分线，与棱线痕迹相交，再用量角器测量出倾斜角。

3. 摄影放大法

把弹头摄影后放大制成照片，在照片上角作一条重合于弹头轴线的垂直平分线，再作一条与阳膛线棱线（一般选用主棱线）重合的直线，最后用量角器测量出倾斜角。

（五）观察弹头上的射击痕迹并推测发射枪支膛线磨损程度

1. 基本无磨损

在用标准制式配弹射击200发以内的，其保养规范，透光检查膛内光洁度在出厂成品范围内的，称为基本无磨损。用基本无磨损枪管发射出来的弹头主次棱线痕迹完整清晰。弹头在挤进线膛时的弧尾、圆柱、尾端前受阳膛线二棱边的翦切作用形成的阳膛线起始端痕迹平直。膛线中区被摩擦得很光洁。

2. 轻度磨损

用标准配弹射击500发以内的枪，枪膛镀层出现少量裂纹或网状裂纹，镀层无脱落现象，透光检查膛内光洁度欠佳的，称为轻度磨损。用轻度磨损枪管发射出来的弹头上主次棱线痕迹清晰，棱线沟粗深，主棱线痕迹边缘堆积金属卷屑。线痕中区多为光压面，阴膛线区偶见细微线痕。

3. 中度磨损

用标准配弹射击500～2000发，透光观察镀铬层有点状或条状脱落，从膛线起始端至最大膛压区形成局部的烧蚀区，使基体金属裸露，反映在射击弹头上的痕迹特征完整，主次棱线明显，但棱线沟已变浅。阳膛线区的光压面减少，出现较多擦痕。阴膛线区出现较多带状或卵状的擦划痕迹区，并逐渐增大。

4. 高度磨损

用标准配弹射击2000发以上。因受高温高压气体的腐蚀和冲刷，透光检查可见膛内出现较深的冲刷沟与凹陷区，镀铬层基本脱落，阳膛线已无明显凸出或被磨平，在最大膛压区尤为明显。管腔变大，枪口火焰随之而大，初速降低，多见弹头滚动着靶，弹孔不规则。反映在射击弹头上阳膛线的主次棱线痕迹模糊不清，圆柱部擦划线痕不均匀地呈梳状分布，且平行于弹头轴线，难以明显区分阴阳膛线痕迹，弹头前弧尾环有波浪形纹线，弹头尾部偶有明显特征出现，具有较高的鉴定价值。

（六）描绘弹头上的各种射击痕迹

在细致观察的基础上，在实验报告上描绘出弹头上的各种射击痕迹。弹头上的常见的射击痕迹有：

1. 进膛阶段形成的痕迹：导弹斜面磕碰痕迹。

2. 挤进阶段形成的痕迹：拔弹痕迹、坡膛痕迹。

3. 线膛痕迹：阳膛线痕迹、阴膛线痕迹、小线纹痕迹、主次棱线痕迹、金属卷屑、初始挠动痕迹。

实验结束时，将弹头按检材保全处理的要求作防锈处理后，放入塑料移交袋中，交回实验室，并取得保管人在实验报告上的签收。

五、实验注意事项

1. 弹头痕迹的保全

严格按弹头痕迹保全的要求对弹头进行检验，禁止敲击、坠落或其他方法造成痕迹的本质性改变。弹头之间要有软隔离物，防止痕迹因相互摩擦、碰撞产生变化。取用弹头要戴汗手套或用胶头镊子轻取轻放，使用后要涂油保存，防止痕迹氧化或磨损；对变形弹头作展开检验前，必须先用照相法固定痕迹形貌，以便展开后作变化对比，展开时要细心，不能对痕迹条件较好的部分造成损坏。

2. 保护实验弹头

实验课的检验弹头应视作实际案件中的检材，不得混装、破坏或丢失，也不得带出实验室。实验结束后，如数点交给教师方可离去。

六、实验作业要求

1. 描绘出弹头上的各种射击痕迹。

2. 完成实验报告。

七、实验拓展思考

1. 射击弹头痕迹形成的原理及特征表现。

2. 结合实验分析影响射击弹头上痕迹特征变化的因素。

3. 评价射击弹头上不同的痕迹特征在鉴定中的运用。

实验四 弹壳上射击痕迹的识别

一、实验目的

1. 熟悉枪机、弹膛等成痕部位在射击弹壳上所形成痕迹的特征。

2. 掌握各相应成痕部位的形貌及成痕原理。

3. 在了解各种枪械结构特点的前提下，区分其射击弹壳。

4. 熟练地描绘射击弹壳上的各种痕迹。

二、实验原理

弹壳上的射击痕迹是射击过程中枪械各接触部位的结构特征在弹壳表面留下的痕迹。在推弹入膛闭锁，击针冲击底火，底火壳塑性变形，击发药瞬间燃爆，高温高压气体作用于弹壳内壁，在发射弹头的瞬间，弹壳发生径向、轴向的弹性塑性变形，拉壳钩拉出弹壳，在后退的过程中抛出弹壳，这一系列痕迹的作功机件多，印压力大，变形量小，所以，检验鉴定价值极大。

三、实验设备与器材

放大镜、体视显微镜、测量显微镜、胶头镊子或竹镊，游标卡尺、汗手套、夹弹具、三角尺、量角器、分规、12cm 塑料方盘、铅笔、棉纸、实验报告纸、草稿纸、射击后的弹壳。

四、实验内容和方法

（一）准备实验

用胶头镊子夹住油浸射击弹壳的尾部，倒尽弹壳内的防锈油，放在棉纸上滚动，吸去弹壳表面防锈油，放在有隔纸的塑盘中备用。

按 2 ~ 4 人一组配置体视显微镜、测量显微镜、放大镜、游标卡尺等检验器材，每组从 2 支以上使用同种弹的枪支发射后的弹壳 2 ~ 4 颗，把弹壳按顺序编上号。

（二）测量

用游标卡尺测量弹壳的长度、直径并记录其检测前的形貌。

（三）初步检验

用胶头镊子插入弹壳口中，用放大镜概略观察，找到各主要射击痕迹所在位置及附着物黏附情况。

（四）寻找确定特征

把射击弹壳固定在夹弹具上，或直接放在体视显微镜的载物台上，逐一观察枪械各成痕部位在射击过程中留在弹壳上的各种痕迹及其清晰程度。

1. 进膛过程中形成的痕迹：

弹匣口痕迹（压弹痕与推弹上膛痕）、枪机下表面痕迹、推弹凸笋痕迹、导弹斜面痕迹、拉壳钩抓壳痕迹、弹膛指示杆抵压痕迹。

2. 击发过程中形成的痕迹：

击针痕迹、弹膛内壁痕迹、弹底窝痕迹。

3. 退壳过程中形成的痕迹：

拉壳钩拉壳痕迹、弹膛内壁抽壳痕迹、击针次生痕迹（舌痕）、弹膛指示杆碰撞痕迹、弹匣口痕迹（小旗痕）、抛壳挺痕迹、抛壳口痕迹。

（五）描绘特征

用测量显微镜测量击针孔、拉壳钩、抛壳挺痕迹，描绘在实验报告上。用展开图示法描绘观察到的射击弹壳上的各种射击痕迹。实验结束时，把弹壳按检材保全处理的要求作防锈处理后，放入塑料移交袋中，交回实验室，并取得保管人在实验报告上的签收。

五、实验注意事项

1. 严格按照痕迹保全的要求对射击弹壳进行检验

禁止敲击，防止坠落或其他情况添加痕迹，造成射击痕迹的破坏。检验时，弹壳之间应有软隔离物，防止弹壳相互摩擦、碰撞产生痕迹变化。取用弹壳要用竹镊或胶头镊轻取轻放。使用后，应涂油或浸油保存，防止痕迹氧化或磨损。

2. 保护实验课中检验的射击弹壳

实验课中检验的射击弹壳应视为实际案件中的检材，不得混装、损坏或丢失，更不得私自带出实验室。实验课结束，作防锈处理后点交给教师方可离去。

六、实验作业要求

1. 记录检验过程并描绘草图。

2. 完成实验报告。

七、实验拓展思考

1. 分析射击弹壳上痕迹形成的原理及特征识别。
2. 结合实验分析影响痕迹变化的因素。
3. 如何评价射击弹壳上痕迹特征在鉴定中的运用？

实验五　发射枪支的同一认定

一、实验目的

掌握发射枪支同一认定的原理和方法，能够根据弹头弹壳上的发射痕迹认定发射枪支。初步掌握枪弹痕迹鉴定的程序和规范地制作鉴定书，培养独立检验和鉴定工作的能力。

二、实验原理

通过对弹头、弹壳上射击痕迹的分别检验和比对检验，对检材和样本上出现的特征符合点和差异点进行全面综合评断，在种类认定的前提下，对发射枪支进行是否同一的认定并以图片和文字的形式予以固定，形成鉴定文书。

三、实验设备与器材

放大镜、体视显微镜、测量显微镜、比较显微镜、竹夹或塑料镊子、汗手套、夹弹器、12cm 塑料方盘、铅笔、吸水纸、草稿纸、实验报告单、射击后的弹头、弹壳、照相机（带近摄装置）、全色胶卷、相纸。

四、实验内容和方法

（一）实验准备

1. 模拟接案过程。

填写接案登记表后，到模拟送案人处取得检材与样本。了解“案情”，审查送检材料是否具备鉴定条件。

2. 按照规范要求拟定检验计划。
3. 对检材、样本分别作检前保全处理并分别编号待检。
4. 安排实验小组按 2 ~ 4 人一组分配检验仪器及材料。

（二）分别检验

确定检材与样本是否同一枪种所发射。把检材与样本上特征的形貌、位置、相互距离、关系等进行比较，找出两者的异同点，判明稳定特征，排除偶然现象，为下一步检验打下基础。

（三）比较显微镜检验（线痕结合检验）

主要对膛线痕迹，弹底窝痕迹、拉壳钩痕迹、膛内壁抽壳痕迹、弹匣口擦刮痕迹（小旗痕）进行比对，比对时一般把检材放在比较显微镜左边载物平台上，样本放在右边载物平台上，最好安放在夹弹器上，以便旋转分别比对。检验时，首先，观察检材和样本同种痕迹的形貌、几何尺寸，线条的深浅和距离。其次，以同时存在的几条明显、粗大的线条作为基准线进行对接，看其是否相互衔接，连贯流畅。如果流畅，则可以认定同一；否则不能认定同一。最后，认定同一后，照相固定。

（四）特征对照检验（又称特征标示对比检验）

主要对击针孔痕迹、弹膛指示杆痕迹、抛壳挺痕迹、后膛加工痕迹、拉壳钩痕迹、抛壳口痕迹进行对照检验。将各痕迹在翻拍仪下 1:1 摄下，或在体视显微镜下用相同放大倍数拍摄下来，制成同等倍数的照片。把相同特征引线标示出来，并顺时针编号。引线用醒目的颜色，与照片有明显的区别。

（五）综合评断

对以上检验结果进行综合性的科学评断，对符合点和差异点作出合理的解释，对检材与样本是否同一支枪所发射作出准确的结论，结论要简洁、明确，实事求是。

（六）鉴定书

首先，写检材的来源、案件的简况、送检目的与要求。其次，简单地讲述检验方法、程序、结果。最后，针对送检要求作出明确结论。

（七）编辑图片或照片

按概览、细目、比对的顺序编辑、粘贴。

五、实验注意事项

1. 记录检验过程

按照枪弹痕迹检验的规范进行操作，认真、细致地进行，对检验过程应有检验记录。

2. 保护检材和样本

用竹夹或塑料镊子夹持检材与样本,轻取轻放,避免坠落、碰撞和摩擦。取检材、样本和使用仪器时应戴汗手套。在将检材与样本安装在夹弹器上时,要注意角度、方向相同,减少误差。

六、实验作业要求

1. 完成一份符合要求的鉴定书。
2. 完成实验报告。

七、实验拓展思考

1. 发射枪支同一认定的原理、方法和步骤是什么?
2. 特征比较检验阶段应注意哪些问题?
3. 结合实验分析影响痕迹特征变化的因素有哪些?

实验六 射击残留物的提取

一、实验目的

1. 明确射击残留物检验在破案中的意义。
2. 掌握常见的射击残留物提取和保全方法。

二、实验原理

在射击时,从枪口喷出,从枪管后部逸出的气团中所携带的颗粒和金属粉末等组成的灰渣,留在弹孔周围、目标物表面、射击者手上、还存在于枪管内壁及有关机件表面。主要成分是未燃烧或未完全燃烧的发射药颗粒,弹头与枪管剧烈摩擦产生的金属粉末,发射药燃烧的固体产物等。这些物质不是痕迹,不能反映机械机件的外表结构特征,不能直接用于认定或否定发射枪支。但是,可以从其成分、含量、物质种类等方面,经过物理或化学的检测、分析,确定是否有枪击发生、弹种及特点、嫌疑人是否接触过射击枪支、射击出入口及距离等,为确定侦查范围提供依据。

三、实验设备与器材

滤纸、脱脂棉、电熨斗、烧杯、12cm 方盘、镊子、剪刀、枪支、空包弹若干发。

四、实验内容和方法

(一)实验准备

1. 分组领取材料,配制试剂。

2. 实验教师用空包弹分别在白布、深色布花布、木板、塑料板等客体上留下射击残留物。

3. 实验操作人员做个人清洁卫生,尤其要洗干净手。

(二)吸附法

用改制后的小型吸尘器,内装电镜样品台,样品台上贴双面胶纸,对较干净的疑为射击人或场地、近距离的被击物或发射方向物品进行划片吸取,编号后放入样品盒待用。

(三)干、湿复印法

1. 干式复印法。在清洁的工作台(或平板)上平放一张滤纸,再把疑有射击残留物的皮革、衣物或其他纺织品迎弹面朝下平放,在被检物上覆盖两层以上的滤纸或白布,用升温到120℃左右的电熨斗在上面来回熨烫2~4分钟,轻轻分层平揭覆盖层,取下检材,射击残留物即提取到了滤纸上,用纸袋或塑料袋密封待检。

2. 湿式复印法。在清洁的工作台或平板上,铺一层白纸,把疑有射击残留物的皮革、衣物或其他纺织品迎弹面向上平铺在白纸上,喷上四氯化碳溶液,以湿润为度,然后覆盖一层滤纸,滤纸上加两层白布或厚白纸,用已加温到100℃的电熨斗在上面来回熨烫3分钟左右,使四氯化碳中的氯离子与射击残留物中的铅离子结合而生成显粉红色的氯化铅,逐层揭去覆盖物,取下滤纸,滤纸上留有粉红色斑痕的,证明有射击残留物,否则没有射击残留物。

使用以上两种方法要注意熨斗不能静置在一个地方,以防破坏检材。熨斗取下后要断电放在熨头架上,不能随意放桌上,防止烧焦家具或引起火灾。提取的载体要密封保存。

(四)直接提取法

1. 火棉胶提取法。在检材疑有射击残留物处喷上2g硝化火棉胶溶于98g醋酸异戊酯配制而成的溶液,待醋酸异戊酯挥发后,把掌纹胶纸贴在火棉胶薄膜上,排除气泡,然后与检材呈30°角进行剥离,射击残留物被一同提取下来,留作进一步检验用,因火棉胶的主要成分是硝化棉,这种提取方法不适于检验火药颗粒。所提载体密封保存。

2. AC纸提取法。用20g醋酸纤维素溶于80ml丙酮中，加入3%磷酸二苯酯；把该溶液倾倒在洁净的平面玻璃上，用载玻片刮或任其自由流动成薄饼状，加上防尘罩，待丙酮挥发后，即制成均匀透明的醋酸纤维素薄膜，亦称AC纸。

使用时，取大于检材上射击残留物面积的一片AC纸，用镊子夹住边角浸入丙酮中，软化后取出，贴在射击残留物上，再覆盖一层AC纸，用洁净的塑料圆棒压实，待AC纸干透后即可揭下，射击残留物被提取下来。AC纸可用于平面和凸凹不平客体上射击残留物的提取，提取下来的载体要密封保存。

3. 双面胶纸提取法。用尽量宽的双面胶纸，连防粘纸基一同剪下一段长于检材上疑有射击残留物直径的胶纸，逐段平列贴在检材上，用手指或短塑棒压实，揭取下来后，撕去防粘纸基，按序贴在玻板上待检。没有双面胶纸，也可用掌纹胶纸、指纹胶纸，同法取用，但相对效果较差。提取后的载体要放在有盖方盒中密封保存。

（五）擦拭溶解法

本方法主要用于疑为射击人的手上、额上、鼻梁上提取射击残留物，用于金属元素检测。先制作5%硝酸的水或酒精溶液，作为提取液待用。实验时，倒适量提取液在烧杯里，用镊子夹住一团脱脂棉浸于提取液中，取出轻轻甩几次，以不滴液为度。在疑为射击人的食指、拇指、手背、额上、鼻梁上分别反复擦拭，可以各用一个棉球，也可以手用一个，额、鼻用一个。金属离子溶于硝酸溶液中，以待检验。另用棉球擦拭另一只手，进行对照检验。如双手持枪射击者，另一只手亦会出现射击残留物，单手射击后，另一只手检测是空的。待棉球拭子防尘阴干舌密封保存。

（六）石蜡分摸法

本方法主要用于疑为射击人手上的射击残留物提取。实验时，先用蒸馏水淋洗嫌疑人的手，淋去汗液、硝酸盐类和粉尘，不能搓擦，洗后自然风干待提。把石蜡加温至60℃左右呈熔融状，边倒边涂抹在疑为射击人的手指、手背到手腕上，抹上一层即敷上一层医用纱布，再抹一层石蜡，叠加几层到厚度为2～3ml，形或蜡套。待其冷却凝固后，轻轻弯曲手指、手掌，使其松动后慢慢取下，用样品盒密封保存。

（七）滤纸吸收法

本方法主要用于枪管内表面的射击残留物提取。先配制5%氨水溶液，置于小烧杯中待用。将枪管倒置固定，插入一条疏松卷裹成的滤纸卷，进入不得短于4cm，枪口外留3cm左右。把装有氨水溶液的烧杯垫升到离枪口1cm左右，让纸浸入氨水溶液中，自然上吸，润湿滤纸，使其贴紧膛内壁，接触射击残留物，而将金属离子和其他残留物提取下来密封待检。其中氨水与铜离子作用会直接生成蓝色的铜氨铬离子。

（八）相纸提取法

把未经曝光、显影的相纸直接定影脱银后水洗干燥。把干燥后的相纸浸入0.5%的硫酸水溶液1分钟左右，取出后待其干燥，再浸入5%的苯二胺甲醇液中1～2分钟，取出后成为试纸，干燥待用。检验时，用浸透稀醋酸的医用纱布一片，平摊在疑有射击残留物的迎弹面，待其浸润后揭去，覆盖上相纸制成的试纸，其上加盖一层白布，用低温熨斗（60℃左右）熨烫3～6分钟，移去熨斗，放在熨斗架上，揭去白布，取下相纸密封待检验。

五、实验注意事项

1. 遵守实验规则，对化学试剂要按规范要求使用，防止损伤人体。防止灼伤和腐蚀衣物和皮肤。使用后的污物统一丢进污物篓。

2. 认真听讲，谨慎操作，仔细观摩。

六、实验作业要求

1. 详细记录操作过程及结果。

2. 完成实验报告。

七、实验拓展思考

1. 不同客体上射击残留物的提取方法有哪些？

2. 结合实验分析影响射击残留物提取的因素有哪些？

3. 对所提取的射击残留物的固定、记录和保存应注意什么问题？

实验七 射击残留物的检验

一、实验目的

掌握射击残留物常用的检测技术及其原理，熟悉常规检测方法并能操作，能对仪器检测结果作出评估。

二、实验原理

枪弹击发后留在不同客体上的发射药残留物、击发药残留物以及弹头与枪管内膛线摩擦产生的金属残留物称为射击残留物。射击残留物中的固体微粒，主要含有铁（Fe）、铅（Pb）、铜（Cu）、锑（Sb）、锌（Zn）、钡（Ba）等重金属，可以用微量物质检验的方法进行定性、定量分析。对射击残留物的检验主要运用物理化学技术及手段、仪器分析等方法。可以分为物理检验法和化学检验法两类。

三、实验设备与器材

原子吸收分光光度计、扫描电子显微镜、长波（320～400nto）紫外线灯、短波（240～320nm）紫外线灯、脱脂棉、烧杯、镊子、滴瓶、照相机、滤色镜、翻拍架、蒸馏水、喉头喷雾器。

四、实验内容和方法

（一）实验准备

1. 分组领取材料。

密封的检材要用塑盘存运，不得随意拿在手上搓揉。

2. 配制试剂清洁器皿。

3. 防止污染。

实验操作人员做个人清洁卫生，防止把粉尘和其他污物带人实验室。

（二）化学方法检测

1. 观察前次实验湿式复印法所用滤纸，粉红色氯化铅斑痕显示射击残留物的存在。

2. 干式复印法所取疑有射击残留物的滤纸，可用几种方法检测不同物质。

（1）四氯化碳显现法。喷四氯化碳溶液在滤纸上，显示出粉红色斑痕，可以认定氯化铅的存在。

（2）红氨酸显现法。喷1%红氨酸酒精溶液，有黑色反应，可以证明含有射击残留物中的铜。

（3）二苯胺显现法。用0.5g二苯胺溶入100ml浓硫酸中，使用时再加入20ml蒸馏水。把擦拭溶解法所用拭子放入玻皿中，用滴管滴入数滴二苯胺硫酸溶液，或者滴在石蜡模内面疑有射击残留物处。显色为蓝色即可认定有硝酸根存在。

(4)玫棕酸钠显现法。将0.1g玫棕酸钠溶人50ml蒸馏水中待用。用喉头喷雾器把玫棕酸钠溶液喷在干式复印法所取滤纸上,或喷在浅色客体的疑有射击残留物的弹孔或孔洞周围,然后喷上30%的盐酸溶液。如显棕色,可以认定有射击残留物钡的存在。显紫色,可以认定有射击残留物铅的存在。

(5)相纸提取法。本章实验七之相纸提取法所得载体,经观察相纸膜上显出橙红色斑块,可以认定有射击残留物中的火药残渣。

(6)乙亚硝基-1-萘酚。用0.5%的乙亚硝基-1-萘酚溶入100ml丙酮中。检测时,直接用喉头喷雾器喷在嫌疑人手上,产生显色反应,可以认定有射击残留物存在。亚硝基萘酚试剂的显色反应须在自然光下拍摄固定。

(三)荧光方法检测

配制2%的8-羟基喹啉的异丙醇溶液,或0.5%的8-羟基喹啉乙醇溶液。用脱脂棉纤浸透以上其中一种试剂,轻轻涂抹在嫌疑人的手部,或弹孔周围。然后进入暗室或室内遮光,用短波紫外线灯照射,有黑色荧光反应,说明其中有铁的成分;有咖啡色荧光反应,说明其中有铜的成分。(注意:8-羟基喹啉是致癌物质,实验时慎用,尽量避免用于人体。必须用的,也要尽快用酒精拭去,再用清水冲洗。)

(四)原子吸收光谱检测

将擦拭溶解法实验所取得的硝酸棉球拭子,放入装有4ml 5%硝酸溶液中,经超声波振荡,使拭子棉球上所携带的射击残留物中待测元素充分溶解,经自动进样器进入原子吸收分光光度计中,用与待测元素相同元素的空心阴极灯作为辐射源,发射出待测元素共振辐射的稳定特征光波。雾化、原子化系统将经雾化的试样溶液送入原子化器的火焰中,使待测元素成为基态原子。当待测元素的基态原子吸收特征光波后,辐射光强度减弱,利用单色器分光,再经光电倍增管进行光电转化、放大,在仪器的读数装置中读出该元素的吸光度,其吸光度与吸收层厚度,与待测元素浓度成比例。以已知浓度和吸收度的标准曲线为基础,进行相对测试,确定待测元素含量。

(五)扫描电子显微镜检测

将吸附法实验取得的样品台,或直接用样品台粘上双面胶纸在嫌疑人手上、射击现场、弹孔附近进行划片选点粘取,编号后依序镀膜,进入电镜检测。电镜入射电子束投射到样品表面,产生二次电子,二次电子的强弱,决定样品表面形貌。入射电子束扫描过整个样品表面,在荧光屏上显示出反映样品表面的形貌特征,可以看到射击残留物颗粒。入射电子与样品的原子作用,激发出特征 x 射线,射线数量与元素含量呈线性定量关系,与 x 射线能谱仪联用,可以定性定量测定元素的种类和含量。也可以进而用波谱仪精确定性定量。如观察到射击痕迹特有的球团,并测到铅、锑、钡、铜,就可以认定是射击残留物。此法可以检测从贴近射击到距离 10m 远射击后的射击残留物。

五、实验注意事项

1. 遵守实验室规则。

使用化学试剂要防止相互混杂和对人体、环境的污染,使用后的污物一律丢进污物篓统一处理,不得乱扔。

2. 进入仪器室要安静,穿清洁的衣服和鞋。未经允许,不得随意开启和触动贵重仪器。

3. 认真预习,谨慎操作,细心观摩。

六、实验作业要求

1. 作出实验记录,写出检测原理。
2. 完成实验报告。

七、实验拓展思考

1. 射击残留物的成分包括哪些方面?
2. 对射击残留物运用物理检验的原理和方法是什么?
3. 对射击残留物运用化学检验的原理和方法有哪些?

第五节 特种痕迹检验实验

实验一 车辆痕迹检验

一、实验目的

1. 熟悉各种车辆及其成痕原理。
2. 掌握车辆痕迹各部分的特征及其检验方法。

二、实验原理

车辆痕迹是指作案人作案时使用的车辆轮胎及其他部位所留下的痕迹，可分为车辆结构特征和车辆的其他特征。车辆结构特征能反映车辆的种类和部分车辆参数，车辆其他特征如行驶特征等能反映车辆的部分结构参数、轮胎花纹形态、车辆的行驶状态等。

三、实验设备与器材

选取一条有车痕的马路，以及相机、卷尺、石膏、比例尺。

四、实验内容和方法

（一）车辆痕迹的勘验与提取

1. 车辆痕迹的勘验

在勘查时应注意现场附近的物体是否被碰撞，是否有刮擦痕迹。进而在预先设计现场看车辆的擦划痕。

2. 测量车辆痕迹

测量前应首先确定前、后轮痕迹，痕迹确认后，应选择边缘清晰的轮胎痕迹测出胎面宽度。其次根据轮胎痕迹的覆盖关系选择测量点，分别测出前、后轮距。利用车辆掉头痕迹测出车辆的轴距。

3. 提取轮胎痕迹

提取立体轮胎痕迹时，应首先进行比例拍照，然后用石膏液连续注入立体轮胎痕迹中，编写序号、记录案情、时间，待石膏完全硬化后将其取下。提取平面轮胎痕迹时，在痕迹上配以比例尺，并不断变换光源位置，选择最佳角度进行拍照。

现场中被车辆轮胎压过的木板、纸张等平面物体上，往往能留下清晰的轮胎痕迹，应将其全部提取。从车体上脱落的油漆片、灯罩碎片，脱落的零件等也应全部提取。

（二）车辆痕迹检验

1. 判断车辆种类

判断车辆种类时首先应根据轮胎痕迹确定车轮数量，如果现场轮胎痕迹是 3 轮或 3 轮以下的车辆形成，则可确定为摩托车和力车。然后利用胎面痕迹宽度和花纹形态确定是摩托车还是力车。如果轮胎痕迹是 4 轮或 4 轮以上的车辆形成,可确定为汽车。根据轮胎痕迹中反映的轮数和轴数,同时结合轮胎花纹和车辆参数特征分析车种与车型。

2. 判断车辆行驶方向

车辆在柏油、水泥和硬土路面行驶时,会在轮胎行驶过的路面上产生尘土花纹,尘土花纹形态呈弧状,并从轮胎痕迹两侧向中心汇聚,汇聚点的指向为行车方向。汽车转弯时由于离心力的作用,车体向弯道外侧倾斜,同时轮胎沿切线方向产生侧滑,在转弯处的轮胎痕迹上形成相互平行的侧滑线条,线条痕迹与车辆行驶方向成锐角。汽车在柏油、水泥及较硬的土路上刹车时,轮胎花纹由清晰逐渐模糊,刹车拖痕由轻到重。轮胎在松软的泥土路或较厚的雪地上行驶时,能形成立体轮胎痕迹,在痕迹壁上形成向行驶方向倾斜的线条痕迹。车辆上装载的液体、沙土掉落时,将沿着行驶方向喷溅;车辆碾压树枝、草棍和麦秸等细长的杆状物时,杆状物体的两端向行驶方向弯曲。手推车、畜力车的行驶方向与人脚印或牲畜蹄迹方向相同,如果轮胎花纹为人字形,在痕迹中人字花纹的展开方向为行驶方向。

3. 车辆痕迹鉴定

车辆痕迹鉴定利用遗留在现场的各种车辆痕迹及嫌疑车辆上提取的痕迹,进行全面的分析、比对检验,最后认定现场车辆痕迹是否为嫌疑车辆所留。

对现场车辆痕迹的检验,首先,从轮胎痕迹确定现场车辆的轴数、轮数、轮胎花纹组合及花纹形态,然后确定轮胎痕迹中反映的磨损、损伤等特征。其次,对车体上脱落的零件、油漆片、车灯玻璃碎块进行检验,判断这些物体的脱落部位。最后,对从车辆上掉落的泥土、沙石、装载物等检验,因为它们与车辆的行驶地点、使用情况有一定关系。

对嫌疑车辆应检验车辆的轮数、轴数和胎冠宽是否与现场痕迹反映的数据一致,轮胎花纹组合、花纹形态和花纹方向是否与现场痕迹反映的形态相同。

轮胎痕迹检验通常是用特征对照法,比对中应注意观察和分析现场痕迹和样本痕迹反映的花纹块磨损程度,花纹沟边缘的损伤,轮胎面的机械损伤数量、位置、形态及特征之间的相互关系是否相同。利用车灯玻璃碎片及车体上脱落的零件、油漆碎片等物进行整体分离痕迹检验,认定车辆或认定与车辆相关的其他物体。对现场中提取的泥土、砂石等散落物与嫌疑车上的相应物质进行比对检验,可确定二者的成分是否相同,为认定嫌疑车辆提供依据。

五、实验注意事项

1. 户外进行实验时应注意安全，以安全为第一位。
2. 现场提取证物时须防止破坏证物。
3. 注意保护预先设计的现场。

六、实验作业要求

1. 分组设计一个案件，相互进行实验。
2. 完成实验报告。

七、实验拓展思考

1. 车辆痕迹检验运用的原理有哪些？
2. 怎么辨别哪些痕迹是目标车辆的痕迹？

实验二　锁具种类及其工作原理

一、实验目的

了解常见的弹簧锁、弹子锁、密码锁的结构、种类及其闭锁的结构和开启原理，为检验锁的破坏方法和开启工具打下基础。

二、实验原理

锁是用特定工具开启的封缄器。锁具能在安全防范中起到重要作用。锁为适应不同行业的需要，种类及结构都有一些差异，锁具的性能也随着科学水平的发展在不断提高。但是，锁具又常常是犯罪行为所破坏的对象，可以根据锁体表面及锁体内部出现的开启痕迹，推断开锁方法，判断开锁工具。并利用痕迹对开锁工具进行同一认定。要完成对锁具的检验任务，就必须熟悉各种锁具的结构和封缄原理，为顺利检验打下基础。

三、实验设备与器材

各类锁具、保险柜、实验门、台虎钳、钢锯、锉刀、铅笔、A4 纸、橡皮泥、塑料盘。

四、实验内容和方法

1. 了解各类锁具的种类以及工作原理。

锁具是各种锁类的统称。根据锁的控制原理可分为机械锁、磁性锁、号码锁、电控锁等。

(1)机械锁按其结构不同又分为弹子锁、开关挡锁、弹簧锁、叶片锁、千层锁。开启这些锁具的钥匙具备一定的结构,有一定数量的齿,是通过钥匙与锁的内零件配合而实现开锁。目前使用最普遍的机械锁是弹子锁,根据弹子排列又可将弹子锁分为单排弹子锁、双排弹子锁、多排弹子锁、轴向弹子锁、径一轴向弹子锁等;按弹子锁的性能可分为防撬弹子锁、防钻弹子锁和防拨弹子锁等;根据弹子锁的应用范围可分为挂锁、门锁、车锁、抽屉锁等。其中挂锁又分为直开挂锁、横开挂锁、顶开挂锁和双锁心挂锁等。门锁可分为单舌门锁、双舌门锁,三舌门锁、多功能保险门镇、球形执手门锁、链条锁。弹子抽屉锁的种类较单一,只是根据锁心直径划分规格。

(2)磁性锁按其应用范围可分为磁性门锁、磁性挂锁、磁性箱包锁、磁性自行车锁等。磁性锁是以磁性弹子起控制作用的,其钥匙表面光滑无齿、形态规范。

(3)号码锁接其应用范围可分为号码挂锁、号码箱包锁、号码自行车链条锁、圆盘号码锁等。号码锁的最大特点是开锁时无须钥匙,只需要号码组合即可控制锁的开启。

(4)电控锁按其应用范围可分为电磁锁、电子号码锁、电子卡片铤、指纹锁和视网膜锁等。电控锁根据电磁原理并利用电子计算机技术对锁进行控制,同时利用计算机对专用“钥匙”进行编码并确认,因此极大地提高锁的保密性。

(5)圆盘号码锁只是锁具中的控制系统,因此,必须与其他机构连接构成完整的锁具系统。圆盘号码锁一般与弹子锁组合使用。它通过一组号码控制锁内零件处于特定位置而开启锁具。由锁轴、锁柄、号码盘、锁片、定数钉、弹簧等零件组成。锁片常见的有 2 ~4 片,多为 3 片组成,其中 1 片为主动片,它可以随锁轴的旋转而转动;与之相邻的是第一被动片,它必须在主动片上的定位钉带动下才能转动,最后 1 片为第二被动片,它在 1 号片带动下旋转。

(6)号码锁的控制密码一般由 6 位数组成。控制密码是由锁片上的定数钉、锁片缺口和控制挡板的位置决定的。号码锁只有安装后其密码才有特定意义。在开启号码锁时，通过旋转锁轴带动锁片转动，旋转是按顺序进行的。当按已知的密码旋转后，使3个锁片上的缺口都处于同一位置，此时闭锁系统的控制挡板可以通过外部手柄控制，使其进入锁片缺口，同时与挡板连动的锁舌可以运动到开启状态。

(7)开关挡锁是一种以挡片起控制作用的锁具。它的结构和保密度比弹子锁差。开关挡锁一般是安装在保险柜、门、箱包上。开关挡锁由锁体、锁舌、挡片、控制钉、弹簧和钥匙构成。开关挡锁控制系统的性能取决于挡片的数量。在一把开关挡锁内，挡片数为1～10片。根据保密度的不同，可选择不同数量的挡片。挡片越多保密性能越好。开关挡锁钥匙的牙花数是由挡片数决定的。钥匙齿的高度与对应的挡片阶梯高度配合，片数越多、牙花数也越多。在开启过程中，钥匙进入孔定位后，转动钥匙接触挡片，使每个挡片与对应的齿相互配合，将挡片上的阶梯缺口顶至同一高度，与此同时钥匙推动锁舌，使锁舌上的控制钉通过缺口开启锁具。

(8)弹子锁主要由控制系统和闭锁系统两大部分构成。控制系统是指能控制锁具完成开启功能的部分。主要由锁心、圆头弹子、平头弹子、锁舌拨动件、弹子弹簧和钥匙组成。控制机构是由钥匙的齿面与圆头弹子相互配合，并解除平头弹子对锁芯的约束，使锁芯转动并控制闭锁系统实现闭锁功能或开启功能。闭锁系统是指锁具能实现闭锁功能的部分。闭锁系统是在控制系统的控制下，通过连动装置传递动力，完成锁的闭锁或开启功能。

2. 实验教师示范操作各种锁具讲解工作原理、方式。

3. 分别在实验门上练习安装并拆除门锁。

每组同学在指定的门上相互练习门锁的安装和拆除，最后将锁完好归还。

4. 观察锁的全部约束结构。

把挂锁按锁芯走向固定在台虎钳上，用钢锯或锉刀沿挂勾边垂直往下锯或锉，锁芯被剖去1/3后全部暴露出来，最后锯到底部余2mm左右时，与底边水平将锁体薄片锯下。从底部钻开弹子口封铅，逐一取出弹子簧、平头弹子和圆头弹子，依序轻轻按放在橡皮泥条上固定。

5. 对弹子锁的结构进行描绘。

6. 清洁工具，将锁的残体收入塑料盘内交回实验室。

五、实验注意事项

1. 对于锁具的形貌、结构及其工作原理观察要仔细、全面。

2. 注意每种锁的局限性和特点。

3. 严格按照规范使用器具，避免人体受伤、器具破坏。

六、实验作业要求

1. 描绘弹子锁解剖图。

2. 完成实验报告。

七、实验拓展思考

1. 弹子锁的结构与开启原理对相关痕迹形成的影响有哪些？

2. 常用锁的种类及开启原理是什么？

实验三　开锁及破坏锁痕迹的检验

一、实验目的

了解和掌握正常开锁、非正常开锁及破坏性开锁形成的痕迹特征。

二、实验原理

采用不同的工具、不同的手段、不同的力度开锁，会使锁产生不同程度的损坏，同时在锁体表面和锁体内部机件上产生不同形态的痕迹。利用锁的表面和内部结构中因非正常开启形成的痕迹，判断开锁方法，推断开锁工具，并利用痕迹对开锁工具进行同一认定方法和技术手段为锁痕检验。在案件中常见的开锁手段有破坏性开锁，原配、后配、选配钥匙开锁，技术手段开锁和技术性破坏锁等方法。因此，可以利用不同方法开锁对锁的破坏程度、锁表面和锁内痕迹的分布及形态，分析开锁手段和开锁工具，为侦查提供线索。

三、实验设备与器材

各种锁具、钥匙坯、开齿机、榔头、大号螺丝刀、灰刀、锉、挂扣、实验木门、短钢筋、塑料方盘、橡皮泥条、镊子、放大镜、显微镜。

四、实验内容和方法

（一）挂锁破坏性开启痕迹的检验

常见的挂锁破坏性开启有敲击锁体、破坏锁键和抠出弹子 3 种主要方式。

检验如下：

1. 先观察被破坏的封缄体，判断被破坏的是锁还是门扣。确定被破坏的是锁后，再观察锁被破坏后的形态，分清破坏手段，防止伪造现场。

2. 观察提取的锁，确定破坏力的施加点，进而确定破坏工具种类。在锁键之间的一个边或锁键的一头边上有异于加工形貌的下陷痕迹，可以推断为敲击破坏性开锁。在锁键中部内侧与锁体中部上面有对应的新鲜压痕，可以推断为撬压或楔入性开启。锁上弹子孔被钻开，掏取出全部弹子的，可以推断为掏取弹子开锁。另外还有用钢筋断线钳剪锁键一边或二边，锯断锁键，用钢丝钳头部插入锁键，拉开手柄胀开锁键等。

3. 对敲击开锁痕迹的检验，要确定门扣挂环是否具有配制的钥匙或1∶1复印法制模配制的钥匙。而金属屑则是新配钥匙的毛边与锁芯口楞边相互刮擦而留下的。用小型聚光灯或手电筒从匙孔照射进去，观察第一颗圆头弹子和第二颗圆头弹子头上有没有新划的线痕，尤其是第一颗圆头弹子，钥匙上每一个齿来回都要从上面划过，反光发亮的细线痕成束地划在上面，方向一致朝钥匙插入方向，而原配的钥匙经过长期的反复摩擦，锐边已钝化，在圆头弹子上已不能形成新的划痕。确定有新的划痕后，刮去弹子孔上的漆层，露出金属铆钉孔，用电钻或平摇钻安装2.5mm的钻头，把锁用台钳固定后，逐一钻去铆钉，露出弹簧，动作要轻慢，防止动作过快弹簧跳走。把橡皮泥碾平成条状，用镊子把弹子簧逐一取出，依序编号放在橡皮泥上，然后用手指堵住后面的孔，倒出第一孔内的平头弹子和圆头弹子放在橡皮泥上，依序逐个倒出每个弹子孔内的弹子，同时圆头弹子的圆头向上排列成行。调整圆头弹子上线痕的朝向，延续成一条线，在体视显微镜下观察线痕的规律性延伸，第一个圆头弹子上新的划痕最多，越到后面越少，与陈旧性线痕产生重叠，根据线痕上的氧化程度，分辨出最新的划痕，进而推断钥匙是否原配或新配。用原配钥匙直接复制的检验：开齿机复制的，会在原配钥匙的两面留下固定夹板时的压痕，可以制作压痕对比检验。在钥匙齿上有定位刀的刃部移动时留下的痕迹，手工锉复制的在原配钥匙的局部出现锉痕，在放大镜或显微镜下均可观察到。

（二）弹子暗锁技术性开启的痕迹检验

常用的技术开锁工具有4种：多齿形、蛇形、梳形、钩形。制作的材料是弹性好、硬度高的金属材料，通常是用薄钢锯条制成的。这些材料的硬度远远大于铜质弹子，所以在开启时会在反复试开中，在弹子圆头上形成明显的划痕、压痕，均不规则。钩形工具开锁会在平头弹子柱部某一位置开始剪切形成的划痕,是其典型标志。

(三)暗锁破坏性开启的检验

1. 扩缝撬压开启痕迹的检验。扩缝撬压开启锁具是针对门、柜、抽屉暗锁最常用的破坏性手段。可以在门、框、抽屉暗锁的缝中找到对应的工具痕迹,用以判断撬压工具。根据痕迹的角度、力度,可以推断行为人的身高、体态。

2. 插片挤压开启暗锁痕迹的检验。从门缝中插入灰刀、钢片、铁片、硬塑料片、身份证等有一定强度的薄型材料,压缩锁舌,启开门锁。采用这种方法,使用金属片往往会在门缝上有新鲜地来回插拉摩擦痕迹,在锁舌上有抵压擦刮痕迹。用硬塑料片、身份证、多层热压合成的塑封片压缩锁舌,在门上不会有划伤,锁舌及二边金属壳上,会有被粗糙表面擦刮下来的塑料成分,用电镜样品台贴上双面胶纸黏取后,用电镜进行形貌检测,或用专用仪器(裂解色谱仪)进行高分子物质检测。

3. 冲击开启暗锁痕迹的检验。常见的冲击开启暗锁的方法有脚踹、肩顶和碰撞。被破坏的是锁舌和锁舌匣。脚踹、肩顶会出现锁和门框的明显破坏。臀撞老式斜舌暗锁,一次、两次不一定会形成破坏和影响使用。这3种方法都会在锁舌上留下明显的刮擦痕迹,门框有不同程度的损坏,锁舌匣螺丝松动或整体脱落。脚踹的在门上留脚印,肩顶在门上往往会留肩部在门上的擦拭痕迹。碰撞会在门上留下臀部的擦拭痕迹和脚后跟的抵压痕迹,这些痕迹都可以用来推断行为人的人身条件。

(四)破坏性开启圆盘锁的痕迹检验

圆盘锁本身不具备直接闭锁功能,必须有其他锁具机件的配合,才能构成锁具系统。它的开启方法是旋转一组号码,使圆盘的缺口对准一个方向,让锁闩退入,锁即开启。

常见的破坏性开启方法有:

1. 定位钻孔法开启。确定锁闩的后退方向,用5mm以上的钻头钻孔,把小螺丝刀或铁丝伸入,旋转拨号盘,碰上一个缺口就伸入,继续旋转,直到一组缺口定位,锁闩后退空间形成,封缄功能丧失。检验主要是根据钻孔,推断使用的是哪一种动力的钻和钻头直径。根据盘片上的划痕,推断使用的器械和开启的熟练程度。

2. 破坏锁轴法开启。用二爪或三爪拉马配以自制的钢质弓形拉架拔出孽盘锁轴,或用羊角撬棍撬拔圆盘轴等。其结果是锁轴后固定销被剪切断,致譬警轴脱出,号片散落。检验时,可以在拨号旋柄上找到明显的夹持痕迹:在柜门上留有抵压痕迹，据以推断作案工具和手段。

五、实验注意事项

1. 熟悉主要锁种结构。

2. 实验中细心观察、大胆探索，在静态勘查后草拟出检验方案。

3. 检验时要动作谨慎，不得产生添加痕迹。

4. 实验完毕归还实验材料。

六、实验作业要求

1. 图示检验部位，记录检验过程。

2. 制作实验报告。

七、实验拓展思考

1. 如何识别破坏性开锁痕迹特征？

2. 如何识别技术性开锁痕迹特征？

3. 犯罪现场上常见的开锁、破坏锁的手段和方法有哪些？

实验四 牙齿痕迹检验

一、实验目的

了解牙齿的排列顺序和基本结构，掌握牙弓形态和牙齿特征，熟悉牙齿痕迹的提取方法和实验样本的制作方法。

二、实验原理

牙齿的排列遵循一定的规律，通常是上下颌同名牙齿位置对应，左右侧同名牙齿位置对称。恒牙列形成后，一般不会由于外伤和腐蚀影响牙齿以及牙列的形态，具有较强的稳定性。牙齿在上下咬合时，在客体被咬部位产生的形变和形态反映，称之为牙齿痕迹。根据牙齿痕迹中反映的牙齿数量，分为牙痕、牙弓痕、咬痕。牙齿痕迹由咬起缘、咬切面、咬止缘构成。由于人牙齿的牙冠形态、牙齿排列、咬台状态、牙颌畸形、牙齿病变等均因人而异，所以形成的牙齿痕迹就具有差异性。同时，牙齿组织坚硬，耐高温和腐蚀，具有很高的稳定性。所以,牙齿痕迹人各不同,通过牙齿痕迹检验,可以直接认定人身。

三、实验设备与器材

牙齿模型、齿列模型或挂图、烧杯、牙托、齿科打样膏、甘油、石膏、直尺、量角器、10cm 塑料盘、电炉、开水壶、笔录纸、实习报告单。

四、实验内容和方法

(一)齿列标示法

根据恒齿的生长位置、形态、数量和功能的不同,将其依次命名为中切牙、侧切牙、尖牙、第一双尖牙、第二双尖牙、第一磨牙、第二磨牙、第三磨牙。恒牙列的表示一般采用直角坐标将牙齿分为上下左右 4 个区域。同时用阿拉伯数字表示牙齿的种类。横线之上表示上颌;横线之下表示下颌;纵线左侧表示右侧牙齿,纵线右侧表示左侧牙。

(二)描绘齿弓形态及牙齿特征

恒牙生长在上下颌骨齿槽内,有规律地排列成弓状,解剖学上称为齿弓。牙弓的形态是指牙齿排列后的总体形态。可分为尖圆形、椭圆形和方圆形。牙弓的形态与牙弓宽度有一定的相关性,牙弓的形态变化通常由前牙排列决定。

牙齿的组织结构主要指每个牙齿的结构及各牙齿之间的结构关系。每个牙齿的整体都是由牙冠、牙颈、牙根 3 部分构成。其中,牙冠是形成牙齿痕迹的重要组成部分。每个牙的内构造分为牙釉质、牙本质、牙髓腔、牙根管、牙骨质、牙根尖孔等部分组成。

按人牙齿的生长规律,各牙齿之间有固定的排列方式。横向表现为从中线开始按切牙、尖牙、磨牙的顺序排列;纵向表现为上下各牙齿的一一对应关系,即上切牙、尖牙、双尖牙、磨牙,分别对应下切牙、尖牙、双尖牙和磨牙。

(三)提取立体牙齿痕迹

1. 拍照固定

拍照是记录和固定牙齿痕迹原始状态的主要方法之一。对牙齿痕迹拍摄概貌照片和局部细目照片。

概貌照片主要反映牙齿痕迹与周围客客体之间的关系,这对分析牙齿痕迹的形成过程以及确定颌位、牙位都具有重要意义。

局部细目照片主要反映牙齿痕迹的细节特征。拍照时应放大比例尺便于进一步比较检验。

2. 提取承受客体

提取牙齿痕迹的承受客体，既能保持痕迹的原始形态，又便于保存，是最简单、实用的方法。

3. 制作牙齿痕迹模型

对于立体状态的牙齿痕迹，通常采用制模的方法加以提取。具体方法有：

（1）石膏制模法。先在牙齿痕迹的周围用橡皮泥筑一堵高10 ～20mm 的围墙，并在痕迹上喷洒一层薄薄的甘油以利脱模。然后将调制好的石膏液浇铸在围墙内的痕迹上，待石膏液均匀覆盖住痕迹并有一定的厚度后，加盖一块比围墙面积稍小的纱布，再浇灌剩余的石膏液至围墙的高度，待石膏液干燥后即可提取。

（2）硅胶制模法。按照牙齿痕迹的大小取适量的硅胶于玻璃上，然后加上取用硅胶的3% ～5% 的正硅酸乙酯、1% ～3% 的月桂酸二丁基锡调匀，轻轻涂注于牙齿痕迹中，硅橡胶的固化时间以20 ~ 30 分钟为宜。

（3）醋酸纤维素薄膜提取法。

五、实验注意事项

1. 熟悉教材有关牙齿的理论知识，为实验打下基础。

2. 操作过程注意清洁卫生与消毒，避免因操作不慎引起传染病，并防止烫伤。

六、实验作业要求

1. 把草图制成正式图，并加以标示说明。

2. 完成实验报告。

七、实验拓展思考

1. 结合实验分析影响牙齿痕迹特征变化的因素有哪些？

2. 牙齿的形态结构特点是什么？

3. 对牙齿痕迹提取与保存时应注意哪些问题？

第五章 微量物证检验技术实验

第一节 微量物证基础实验

实验 微量物证检材的提取方法

一、实验目的

1. 学习掌握常见微量物证检材的提取方法。

2. 提高学生对微量物证检材重要性的认识，增强对微量物证提取的主动性和积极性。

二、实验原理

采取微量物证的方法。在现场上大量存在的微量物证具有常量物证不具备的无法销毁、掩盖的特点，因此它在侦查破案和定罪量刑中起着无可替代的作用，但也正因为它的量小体微的性质，使对微量物证的采取提出了更为严格的要求。

1. 一般的固体残渣碎屑物证。对于散在的、肉眼能见的固体残渣碎屑物质如砖石、木屑、植物叶片、橡胶、塑料，弹头（壳）、羽毛等，均可用镊子夹取，其中若需进行无机元素分析的如弹头（壳）、砖石等物质应使用非金属镊子（竹镊子）夹取；如是存在于衣袋、提包、鞋袜中残渣等物质，可小心抖落于干净的纸上收集起来；嵌在金属工具深处的，可用小竹片、木针、骨针等工具轻轻拨下或挑出来;铁磁性物质可用磁铁吸取;室内、小车内的残值碎屑及毛发之类的物质,可用吸尘器吸出后选择提取;对于斑痕或附着物较小较薄不宜直接夹取的,可用透明胶带纸粘。

2. 纤维类物证。纤维类物证的提取随其所附着的客体种类不同而不同。对眼睛能见的纤维束或布块、线带可用镊子轻轻地直接夹取;对单根纤维可用胶带纸粘取纤维的端头贴在玻璃上;对于沾附在衣物表面上的纤维,可采用薄膜保护法处理——将衣物上纤维附着部分的上、下两面各用一块较大的、干净、无色、透明的塑料薄膜或类似物品遮盖,用大头针等将它们固定,以免附着物与别处接触磨损而发生污染或失落,然后连同衣物一起提取、送检。

提取尸体颈部的纤维,其要领:用长约 25cm 的胶带纸,粘取颈部上、中、下 3 个部位。提取操作为拉住胶带纸两端后慢慢贴到皮肤上,先取中部,再取上、下部。因为中部一般是绳索勒出索沟的部位,附着的纤维最多。粘取时要注意轻轻捺取,以免用力过大同时粘取了较多的表皮而影响鉴定结果。

3. 黏附在载体上的物证。对于附着牢固的涂膜,可用不锈钢刀片轻轻剥取;涂料尚未干者则可用玻璃棒、牙签、细针挑下。其他附着在物体表面上的油漆也可用不锈钢刀片刮取或用干净的镊子夹住脱脂棉(或酒精棉球)轻轻擦取;吸附在木质内的油污可用手术刀切取木片送检;泥土上的油渍则可与泥土一起刮取。附着在衣物上的涂膜、油脂用薄膜保护法处理后,连同衣物一起采取。

4. 喷溅于客体上的分散物证。射击残留物(烟晕)可用酒精棉球擦拭可疑者左、右手拇指、食指、虎口部位以及衣袖口部分(也可用粘胶法,该方法特别适宜于扫描电镜检验)。电击伤的电击点处微量金属沉积物的提取,可按法医的皮肚伤痕提取法提取、送检。

5. 爆炸残留物。爆炸残留物,是指炸药爆炸后残留下来的炸药原形物和分解产物。它们往往以极小的微粒和尘土沉积在一起,因此也叫爆炸尘土。提取爆炸尘土,第一,要求迅速及时,因为爆炸尘土很容易被吹掉或受天气条件变化而散失;第二,要求提取爆炸尘土检材的部位、面积、距离准确,以保证为检验爆炸残留物提供最佳检材;第三,要求全面提取,因受各种因素的影响,爆炸残留物散落的范围是不一样的,故必须根据每个现场的具体情况,决定爆炸尘土采取的方向和部位。同时还要注意提取可疑人员手上、衣服上附着的微量炸药,对指甲、指甲缝可用过滤纸或脱脂棉擦取(指甲还可以剪下),收集擦洗的棉花以供检验。有关的衣服则可直接剪下送检。

6. 纵火剂检材。纵火剂检材的收集应在起火部位、起火点区域及可能附着纵火剂的部位进行。因为纵火剂多为沸点低、易挥发的石油制品等有机化合物，如不及时收集提取将会挥发损失，因此，案发后应及时勘查现场，收集纵火剂残留物检材，收集的量要充分，以免因数量太少而不能检出（由于纵火剂的挥发性，再次进行取样几乎是不可能的）。检材的具体收集量要根据物质类型、碳化程度、是否含可辨别的易燃液体气味等因素决定。

使用“易燃液体探测器”对起火部位、起火点区域进行探查。这种探测器对多种纵火剂均十分敏感，如探测器有反应，则表明此处可能含有纵火剂残留物，应对该处检材重点收集，尤其是那些有气味的检材。

纵火剂残留物较集中的物质有起火点区域内地势较低部位的火场残渣，纵火剂不易挥发的下层土、地板缝隙中的泥土等。在杀人焚尸现场，还应收集可能含有纵火剂残留物的死者被褥、衣物等。不要收集那些已被烧焦炭化的检材，因为在火场高温的作用下，这些检材中的纵火剂已全部燃烧或挥发掉。

对于有烟熏痕的破碎门窗玻璃及墙皮，必须收集进行汽油检验。

仔细勘查盛装可疑纵火剂的容器，如玻璃瓶、饮料瓶、金属容器、部分甚至全部熔化的塑料容器等。对于玻璃瓶，一般来说大多数碎片均可找到，还可以进行复原，即使只有部分碎片，也能提供很多信息。金属容器比较容易发现，形状也相对完整。塑料容器通常已熔化并粘在地板上，由于变形而不能认出它是一种容器。收集这些物品可以获得形状、容积、制造厂家、生产批次及所装纵火剂种类等多方面的信息，为侦查提供线索和证据。若在容器中有残留的纵火剂或带油痕的水溶液，应将其放入玻璃样品瓶中密封送检。

三、实验设备与器材

金属镊子、竹镊子、骨针、磁铁、透明胶带、塑料薄膜、刀片、酒精棉球。

四、实验内容和方法

1. 观看录像，学习微量物证的一般采集方法。

（1）纺织纤维及其制品检材的采取。

（2）动、植物油脂和矿物的采取。

（3）黏合剂的采取。

（4）油漆的采取。

（5）各种金属的提取。

2. 选取上述检材中的一种，进行现场采取操作。（本科生选做）

五、实验注意事项

刑事化验所涉及的物证，多为量小体微的固体粉尘状、粒状、皮膜状、凝固状和丝状等形态，也有部分为液状或气状。在发现物证后要及时选择合适的方法予以提取，并细致准确地做好详尽的记录。具体应注意以下几点：

1. 在物证采取前，首先进行照相、录像取证。

2. 采取物证要进行详细记录，记录的内容有：勘查现场的时间，发现物证的时间，发现物证的地点，发现人的姓名，采取物证的方法，物证的名称、数量、形状、大小，以及所附着可疑斑痕的部位、形态、大小和气味等。还要记录知情人对各种物证的陈述和反映，以供检验和结果评断时参考。

3. 采取物证应仔细、谨慎，特别是采取微量物证时，要戴上口罩和手套。要避免谈话、咳嗽、开窗、开电扇以及翻动被褥等会导致空气快速流动的动作。

4. 采取的物证应尽量保持其原始状态，既不能让其丢失（尤其是易挥发的纵火剂残留物检材），又不能让外来的杂质混入。采取物证所用的工具、包装器皿等物，对不同的物证不能重复使用，即每提取一次新的物证，工具及包装物就须更新或洗涤。

5. 全部提取发现的微量物证。

6. 对于要求测定金属成分的物证，一般不能使用金属工具提取；对于需进行理化检验的生理检材，不能使用福尔马林等各种防腐剂；对于以斑痕形式出现的微量物证，不能随意使用铅笔、粉笔、圆珠笔、墨水笔等有色物作标记，以免受到污染；对于特别细小或极易失落的残渣、碎屑、纤维等物，如很难用镊子、刀片、胶纸等工具单独取下时，可连同部分客体一并采集；使用胶带纸粘取物证时，必须考虑是否会影响后续的检验工作（特别是对有机成分的检验），应注意使用胶带纸后，检材上的粘胶很难彻底除去而可能使检验受到干扰。

7. 一证多用的物证，采取前有关的各检验专业要互相协商，共同研究后按一定次序提取。在实践中，部分物证有时会同时为理化检验、痕迹检验和法医检验所需，此时就要求各专业的技术人员要互相协调、彼此照应，防止某些专业的技术人员提取后给其他专业的检验带来干扰甚至破坏。对于理化检验物证，必须在其受到银粉、荧光粉处理、污染前提取。

8. 提取载体上物证时，应同时提取无物证部分的载体作为空白样本，其目的是清除环境本底的干扰。如检验泥土中的爆炸残留物，要同时采集炸点附近去掉表层后的地面泥土;提取油漆物证,也要一并采集部分载体表面物等。

9. 提取物证时,如有必要应同时提取该物证的对照样本,以便认定该物证的种属、产地、厂家及批次。在可能的情况下还应提取嫌疑样本进行比对。如提取油脂物证时,应一并采集当地的各种油样或嫌疑油样,供比对检验用。

六、实验作业要求

根据录像内容,整理常见微量物证检材的一般提取方法。

七、实验拓展思考

还有哪些微量物证检材的提取方法?微量物证检材提取的程序是什么?

第二节　微量物证检验实验

实验一　油脂的薄层色谱法检验

一、实验目的

1. 了解油痕检材的提取、净化和初检方法。

2. 熟悉薄层色谱法鉴别动植物油和矿物油的原理,初步掌握薄层色谱法鉴别动植物油和矿物油的技术。

二、实验原理

动植物油脂主要是由多种高级脂肪酸甘油酯组成的混合物,而矿物油则是由多种碳氢化合物组成的混合物。由于薄层色谱法是根据混合物中各组分的性质和结构的差异,各组分在固定相(硅胶)和流动相(展开剂)之间分配、吸附、渗透、交换等能力不同,通过多次分配、吸附、渗透、交换,从而达到分离的一种分析方法,因此薄层色谱分析法对混合物有很好的分离效果。不同种类、不同产地的油脂,其组分也不同,因此通过比较展开后斑点的颜色、形状、比移值等,可以达到区分动植物油和矿物油种类的目的。

根据油脂不溶于水而易溶于各种有机溶剂的特点,可以利用有机溶剂提取法对检材进行油脂的提取分离。根据提取效果,选择乙醚作溶剂提取动植物油脂,选择石油醚或正己烷作溶剂提取矿物油。

三、实验设备与器材

1. 实验器材

有塞试管、漏斗、滤纸、烘箱、喷雾器、紫外灯、层析缸、玻璃板、硅胶G板、烧杯、毛细管、金属镊子、量筒、剪刀。

2. 实验试剂

石油醚、乙醚、苯、乙酸乙酯、正己烷、甲苯、醋酸、对二甲氨基苯甲醛硫酸试剂(5g对二甲氨基苯甲醛溶于100ml 10%硫酸溶液中)、碘、醋酸铜、碘化铋钾、罗丹明试剂(1mg罗丹明6G溶于100ml丙酮中)、活性炭、无水硫酸钠。

3. 实验样品

涂有猪油、牛油、豆油、花生油、芝麻油、汽油、柴油、煤油、润滑油的白布检材。

四、实验内容和方法

(一)初检

首先,分别取少量涂有已知油样的检材及未知油痕的检材,依次编号。嗅闻各检材上油痕的气味,对于比较新鲜的检材,可闻到香精油具有特殊的芳香气味,矿物油具有汽油味,它们与动植物油的气味有明显差别。其次,在日光下仔细观察油痕的颜色、斑痕的特征。最后,按顺序在紫外灯下观察已知及未知油痕的荧光颜色及强弱。一般矿物油荧光较强,易挥发,荧光逐渐减弱;动植物油荧光较弱,但保持时间长,荧光比较稳定。将观察结果填入表5-2-1。

(二)检材上油脂的提取净化

剪取涂有已知油样及未知油痕的检材约1cm×1cm大小,分别放入干净的10ml小烧杯内,按序编号,以免混淆样品。根据初检结果初步判断未知油痕的种类,用相应的溶剂提取。对于动植物油的检材用乙醚提取,矿物油的检材用石油醚提取,提取剂的量以刚浸没检材为宜,浸泡片刻,不要长时间浸泡检材,以免将检材载体本身的组分溶解下来,用干净的玻璃棒搅拌几次,将提取液转移至另一干净小烧杯内,再提取一次,合并两次提取液,在低于60℃温度下挥发去溶剂,浓缩备检。若提取液含水可加入少量无水硫酸钠脱水;若提取液颜色较深,可加入少量活性炭,搅拌过滤。

(三)薄层色谱分析

1. 预试验。用毛细管分别吸取少量已知油样和未知油痕提取液,点样于滤纸上，不经展开，喷对二甲氨基苯甲醛硫酸试剂进行显色，记录显色情况。

2. 点样。在硅胶G板上，用毛细管分别吸取少量已知油样和未知油痕的提取液点样。点样点距硅胶板下沿1cm，按顺序将各检材点在同一块板上，未知油痕的斑点在中间，各斑点间隔一定距离，同样的方法点4块板，分别放入以下展开剂中展开。

3. 展开。展开剂：

(1)苯: 乙酸乙酯(9:1)。

(2)正己烷: 乙醚(4:1)。

(3)正己烷: 甲苯: 醋酸(10:10:0.7)。

(4)正己烷: 氯仿: 无水乙醇: 36%乙醇(10:2:1:2)。

按上述比例配制展开剂25ml于层析缸中，盖好玻璃板，轻轻摇动使之混匀，静置使其饱和后，将已点样的薄层板下沿向下，垂直放入层析缸中展开。展至距上沿1cm处，取出。

4. 显色。将展开后的薄层板晾干，先在紫外灯下观察并记录荧光颜色、强度、斑点个数、形状和比移值等，然后再喷以下试剂进行显色，记录显色后斑点个数、比移值、颜色和形状。

(1)对二甲氨基苯甲醛硫酸试剂。取出展开好的薄层板，晾干，喷雾显色，并于100℃烘箱中加热5～10分钟，观察斑点颜色，测量并计算Rf值。

(2)碘熏显色。将挥干展开剂的薄层板放入充满碘蒸气的容器中，片刻，取出薄层板，观察斑点颜色，测量并计算Rf值。

(3)醋酸铜—碘化铋钾试剂。取出展开好的薄层板，晾干，先喷饱和醋酸铜水溶液，后喷碘化铋钾试剂，观察斑点颜色，测量并计算Rf值。

(4)罗丹明试剂。取出展开好的薄层板，晾干，喷雾显色，观察斑点颜色，测量并计算Rf值。将以上各显色实验结果填入表5-2-1中。

五、实验注意事项

1. 由于检材较多，实验过程中一定要对油脂样品编号，防止混乱。

2. 取样时，不同种类检材不能共用同一个工具，防止交叉污染，影响实验结果。

3. 展开剂、显色剂大部分毒性较大，配展开剂、挥干、显色均应在通风橱内进行，挥发乙醚等易燃有机溶剂周围不能有明火。

4. 由于是用有机溶剂做提取剂，故应用水浴浓缩，不能使用明火，防止燃烧。

5. 展开时,薄层板上的原点不得浸入展开剂中。在展开过程中,不能随意打开玻璃盖,不能移动层析缸,以免影响结果的准确性。

6. 油脂标样及检材要在同一块薄层板上进行分析,以消除载体的影响。

7. 点样量要适宜,量太大出现拖尾,斑点不易完全分离,量太小则可能斑点模糊或完全不显色,都会影响实验结果,应根据预试验结果加以调整。点样的斑点半径不能超过 2 ~ 3mm,太大会造成分离后斑点不集中,影响分离效果并降低检出灵敏度。

六、实验作业要求

完成表 5 – 2 – 1 的填写。

表 5 – 2 – 1 油脂物证实验现象、结果

物理属性 油品	颜色	形貌	气味	荧光颜色及强弱	斑点		
					颜色	荧光	Rf 值
猪油							
牛油							
豆油							
花生油							
芝麻油							
汽油							
柴油							
煤油							
润滑油							
未知检材							

七、实验拓展思考

油脂检验是否还有其他理化检验方法?

实验二　纺织纤维的燃烧法检验

一、实验目的

1. 通过燃烧法了解动、植物、合成纤维燃烧特征和性质。

2. 能够运用燃烧法对这 3 种纤维物证进行区别、鉴定。

二、实验原理

3 类常见纺织纤维可以通过燃烧法进行鉴别：

1. 动物纤维：主要成分是蛋白质，属天然高分子化合物，燃烧时是有蛋白质的特征。不能自行燃烧、不焦化。由于蛋白质中含有硫、磷等元素，燃烧时有一种特殊臭味，这是与其他性质纤维的主要区别。

2. 植物纤维：主要成分是纤维素，是一种碳水化合物，属天然高分子化合物。滤纸中含量几乎占 100%、棉花 90% 以上是纤维素。燃烧特征：点燃后可自动燃烧，不焦化成硬块，具有烧纸、草的气味。

3. 合成纤维：属合成的高聚物，种类繁多，燃烧特征也复杂。纤维燃烧后都成一个硬块。热塑性物质，燃烧时熔化，冷却后成为玻璃状固体。热固性物质：不熔化，点燃就焦化成硬块。气味因不同纤维具有不同气味。

三、实验设备与器材

1. 实验器材

酒精灯、打火机、金属镊子 1 个。

2. 实验样品

白色羊毛线、棉纱线、尼龙绳各 1 束（编号为 A、B、C）。

四、实验内容和方法

1. 先检查酒精灯内是否有足够的酒精，再用打火机点燃酒精灯，注意不能直接用 1 个酒精灯上的火焰去点燃另 1 个酒精灯。

2. 分别用镊子夹取 3 种纤维束（代号为 A、B、C）靠近灯焰，点燃后，即离开火焰，同时注意观察燃烧状态，闻一下燃烧气味，然后用手捻合一下燃烧残留物，观察其特征。

3. 实验完成后直接用灯盖熄灭酒精灯上的火焰，不能用嘴吹灭。

五、实验注意事项

1. 如果是较分散的纱线，可将其捻合成股。这样有利于观察纤维的燃烧特征。

2. 注意要将酒精灯调成小火焰，以便于观察检材的燃烧状态。如果点燃后发现火焰不符合，先用酒精灯盖熄灭火焰，待灯芯附近冷却后再用手或者镊子调整灯芯状态，直到满意为止。

3. 实验中要注意用火安全，特别是燃烧检材时要做好防火措施。

六、实验作业要求

将观察到的实验结果填入表 5-2-2。

表 5-2-2 纺织纤维检验结果

种类 特征	A	B	C
燃烧特征			
气味特征			
烧留物特征			

七、实验拓展思考

除了燃烧法，纺织纤维检验还有其他方法吗？

实验三 泥土的简易理化检验

一、实验目的

1. 了解泥土检材的基本理化特性及一般检验程序。

2. 掌握泥土样品的酸碱性检验、粒度分布特征测定、显微镜检验外观形态特征及比重分布特征的比对检验方法。

二、实验原理

泥土通常是由土壤及其夹杂物组成，土壤是泥土的主体，大体上分为固体土粒、粒间空隙和生物体3部分;夹杂物许多都是人类加工过的天然物质,也有人和动植物分泌物或残体,由于其和人的生产生活息息相关,往往对查清犯罪事实提供重要信息,在采取时应当重视。

泥土检材的一般理化检验分为初检、偏振光显微镜检验、粒度分布检验、比重测定、水分和有机物总量测定、沉降试验、酸碱度试验、无机离子检验和薄层层析。仪器分析分为红外光谱检验、紫外—可见光谱分析、原子发射光谱、原子吸收光谱等。

三、实验设备与器材

1. 实验器材

放大镜、紫外观测仪、烘箱、玻棒、显微镜、偏振光显微镜、不同目数的筛子、比色管、玻璃表面皿、坩埚、马福炉、pH试纸或pH计。

2. 实验试剂

去离子水、系列比重液(将碘化汞溶解在饱和的碘化钾溶液中,配置比重3.0左右的重液,再用水稀释成比重为1.5、2.0、2.2、2.4、2.6、2.8、3.0的一系列溶液)。

3. 实验样品

泥土检材。

四、实验内容和方法

(一)物理检验

1. 外观检查

首先,用肉眼或放大镜观察土壤的形状,如颗粒状态,干湿的程度等。其次,还要观察自然干燥后的土色,用紫外线照射后有无荧光及其色调,加水后的悬浮状态及颜色状态,灼烧前后的颜色变化等。最后,检查在泥土中含的夹杂物的种类、形状、量等。

2. 粒度分布特征测定

分类挑选大石块,夹杂物之后,剩余泥土用玻棒压碎,用不同目数的筛子筛选、计算过筛泥土占总重的百分比。

3. 显微镜检查

将捡出夹杂物的泥土放入水中,用手轻搓洗,沙粒沉降在泥土底部,倾倒出上面的泥水,反复进行至清水。洗净的砂粒在105~110℃烘干,筛出直径为0.025～0.125mm的颗粒，再用比重为2.9的比重液，区分轻、重颗粒，分别洗净，在110℃下烘干。再用偏光显微镜检查含有矿物。

4. 比重测定

顺次把各比重溶液倒入装有检样的比色管中，保持各管高度一致，分别向各比色管中加入过筛的土样，经一定的时间后，各比色管中出现不同宽度和高度的浑浊区带。对分层液体和泥土颗粒的界面拍照加以比较并记录浑浊区带的高度，做土壤的比重分布特征图。

5. 水分和有机物总量测定

称取一定量晾干及除去夹杂物后的泥土样品放于玻璃表面皿上，在105℃烘箱中烘至恒重，根据重量差，算出水分百分比。取一定量烘干的泥土样品放入坩埚在450～550℃的马福炉中灼烧至恒重，失重占样品重量的百分比即为泥土样品中有机物的总量。

（二）化学检查

1. 酸碱性测定

泥土经除去夹杂物、晾干，用玻璃棒压碎，过8目筛，按泥土∶水为1∶2.5（质量/体积）的比例加水搅拌5分钟，用pH试纸或pH计测定pH值。

2. 离子检查

加蒸馏水温浸，对浸出液用各种离子特异性试剂进行检查下列离子：铵离子，磷酸根、硝酸根、碳酸根、硫酸根、盐酸根离子等为主的阴离子。（参考爆炸残留物的无机离子检验）

五、实验注意事项

1. 初检时湿土要先晾干或在110℃下烘干。

2. 若泥土中的黏土黏性大，可在泥土中加入20%的过氧化氢，水浴加热，使黏土分解，再淘洗干净。

3. 在压碎泥土时，最好用手捏搓，根据手感情况区别。

4. 此处有机物总量的测定方法为简化方法，更准确的应该用重铬酸钾容量法。

六、实验作业要求

完成泥土理化检验的实验报告，具体记录实验结果。

七、实验拓展思考

泥土检验的一般检验程序是怎样的？此处有机物总量的测定方法存在什么问题？

实验四 爆炸残留物中无机成分的检验

一、实验目的

1. 了解爆炸残留物中无机离子的检验原理。

2. 学会通过化学法检验爆炸残留物中的一般无机成分。

二、实验原理

在爆炸残留物中无机成分包括炸药原形物和分解产物，主要是钾、钠、铵的硝酸盐、氯酸盐、硫化物和氯化物等。它们大多以离子状态溶于水中。

爆炸残留物中无机离子的定性分析常用化学法，通过对检材的去离子水提取液的检验来完成。

1. 硝酸根（NO_3^-）的检验

在各种硝铵炸药、有烟火药、无烟火药、硝化甘油炸药、硝基化合物炸药等残留物的水溶液中均能检出硝酸根离子。可以通过硫酸亚铁反应进行检验。由于亚硝酸根离子也能发生类似的反应。可以用对氨基苯磺酸－α－苯酚反应区别这两种酸根离子。

2. 氯酸根（ClO_3^-）的检验

氯酸根为氯酸盐类炸药残留物，一些花炮药（如砸炮）中也含氯酸盐。可以通过亚硝酸钠反应进行检验。

3. 氯离子（Cl^-）的检验

氯离子是煤矿硝铵炸药、抗水岩石硝铵炸药等炸药的主要成分，常用的检验方法是硝酸银溶液检验。

4. 硫离子（S^{2-}）的检验

硫离子是黑火药爆炸的分解产物。可以通过醋酸铅试纸进行检验。

5. 铵离子（NH_4^+）的检验

铵离子是硝铵炸药的主要成分，可以通过红石蕊试纸进行检验。

6. 钾离子(K^+)的检验

钾离子为黑火药主要成分,既可以为原形物硝酸钾,也可以以分解产物硫化钾的形式存在。可以通过四苯硼钠反应进行检验。

7. 钠离子(Na^+)的检验

钠离子为黑火药和硝铵炸药中残留物。可以通过醋酸铀酰锌反应进行检验。

三、实验设备与器材

1. 实验器材

点滴板或试管、离心机、废液缸、洗瓶。

2. 实验试剂

去离子水、1mol/L 硝酸钾溶液、1mol/L 硫酸亚铁溶液、浓硫酸、5% 亚硝酸钠溶液、对氨基苯磺酸试液、α－苯酚试液、1mol/L 氯酸钾溶液、稀硝酸、5% 硝酸银溶液、1mol/L 氯化钠溶液、1mol/L 硫化钠溶液、稀硫酸、醋酸铅试纸、1mol/L 硝酸铵溶液、熟石灰、红色石蕊试纸、2.5% 四苯硼钠溶液、丙酮、醋酸铀酰锌试液、稀盐酸等。

四、实验内容和方法

以小组为单位,本科生选做下列 7 项中的 4 项(其中硝酸根离子和氯离子必做),研究生在时间允许的情况下需完成全部操作。

1. 硝酸根(NO_3^-)的检验

取 1mol/L 硝酸钾溶液 3ml 和 1mol/L 硫酸亚铁溶液 3ml 于试管中,轻轻振荡,混合均匀。斜持试管,沿试管壁慢慢注入浓硫酸 3ml,使密度较大的浓硫酸沉入试管的底部,跟硝酸钾和硫酸亚铁的混合溶液分成两层。稍待片刻,把试管慢慢竖直,观察现象。取 5% 亚硝酸钠溶液 3ml,进行上述操作,观察现象。

另取 1mol/L 硝酸钾溶液 2ml 和 5% 亚硝酸钠溶液 2ml 于试管中,分别依次加入对氨基苯磺酸试液和 α－苯酚试液,观察现象。

2. 氯酸根(ClO_3^-)的检验

取 1mol/L 氯酸钾溶液 2ml 于试管中,加少许稀硝酸酸化,再加 5% 硝酸银溶液 2 ~3 滴,如无白色沉淀,则加入 5% 亚硝酸钠溶液 2ml,观察现象,若加入硝酸银时有沉淀,可离心后上清液再检。

3. 氯离子(Cl^-)的检验

取1mol/L氯化钠溶液2ml于试管中,加入5%硝酸银溶液,观察现象。

4. 硫离子(S^{2-})的检验

取1mol/L硫化钠溶液2ml于试管中,在管口放置润湿的醋酸铅试纸,缓慢加入稀硫酸,观察醋酸铅试纸的颜色变化。

5. 铵离子(NH_4^+)的检验

取1mol/L硝酸铵溶液2ml于试管中,在管口放置润湿的红色石蕊试纸,缓慢加入饱和的熟石灰溶液,观察红色石蕊试纸的颜色变化。

6. 钾离子(K^+)的检验

取1mol/L硝酸钾溶液或1mol/L氯酸钾溶液2ml于试管中,加入2.5%四苯硼钠溶液5滴,观察现象。再加入丙酮数滴,观察变化。

7. 钠离子(Na^+)的检验

取1mol/L氯化钠溶液2ml于试管中,加入适量稀盐酸使呈弱酸性、加入醋酸铀酰锌试液4~6滴,观察现象,将溶液放在紫外光下观察,记录现象。

五、实验注意事项

1. 由于炸药属于危险品,故用含有相关无机离子的溶液代替爆炸残留物的去离子水提取液,目的是观察爆炸残留物中所含离子在检验中产生的化学反应。

2. 硫酸亚铁溶液必须是新制备的,必须用浓硫酸。浓硫酸是强腐蚀性液体,使用中要注意安全,沿试管壁慢慢注入浓硫酸时不能把溶液弄混。

3. 注意区分硝酸根离子和亚硝酸根离子。除上述方法外也可以用浓磷酸区分,亚硝酸根离子能显现深棕色而硝酸根离子却不能。

4. 加入稀硫酸时注意不要碰到醋酸铅试纸,同样加入饱和的熟石灰溶液时注意不要碰到红色石蕊试纸。

六、实验作业要求

记录具体的实验现象,书写实验报告。

七、实验拓展思考

1. 在氯酸根离子检验中为什么要加入5%硝酸银溶液?

2. 除了上述化学检验方法外,还有哪些检验爆炸残留物中无机离子的化学方法?试列举一二。(本科生选做,研究生必做)

第六章　人体检验与鉴定技术实验

第一节　尸体检验技术实验

实验一　法医病理学尸体解剖

一、实验目的

1. 熟悉法医病理学尸体解剖程序。

2. 观看现场尸体解剖或解剖录像。

二、实验原理

在现代医学理论和操作实践中，尸体解剖是认识疾病、查明死因最有效的方法之一。其原因在于经过尸体解剖，法医可以对损伤、疾病导致死者生理、病理改变的状况和导致死亡的原因有直观、准确的认识。

三、实验设备与器材

近距离观看现场尸体解剖：须身着一次性防护衣、佩戴医用手套等，必要时可佩戴护目镜、口罩。

四、实验内容和方法

（一）尸体外表检查

1. 衣服检查：逐层检查衣服，注意附着物，衣服破损与体表损伤的位置关系。

2. 体表状况：身长、体重、发育营养、有无畸形、疾病痕迹、特殊征象。

3. 尸体现象：尸冷、尸斑、尸僵、角膜混浊、干燥、腐败、尸虫。

4. 体表各部状况：头部、颈部、胸部、腹部、四肢、肛门和外生殖器。

5. 记录外伤：位置、数目、方向、大小、深度、生理反应、细节特点、附着物，各损伤的相互关系，绘制体表损伤图。

（二）各体腔的剖开及脏器取出

1. 从颌下正中起至耻骨联合，直线切开颈、胸、腹皮肤（从脐部左侧绕过）。

2. 剪开腹肌腹膜。

3. 紧贴肋骨剥离胸壁软组织。如怀疑有气胸，应做气胸试验。

4. 测量膈肌高度。

5. 检查腹腔内各脏器的位置，相互关系，剪开网膜检查胰腺及周围脂肪组织。检查腹腔内有无积液、积血等异常内容物。

6. 在肋骨与肋软骨交界线内侧 1cm 处切断第 2 肋及以下各肋软骨。

7. 提起胸骨检查有无胸腔积液及胸膜有无粘连，如怀疑空气栓塞，应于此时检查肺动脉圆锥内有无气泡。

8. 切断胸锁关节及第一肋骨。

9. 用剪刀分离并取出胸腺。

10. 检查肺动脉有无血栓。

11. 剥离颈部皮肤。

12. 刀尖紧贴下颌骨前缘的内面插入，从舌尖前缘向两侧切开口腔底部。

13. 拉出舌，沿硬软腭交界处切开，继而切断口咽后壁。

14. 将舌、咽喉、食管与脊柱分离，至锁骨上时切断锁骨上、下动静脉，将胸腔脏器与脊柱分离直至横膈。

15. 在膈上剪断食管及主动脉。怀疑中毒者先结扎食管。

16. 取出脾脏。

17. 将全部游离小肠向右推，在十二指肠与空肠交界处剪断，必要时先结扎。

18. 用刀沿肠系膜与小肠附着处切开，直至回盲部。

19. 用剪刀分离结肠周围组织，直至乙状结肠与直肠交界处，将直肠内容物用手挤压入乙状结肠，下端剪断。

20. 剪断肝的镰状韧带及冠状韧带，再从下面将肠系膜根部、十二指肠及胰与后腹壁的附着分离开，将肝、胰、十二指肠及肠系膜一起取出，注意勿损伤右侧肾上腺。

21. 剥离两侧肾上腺。

22. 在肾外侧缘用刀切开后腹膜。将肾与周围组织分离。剪断肾动静脉，将肾连同输尿管一起拉到膀胱。

23. 骨盆上缘切开腹膜，将腹膜与盆腔壁剥离，用剪扩大腹股沟管内环，抓住精索将睾丸自阴囊内拉出。

24. 在盆腔底水平切断直肠、尿道（女尸还要切断阴道）取出盆腔脏器（连同输尿管及肾脏）。在原位剪开腹主动脉，上、下腔动、静脉及两侧髂总动脉、静脉。

25. 沿两外耳上缘连线切开头皮直至颅骨膜（不要切开颞肌）。将头皮向前、后两个方向分离，前面达眉弓，后面达枕外粗隆下方。

26. 呈 O 字形锯开颅骨，取下颅盖骨（如有头部损伤，应在锯开颅骨前作详细检查、绘图、记录、拍照）。

27. 沿锯线剪开硬脑膜，上翻到中线，剪断大脑镰前端附着处，将硬脑膜拉至后端。

28. 从前向后抬起大脑，剪断第 1 ~ 3 对颅神经，垂体柄，颈内动脉；继而沿蝶骨小翼后缘剪开小脑天幕，在切断第 4 ~ 12 对颅神经，最后用长刀深入枕骨大孔及脊椎管内切断颈脊髓（尽可能低）。

29. 从碟鞍取出脑垂体。

30. 剥下遗留的硬脑膜检查颅底有无骨折。各脏器的取出也可不用上述方法而改用各脏器分别取出法。

（三）各内脏的检查法

1. 心脏：循血流方向剪开心脏各心腔。

（1）从上腔静脉剪至下腔静脉，打开右心室。观察三尖瓣。成人三尖瓣应可容纳两个手指通过。

（2）剪开右心室右缘，测量三尖瓣口周径。

（3）在距离间隔约 1cm 处，从右心室底部开始剪开右心室前壁入肺动脉，测量肺动脉瓣口周径。

（4）在肺静脉间剪开左心房，观察二尖瓣，应可容两指通过。

（5）剪开或切开左心室缘，测量二尖瓣口径。

（6）在距离间隔约 1cm 处，从心尖部开始剪开左心室前壁入主动脉，测量主动脉瓣口径。

(7)沿心包内面将各大血管剪断,取出心脏。

(8)在主动脉根部找到冠状动脉口,沿左冠状动脉每 3 ~ 5mm 做一横切,其深度以刚切断冠状动脉为宜。依上法切开右冠状动脉。

2. 沿软腭正中线剪开软腭及悬雍垂,检查扁桃体、咽。

3. 分离食管,沿食管背正中剪开,检查食管黏膜后将食管与纵隔其他组织分离。

4. 分离甲状腺、甲状旁腺,沿纵轴切开检查。

5. 从后部剪开喉头及气管膜部,各级支气管。

6. 从两肺外侧向肺门切开两肺,或从肺门向两侧切开两肺。切时注意尽可能暴露各支气管的分支。

7. 沿脾脏长轴做数个纵切面。

8. 沿脾脏系膜附着处剪开小肠,沿前结肠带剪开结肠。

9. 胃及十二指肠检查:从贲门沿胃大弯剪开胃,继而沿十二指肠外侧剪开十二指肠。在怀疑中毒时,可沿胃小弯剪开便于收集胃内容。

10. 压迫胆囊同时观察有胆汁从十二指肠壶腹部流出。

11. 胰腺:先做一横切口,找出胰管,插入一根细探针,循探针切开胰腺。

12. 肝:沿长轴做多个切面。

13. 肾上腺:多个横切面。

14. 肾:先沿长轴外侧缘作一浅切口,以有齿镊子剥离肾的包膜。然后从肾门做一切面,由肾盂以探针通人输尿管,剪开输尿管直至膀胱。

15. “T”字行切开膀胱。

16. 从后面剪开直肠,检查后将其与膀胱剥离。

17. 从尿道向膀胱方向自左至右切开前列腺及两侧贮精囊。如女尸则按“T”字行切开子宫。

18. 睾丸做横切,用镊子拉出曲细精管。

19. 脑:最好能用脑体积 2 倍的 10% 福尔马林(用绳在脑底动脉处将脑悬起,使脑顶部不接触容器的底部)固定,1 天后更换固定液再泡 1 星期,然后再切。如必须即时切开,可从中脑处分离大小脑。大脑可做多个冠状切面检查。

五、实验注意事项

1. 法医学尸体检验应尽量有公安部门或司法部门负责人员在场。

2. 检验尸体前应详细了解案情，考虑是否需要使用某些特殊检验方法，或留取特殊部分。

3. 必须详细检验并记录外表情况后进行尸体剖验。

4. 准备好解剖器械及提取标本所需的器材及药液。

5. 家属的法医病理学解剖同意书。

6. 各脏器均应称其重量，需要时度量其大小。

7. 各黏膜面均不得用手去摸，以免上皮脱落。

8. 尽可能保持各病灶的全貌，不得用手指抠病灶。

六、实验作业要求

按顺序简述尸体解剖的步骤，并指出每步（包括尸体检验前）需要注意的事项。

七、实验拓展思考

尸体外表检查与尸体现象关系？

实验二 病理学组织切片制作技术

一、实验目的

1. 熟悉法医病理学组织切片的制作技术。

2. 掌握法医病理学组织切片的制作方法。

二、实验原理

病理切片是病理标本的一种。制作病理切片时将部分有病变的组织或脏器经过各种化学品和埋藏法的处理，使之固定硬化，在切片机上切成薄片，黏附在玻片上，染以各种颜色，供在显微镜下检查，以观察病理变化，作出病理诊断，为临床诊断和治疗提供帮助。

三、实验设备与器材

10%福尔马林、酒精、二甲苯、石蜡、包埋框、镊子、切片机、小盛水盆、毛笔、盖玻片、染色架、苏木素、伊红、中性树胶、烘干机。

四、实验内容和方法

1. 用 10% 福尔马林固定检材 24 ~ 28 小时。

2. 将组织取材切成大小为 1.0cm × 1.0cm × 0.2cm ~ 1.0cm × 1.0cm × 0.3cm的小块。

3. 脱水：

(1) 以 60%、70%、80%、90%、95% 的酒精依次浸泡各 6 ~ 12 小时。

(2) 以无水酒精浸泡 1 小时，换液后再浸泡 1 小时。

4. 透明：

用苯(或二甲苯)浸泡 1 小时，换液后再浸泡 1 小时。

5. 浸蜡：

浸入 56 ~ 60℃熔融的硬蜡 3 小时，使组织饱浸石蜡。

6. 包埋(石蜡包埋法)操作如下：

(1) 把包埋框(金属铸直角曲尺 2 支，50 ~ 60℃温箱烘热，去掉表面余蜡待用)。

(2) 包埋时，从温箱取出包埋器械放冷，将金属曲尺 2 个对合成方格和或长方格，放在金属板上。

(3) 从熔蜡箱取出盛有熔蜡和浸有组织块的容器，将熔蜡倾入包埋框内，即时用温热镊子从蜡液中取出组织块，将包埋面向下平置于框底，并用镊子轻轻压平，每框可包埋数片组织块，各块间必须留有约 1 ~ 2cm 的距离。

(4) 每块组织埋妥，即时放入标本标记纸条(标签)紧贴蜡边，以资识别。

(5) 框内石蜡，其表面一经凝结至不透明，即刻投入冷水中使之能急速凝固，以使蜡块底部平整，蜡块结实，不致产生松浮白点，妨碍切片，如过早入水，致蜡面起花，或形成空洞则需要重埋。

(6) 待蜡块充分冷凝后，推开包埋框，依组织块大小切开成四方块，四边留 0.5cm 左右蜡边，把蜡块修整使之方正、平滑，并将标签纸烙贴在蜡块边上，以资识别，最后将蜡块烙附于方行小木块上。

7. 切片：

石蜡切片所需器材：切片机、小盛水盆、毛笔、盖玻片及盖玻片染色架。

方法：

(1) 用平推或轮转式切片机将已包埋好的组织蜡块切成 4 ~ 8cm 的薄片，切片前必须保证切片刀刀口的锋利，否则将切不出好的组织蜡片。

（2）贴片：将切片下的组织蜡片用毛笔轻轻地取下，平摊于35～45℃的温水水面上，并用钝弯镊子将切片的皱折展开，当组织蜡片的皱折完全舒展开后，用载玻片将组织蜡片捞贴上来，插入染色架并置温箱烘干，便可进行染色。

（3）染色：请按以下顺序操作：

①二甲苯脱蜡（两缸）	5分钟
②95%酒精	1分钟
③80%酒精	1分钟
④70%酒精	1分钟
⑤50%酒精	1分钟
⑥水洗	5分钟
⑦苏木素染色	15分钟
⑧水洗	0.5分钟
⑨分化	数分钟
⑩流水冲洗	0.5～1小时
⑪伊红染色	2～5分钟
⑫水洗	2分钟
⑬80%酒精	1分钟
⑭95%酒精	1分钟
⑮100%酒精	5分钟
⑯二甲苯透明（两缸）	5～10分钟
⑰中性树胶封固	1～2滴

五、实验注意事项

1. 制作组织切片前应详细了解案情，考虑切片的取材。
2. 提前准备好组织切片制作所需要的器材及药液。
3. 各组织切片均不得用手去摸，以免破坏或污染检材。

六、实验作业要求

按照实验步骤完成一枚病理组织切片的制作，并画出在显微镜下观察到的切片图像。

七、实验拓展思考

1. 固定及染色时需注意哪些事项?

2. 染色时分化的作用是什么?

第二节　活体损伤检验实验

实验一　关节活动度的测量

一、实验目的

1. 熟悉关节活动测量具体步骤与记录。

2. 学会使用关节活动测量器。

3. 练习关节活动度的测量方法。

二、实验原理

关节活动度的测量是法医学骨关节损伤鉴定最基本的评价方法之一,同时也是法医临床学检查肢体功能障碍最常用的功能检查方法。关节内外控制关节运动的神经及邻近肌肉、纤维组织损伤均会造成关节运动功能障碍,关节活动受限是关节功能障碍的主要表现,关节活动度是反映关节运动障碍的主要指标。

三、实验设备与器材

量角器测量法:能准确测量关节活动度具体数值,并计算关节功能丧失程度。量角器有双臂式、罗盘式和指关节量角器。可根据具体情况选用适宜的量角器。如选用双臂式量角器测量大关节的屈伸、内收、外展等活动;而前臂旋前、旋后活动度的测量,则选择罗盘式量角器;指关节活动用指关节量角器测量更准确、方便。

四、实验内容和方法

本次实验使用的是双臂式量角器,一般角度计是与刻度盘连接成活动臂和固定臂,固定臂是刻度盘结构的一部分,活动臂是由一个类似螺钉的装置附着在刻度盘的中心轴上,允许活动臂在刻度盘上自由活动。角度计的放置是以解剖标志做参照,通常是骨性标志。一般来说,固定臂与关节近端部分的长轴平行排列,而活动臂与关节远端部分的长轴平行排列。量角器的中心点放置在代表关节旋转中心的骨性标志点上,固定臂与活动臂分别排列放置在相应的骨性标志点上。

1. 关节活动度测量步骤

(1)正确确定待测关节的体位,排除关节周围的附加活动。如测量肩腰关节活动时,应固定肩胛骨,而测量肩部(肩关节复合体)活动度时,无须固定肩胛骨,因为肩胛骨的运动参与了肩关节复合体的运动。

(2)确定待测关节活动的起始点(中立位)。

(3)稳定关节的近端部分,同时还应排除相邻关节的互相影响或互相补偿。如髋关节运动限制时,可由腰部活动代偿。测量肩关节复合体的活动时,应该注意保持躯干垂直位,防止脊柱侧弯的代偿。

(4)嘱受检者移动关节的远端部分完成主动活动,此后检查者缓缓进行被动活动,最终确定关节活动的终点及感知关节活动的终末感,初步了解关节活动范围。

(5)以相应的骨性标志为准,确定待测关节的运动轴心及夹角相邻的肢段的测量轴线。

(6)关节远端部分返回中立位,触摸骨性标志,放置角度计,关节运动至最大活动范围后阅读量角器角度。稳定关节的近端部分,再次移动关节远端部分完成整个活动范围并阅读量角器的所示角度。

(7)反复进行数次关节的主/被动运动,准确体会终未感及关节运动进程中的感觉,确定最大活动度后进行测量。准确放置量角器,轴心对准关节中心或者规定的标志点,量角器轴线与肢段轴线一致,记录角度。比较、分析两次测量值后进行记录。

(8)条件允许的情况下,最好对关节运动的起始位和终末位进行照片拍摄,拍摄时应同时放置角度计和受检者姓名标签。

2. 关节活动度记录

(1)记录方法:先确定每一关节的中立位为0度。关节以一定的方式活动,自中立位开始,逐渐偏离中立位,活动角度计为正值;如关节该向活动受限,未能达到中立位,记为负值;达中立位计为0值。随后根据量角器的刻度盘显示记录角度。

(2)记录内容:记录关节运动应包括以下项目:关节的名称与左右、主动运动和被动运动的角度范围、运动方向等。

五、实验注意事项

1. 在测不同关节的活动度时,应选择适当的体位,这样有助于稳定收检关节近端部分,以便该关节能单独活动,保证真实单一关节活动。

2. 在使用双臂关节活动测量器时,其轴心必须与关节活动的轴心一致,双臂与关节两端肢体长轴平行,关节活动时,关节活动测量轴心及双臂不得偏移,原则上量角器应放置在待测关节的外侧,否则均会影响关节活动度测量的标准性与可靠性。

六、实验作业要求

简述关节活动度测量的步骤,并试着在同学间相互测量各关节的活动角度范围,予以记录。

七、实验拓展思考

如何正确估计神经麻痹性、骨性关节、纤维性关节活动障碍关节的主动与被动活动状况?如何识别关节活动度测量不合作与伪装情形?

实验二　视力检查

一、实验目的

1. 掌握眼科基本的视力检查方法。

2. 了解正常眼球结构。

二、实验原理

视力是眼部检查的基础指标,视力下降与否可以间接判断眼损伤的轻重和预后。在法医临床鉴定中,评定视力障碍应以远距视力为标准,以近距视力为参考;对于伤前或伤后有屈光不正的被检者,应记录矫正视力;同时,要注意是否存在伪盲,并选择客观检查法予以鉴别。

三、实验设备与器材

标准对数视力灯箱（视力表）、普通视力表、遮眼板、教棒、移动光源。

四、实验内容和方法

1. 远视力检查：采用国际标准视力表或对数视力表检查。视力表与受检眼距离为5m，或将视力表置于被检者座位的后上方，于视力表的对面2.5m处放一平面镜；视力表应有均匀一致、亮度恒定的人工照明；必须用遮眼板遮挡另一眼睛，实行单眼检查，一般先右后左；遮眼板以遮挡视线为限，切勿压迫眼球。具体操作方法如下：

（1）在5m远处能识别的最小一行的视标，即为被检眼视力。

（2）仅能看清某行的部分视标，则依据是大部分识别，还是小部分识别来记录。如能看清1.0行的3个视标，视力记录为0.9+3，又如1.0行只有2个视标不能辨认，则视力记录为1.0-2。

（3）如被检眼在5m处不能辨认最大视标时，可令其走近视力表，直至能看清最大视标为止。视力的计算方法为：视力=0.1×被检眼与视力表的距离（米）÷5。

（4）凡在1m处仍不能看清最大视标者，则让其背光而坐辨认指数，如20cm处能辨认手指，则记录为FC/20cm；如不能辨认手指，则检查能否辨认手动，并记录能看到手动的最大距离，如HM/30cm。

（5）对于手动亦无感觉时则检查光感，需在暗室内进行，记录能辨识光感的最远距离，并需检查光定位。光定位的意义是测定光视野，检查时灯光放在眼前大约不到1m处，让被检者头眼不动，用手指出灯光所在的方向。灯光应该置放在右上、右、右下、下、左下、左、左上、上方8个方向，但不能顺序移动，以防患者猜测。记录时用“+”代表能准确指认方向，“-”代表不能指认方向或指认方向错误。当所有方向均无光感时，视力记录为“无光感”或“黑蒙”。

对数视力表采用5分记录法，其结果对应于标准视力表结果如下：4.0=0.14.1=0.12,4.2 =0.15,4.3=0.2,4.4=0.25,4.5=0.3,4.6=0.4,4.7=0.5,4.8=0.6,4.9=0.8,5.0=1.0,5.1=1.2,5.2 =1.5。

（6）检查幼儿视力必须耐心，注意方式方法，一般先双眼检查，待其合作后再左右眼分别检查。

2. 近视力检查:可采用不同类型的近视力表检查。远、近视力配合检查,有助于疾病的诊断,尤其是对屈光不正者需检查近视力。正常检查距离为30cm,一般不必严格限制,老年人应先矫正老视眼,在充分照明条件下,看出最小号字并加以记录。正常者应在30cm处看清第10行字(近视力1.0)。(见表6-2-1)

表6-2-1 WHO低视力及盲目分级标准(1973)

级别	最好矫正视力(戴眼镜或隐形眼镜)	
	最好视力低于	最低实力等于或优于
低视力 1	0.3	0.1
2	0.1	0.05(3m数指)
盲 3	0.05	0.02(1m数指)
4	0.02	光感
5		无光感

五、实验注意事项

1. 实验过程中,要提醒被检者不能猜测视标方向,否则会使视力测试结果出现偏差。

2. 由于视力检查主观性很强,在法医临床的鉴定过程中不能单独使用作为视力的判定标准,须结合伤病史以及客观实验检查,作出综合判断。

六、实验作业要求

简述视力检查的基本步骤,并试着在同学间相互检查视力,必要时予以换算、记录。

七、实验拓展思考

如何使视力检查更为客观?请结合视觉电生理检查谈谈自己的看法。

第三节　生物物证检验实验

实验一　血液 ABO 血型测定

一、实验目的

1. 练习 ABO 血型的测定方法。

2. 掌握用正定型和反定型的方法来判断血液的 ABO 血型。

二、实验原理

正常人类红细胞表面含有 ABO 血型抗原，血清中含有天然抗 - A 及抗 - B 抗体。用标准抗 - A 与抗 - B 血清可测出待测红细胞的 A 与 B 抗原；用已知标准 A 与 B 型红细胞可测出待测血清中的抗体，前者称为正定型，后者称为反定型，综合两者结果可判断 ABO 血型。肉眼观察结果，红细胞凝聚者为阳性反应（+），证明红细胞上有与抗血清相对应的凝集原；不凝者为阴性反应（-），说明红细胞上没有与抗血清对应的凝集原。如红细胞不凝集，可于室温中放 5 分钟后再观察结果。必要时，可于显微镜下检查结果，以免漏检弱凝集反应。（见表 6 - 3 - 1）

表 6 - 3 - 1　ABO 血型测定

正定型 被测红细胞与抗血清反应		反定型 被测血清与已知红细胞（c）反应		血型判断
抗 - A -	抗 - B -	Ac +	Bc +	O
+	-	-	+	A
-	+	+	-	B
+	+	-	-	AB

三、实验设备与器材

1. 仪器设备

试管、试管架、凹玻板、普通离心机、记号笔、滴管。

2. 试剂

已知标准抗－A与抗－B血清，已知2－4%A型与B型红细胞生理盐水悬液，生理盐水：0.85% NaCl溶液。

四、实验内容和方法

(一)ABO正定型

1. 玻片法

(1)在玻片两端分别标记抗－A与抗－B。

(2)分别加标抗－A及抗－B血清各1滴。

(3)各加待测2%～4%洗涤红细胞生理盐水悬液1滴。

(4)混匀，转动玻片数次，肉眼观察结果，并记录。

2. 试管法

(1)取两支试管，分别标记抗－A、抗－B。

(2)分别加抗－A与抗－B血清各1滴。

(3)各加1滴2%～4%待测红细胞悬液。

(4)混匀，以1000rpm速度离心1分钟。

(5)轻摇试管，使沉降红细胞悬浮，观察并记录结果。

(6)阴性结果，于室温中静置30分钟后，离心再观察结果。

(二)ABO反定型

试管法：

(1)取两支试管，分别标记A和B。

(2)分别加入1滴2%～4%洗涤A型与B型红细胞悬液。

(3)各加1滴待测血清。

(4)混匀，以1000rpm速度离心1分钟。

(5)轻摇试管，使沉降红细胞悬浮，观察并记录结果。

(6)阴性结果，于室温中静置30分钟后，离心再观察结果。

五、实验注意事项

1. 本实验必须设置空白对照。在没有空白对照的情况下，对阳性结果的判断应该慎重。

2. 如果检材为陈旧血痕时，对阴性结果的判断应该慎重。

3. 实验过程中，所有检材均不得与手接触，以免污染。

六、实验作业要求

按照实验步骤，完成对 ABO 血型的测定实验。并按照课堂实验的结果，分析出血液的 ABO 型。

七、实验拓展思考

1. 有哪些情况会导致假阴性结果的产生？该如何解决？

2. 如果抗 - A 与抗 - B 抗体未被吸收，有哪些可能性？

实验二　血液 DNA 提取

一、实验目的

1. 练习血液（血痕）DNA 的提取方法。

2. 了解几种提取 DNA 最常用的几种方法及其原理。

二、实验原理

DNA 主要存在于有核细胞中，在血液中 DNA 基因组主要存在于白细胞内，而红细胞内仅有血红蛋白而没有细胞核，其中的血卟啉是 PCR 反应的强抑制剂，所以，在提取 DNA 时需要除去红细胞，然后再将白细胞核中的 DNA 提取出来。

三、实验设备与器材

1. 仪器

台式高速离心机、冰箱、恒温水浴箱、热循环仪、旋涡振荡器、磁分离架、1000μl、100μl 和 10μl 可调移液器及相应的防回吸吸头、1.5ml 和 0.5ml 微量离心管、离心管套。

2. 试剂

STE 缓冲液、10% SDS、蛋白酶 K 溶液（10mg/ml）、饱和重蒸酚、酚/氯仿混合液（V/V = 1∶1）、氯仿/异戊醇（V/V = 24∶1）、NaAC 溶液（3mol/L，pH5.2）、无水乙醇、70% 乙醇、5% Chelex－100 贮存液、DNA IQTM 系统（包括裂解缓冲液、2×洗涤缓冲液、洗脱缓冲液和树脂）、1mol/L DTT、异丙醇、灭菌双蒸水、3mol/L NaCl，1×TE 溶液。

四、实验内容和方法

（一）酚—氯仿法

1. 检材前处理

（1）血液：混匀血样，吸收 50～100μl 全血，放入 1.5ml 微量离心管，加入 1.4ml 灭菌双蒸水，混匀静置 10 分钟，8000 转/分离心 5～10 分钟，去除上清液（操作时，吸头贴壁，不要吸到或混匀管底的沉淀），最后得到沉淀细胞。

（2）血痕：剪取血痕约 1.0cm^2，剪碎，放入 1.5ml 微量离心管中，加入 1.5ml灭菌双蒸水，摇匀后，浸泡约 10 分钟，8000 转/分离心 5～10 分钟，去除上清液，最后得到沉淀细胞。

2. 在沉淀中加入 400μl STE，40μl 10% SDS，5～10μl 10mg/ml 蛋白酶 K，摇匀，封口，56℃孵育 1～3 小时。

3. 加入与上述溶液等体积的饱和酚，混匀液体至乳状液，5000 转/分，离心 5 分钟。

4. 吸取上层水溶液转移至新管，加 450μl 酚/氯仿混合液，混匀，5000 转/分，离心 5 分钟。

5. 吸取上层水溶液转移至新管，加 450μl 氯仿/异戊醇混合液，混匀，5000 转/分，离心 5 分钟。

6. 吸取上层水溶液转移至新管，加入 1/10 体积（45μl）的 3mol/L NaAC 和 2 倍体积（1ml）的预冷无水乙醇（－20℃），轻柔倒转混匀，沉淀 DNA。4℃ 12000 转/分。离心 15 分钟，收集 DNA 沉淀。

7. 加入 70% 冷乙醇 1.5ml，混匀，4℃ 12000 转/分，离心 5 分钟，弃上清液。重复此步骤 2～3 次。

8. 真空抽干或置超净工作台内自然晾干（或可用吹风机）DNA 沉淀至 DNA 成无色透明状。

9. 加适量（100～500μl）1×TE 缓冲液或灭菌双蒸水溶解 DNA，保存于4℃备用。

（二）Chelex－100 法

1. 检材前处理

（1）血液：混匀血样，吸取 20μl 全血，放入 1.5ml 微量离心管中，加入 500μl 灭菌双蒸水，混匀静置 10 分钟，10000 转/分，离心 5～10 分钟，弃上清，获得细胞沉淀。

（2）血痕：剪取血痕约 0.5cm^2，剪碎，放入 1.5ml 微量离心管中，加入 500μl 灭菌双蒸水，混匀静置 10 分钟，10000 转/分，离心 5～10 分钟，弃上清，获得细胞沉淀。

2. 在沉淀中加入 200μl 5% Chelex－100 悬浮细胞。

3. 可加入 5～10μl 10mg/ml 蛋白酶 K，摇匀，封口。56℃孵育 30 分钟以上。

4. 98～100℃水浴（或热循环仪保温）8～10 分钟，取出后在高速旋涡振荡器上振荡 5～10 秒。

5. 12000 转/分，离心 3～4 分钟。

6. 取上清液（内含 DNA）作 PCR 分析用，4℃保存备用。

五、实验注意事项

1. 新鲜血液采集后如需提取 DNA，需加入抗凝剂（EDTA）。将 EDTA 涂在试管壁上后，将抽取的静脉血加入试管中。

2. 对于腐败或陈旧血痕，为提高 DNA 的质量及数量，可对实验进行一定改良，如在 Chelex－100 法中加入蛋白酶 K 或延长孵育时间。

六、实验作业要求

描述出 DNA 提取的具体步骤，分析并思考该实验在提取 DNA 时，各步骤及每种试剂的作用分别是什么。并作简要的论述。

七、实验拓展思考

本实验介绍的两种方法在提取血液（血痕）DNA 中各有何优缺点？

第七章　声像资料检验技术实验

第一节　声像资料完整性检验实验

实验　语音完整性检验

一、实验目的

1. 通过本实验了解 VS－99 语音工作站使用方法。

2. 通过本实验了解语音完整性检验常见途径。

二、实验原理

语音资料的完整性检验指通过技术手段发现语音材料中语音信息是否存在添加、删除、编辑等剪辑和处理的痕迹。与语音资料的完整性检验相类似术语还有语音资料真实性检验（或鉴定）、语音资料原始性检验（或鉴定）等。语音资料完整性主要从以下几个方面着手分析：

1. 语音材料的物理检验

语音材料的物理检验是指通过肉眼或显微镜等工具观察原始检材的外观，发现其是否存在物理破坏或人工剪辑的痕迹。物理检验常用来对录音磁带进行检验。例如，对磁带带盒进行检查，观察磁带上的螺钉是否有拆卸痕迹、磁带两面接合情况是否良好；

对磁带进行检查,观察磁带的规格是否正常、磁带是否存在分离或拼合痕迹、磁粉是否存在刮擦痕迹、磁迹是否正常等。

2. 语音文件的格式和属性分析

数字录音总以文件形式存储在电子设备中。特定设备所存储的录音文件总是以一定的文件类型、格式和属性存储的。通过对语音文件格式和属性分析,可以发现被检验语音文件是否符合某特定录音设备的文件生成规律,进而可对其是否为该设备形成的原始文件及是否经过处理进行判断。例如,有些录音设备生成文件名称和类型是特定的,有的录音设备是通用文件类型中的一种或几种(如 WAV、MP3、AMR、WMA 等),有的则是厂商自己提供的特殊格式。如果语音资料文件类型与其不符,则语音文件不是该设备生成的原始文件,或者经过了技术处理。

除了文件类型,文件的时间属性检查也很重要,如创建时间、最近修改时间等信息。设备中原始文件如果没有经过处理,其创建时间、修改时间都符合特定的规律。但一些正常操作很容易改变这些信息内容,在具体案件中需要根据具体情况进行分析。

通过语音的采样率、量化级数、比特率、声道数、编码方式反映出录音的设置信息,对数字录音进行处理有可能改变这方面的信息。如果检材录音的设置属性是检材录音设备不可能生成的参数,则可以判定该检材录音或经过处理,或不是提供的检材录音设备所录制。

有些格式的数字录音经过软件编辑处理后,其格式信息中会附加处理软件的信息。例如,使用 ADOBE AUDITION 软件处理的语音文件的文件头会添加 XMP 元数据信息。

3. 语音的听辨和图谱分析

语音的听辨和图谱分析是检验语音资料完整性的必经程序。通过听辨,不仅可以掌握语音资料形成过程和言语内容的总体情况,还可以通过背景音连续性、语音连续性和语义完整性、语音处理的特殊信号的发现或分析,判断语音资料的真实性和完整性。

一份正常的语音资料通常都清晰表达着特定的思想内容,在自然对话过程中,发音音节通常完整,音节过渡自然,语速、声调、音高、音强的变化与说话人和说话场景密切相关。经过剪辑的语音,听辨起来往往感觉不自然、剪辑处出现发音不清晰、有信号跳变的信息。从语义上来看,真实的语音资料其语义内容往往比较完整,较少出现对话不合理、说话不自然的现象。

语音的图谱分析指借助语音图谱，分析被检验语音的连续性、环境噪声的连续性、本底噪声的稳定性、空白或异常信号形成合理性、相似语音图谱的一致性等，进而判断语音是否存在剪辑或处理的情况。语音图谱分析常使用功率图谱和三维语图。三维语图又包括窄带语图和宽带语图。窄带语图时间分辨率低，但频率分辨率高，能够准确显示能量随频率的分布关系。宽带语图频率分辨率低，但时间分辨率高，能够较好显示频谱分布随时间的动态变化。

一些添加、删除或者剪辑处理过的语音资料，通过窄带语图分析，能够清楚地发现剪辑点的语音突变、发音不完整等现象。

语音是在特定环境中形成，有时候环境噪声信息在语音资料中形成。通过环境噪音连续的分析，可以发现存在多个录音环境，或者录音环境与实际环境不符等异常现象。不同原因引起的环境噪声都有其特定规律，通常环境中的特定噪声呈现连续的变化规律。如果是拼接处理的录音，将会破坏这种渐变的规律。

当语音通过不同设备录制的语音混合而成时，对其本底噪声进行检验通常能够发现异常现象。本底噪声是录音设备固有的一类噪声，与外界信号变化无关，主要由录音设备的电子器件和机械运动所致。同一录音设备的本底噪声相对稳定，不同录音设备的本底噪声会存在变化。连续语音的录音设备唯一，其本底噪声应保持稳定；不同设备录制拼接而成的语音，将破坏连续录音本底噪声的稳定性。通过实验比对，可以比对本底噪声情况，但分析时应区分环境噪声所致的信号。

通过图谱分析，还能够发现一些异常的空白带和信号跳变现象。例如，当使用录音机对磁带中录音进行剪辑时，要使用录音键或暂停键操作才能完成编辑过程。在进行这些操作的瞬间，通、断电过程均会造成电声学突然变化，在波形图、三维图谱上都会出现能量突变或空白带现象，而这种突变在连续录音过程中是不会产生的。

如果同一语音文件中存在完全相同的语音片段信息，通过图谱分析后，如果两者的语图完全一致，那么其中至少有一语音片段信息是经过复制而成。因为受录音环境、语境、上下文的影响，在同一连续语音文件中不会出现相同语音片段信息，即使是同一音节也会受前后音节和环境噪声等影响而产生差异。

4. 语音文件的签名信息检验

有一些专业录音设备不仅语音文件的格式特殊，而且会根据录音时间、录音文件的内容、录音文件的序号等信息生成一个唯一的签名信息并记录在文件中。还有一些语音文件通过信息隐藏技术将设备的厂商和设备唯一标识信息嵌入在语音文件中。如果对文件进行了编辑处理，文件内容的完整性校验值就会发生变化，签名信息也可能被破坏，恢复出的标识信息与原始信息便不完全一致，因而也可以用来判断文件的原始性或真实性。

三、实验设备与器材

1. VS－99 语音工作站。

2. 语音录制软硬件设备一套。

3. 语音格式转换软件一套。

4. Winhex 软件一套。

5. 手机 dd 镜像文件一份或包含原始录音笔一支。

6. 完整性校验软件一份。

四、实验内容和方法

1. 通过 WINHEX 软件打开待检验录音笔 dd 镜像文件，搜索完整性实验 MP3 文件，该文件为待检验文件，请记录该文件信息，计算其 MD5 值。

2. 搜索其他 MP3 文件，这些文件为样本文件（假设这些文件均为与案件无关的录音文件）。

3. 分别对样本文件和检材文件的属性检查，分析其中是否存在可疑点。

4. 通过对检材语音辨听和图谱分析，判断检材语音中存在的可疑点。

5. 通过检材语音和样本语音图谱的比对分析，判断检材语音中存在的可疑点。

6. 综合分析语音内容，结合上述检验情况，作出语音是否完整的判断。

五、实验注意事项

1. 注意检材录音起始、结尾部分与样本语音特征的比较。

2. 注意可疑点与伪造处理痕迹差异。

六、实验作业要求

通过讨论、分析，按要求完成实验报告。

七、实验拓展参考

王永全主编:《声像资料司法鉴定实务》,法律出版社 2013 年版。

第二节　语音同一性检验实验

实验　语音同一性检验

一、实验目的

1. 学会 batvox 智能语音分析工作站使用方法。
2. 学会分析 batvox 的结果数据和图形的方法。
3. 掌握智能语音分析的基本原理。

二、实验原理

语音同一性检验在不同场合称谓不尽相同,如声纹分析、声纹鉴定、话语者同一性鉴定等。语音同一性检验通过对检材和样本中语音进行听辨、语音图谱分析和语音声学特征检测等方法,综合分析并判断检材和样本中被检验说话者是否为同一人。检材是指在案件中需要被检测的未知说话人的语音资料;样本则指对犯罪嫌疑人、案件当事人等按照一定标准进行录音的已知语音材料。

在语音同一性检验中,样本中说话者可以是一人也可以是多人。也就是说,语音同一性检验可以是一对一的语音比对,也可以是一对多的语音比对。"一对多"的语音同一性检验,常用于案件侦查中犯罪嫌疑人的排除。

语音同一性检验主要包括图谱分析法和语音自动识别法。

(一)图谱分析法的一般思路

通过图谱分析方法对语音同一性进行检验,通常需要经过辨听、图谱分析、综合判断几个过程。

1. 辨听过程

辨听过程是图谱分析方法不可缺少的环节。通过对所有语音检材和样本的听辨,包括音高、节奏、语速率、语音清晰度、流畅度、响亮度、方言口音以及音调、气嗓音特征、鼻音特征、口头语、赘语、虚词、言语缺陷特征。首先,对检材和样本是否有伪装作出初步判断;其次,分析所听辨语音在语义、语汇、语法及其表达方式的异同;最后,作出相似或差异程度的评价。

2. 图谱分析过程

图谱分析是指通过声纹的观察和分析,判断所比较语音的相似性。声纹是指通过声谱仪(或语图仪)显示的、携带言语信息的语音声波图谱的通称,也称语图。常见的语图或声纹包括波形图、振幅曲线、基频曲线、宽带三维声谱、窄带三维声谱、过零率曲线、功率谱等。

选取检材与样本中相同的音素、音节、字词、语句及上下文等语音要素,观察和分析其语音声学特征和声学模式,作出相似或差异程度的评价。声像特征模式包括辅音,嗓音起始时间,过零率曲线和辅音浊化现象,音渡特征(升降、斜率、趋向),共振峰阶数、频率、强度、趋向,协同发音现象,音强曲线,基频曲线(调值、调域、趋向),音节间过渡特征等。语图分析过程中,要与听辨结合进行,对听辨作出的初步判断进行验证、确认或否定。

3. 综合判断过程

综合判断过程包括定量检测比对、统计分析、综合分析、形成意见等过程。定量检测检材和样本中相同的音素、音节、词语、短语声学特征参量的数值,包括共振峰参量、振幅曲线参量、基频曲线参量、音节时长、长时平均功率谱参量、长时平均声调参量,进行多参量的统计比对,得出是否同一的定量评价。

根据统计比对结果,最终作出是否同一的肯定性、否定性或倾向性意见。

(二)语音自动识别法

语音自动识别指使机器对说话人语音进行自动辨认或确认的过程。根据采用的语音模型不同,可以划分为文本相关(Test - Dependent)或文本无关(Test - Independent)两种。前者限定了说话者的语音内容,而后者不限定说话者的语音内容。语音自动识别技术通常包括特征提取、语音建模、语音相似度计算等过程。

三、实验设备与器材

1. batvox 智能语音工作站。

2. adobe audition。

3. 语音文件格式转换工具。

四、实验内容和方法

1. 按照 4 ~6 人为一小组进行实验，实验前选择 1 人录制检材语音（作为待检验语音）。

2. 选择 4 人分别录制样本语音（为已知语音）。

3. 根据 batvox 软件使用方法将检材和样本语音进行处理并将其导入系统中进行训练进行建模。

4. 通过 batvox 软件进行识别，判断每人的得分值及排序情况。

5. 上述实验完成后，再根据老师提供的对话语音检材和样本语音各一份，判断其中对话中声音与样本中语音是否同一人所说。

6. 在进入 batvox 进行分析之前，需要对检材中男声进行剪辑拼接，确保其中只包含待检验男声语音且时长不低于 60 秒。

7. 根据 batvox 软件使用方法将检材和样本语音进行处理并将其导入系统中进行训练进行建模。通过 batvox 软件进行识别和确认，生成 LR 图。

8. 根据 LR 图分析比对判断检材语音与样本语音是否同一，说明理由。

五、实验注意事项

1. 注意将检材语音和样本语音的采样率、声道数按照系统要求进行转换。

2. 注意检材时长不够 60 秒的语音的正确处理。

3. 注意语音参考库的正确选择和使用。

六、实验作业要求

通过讨论、分析，按要求完成实验报告。

七、实验拓展参考

王永全主编：《声像资料司法鉴定实务》，法律出版社 2013 年版。

第八章 电子数据检验技术实验

第一节 磁盘数据备份实验

实验一 硬盘复制机使用

一、实验目的

1. 通过教师演示，了解便携式取证实验室（PFL）的组成。

2. 通过动手操作，对硬盘全盘数据完全收集，了解全盘收集方法和技巧。

3. 熟悉硬盘取证的主要规范。

4. 熟悉 TALON 的 DD 镜像与获取两种数据收集模式。

二、实验原理

便携式取证分析实验室（PFL）内置于特殊的坚固手提箱中，是一款全面、紧凑、便携式的全内置户外计算机取证分析勘察箱。PFL 通过硬件和软件配合的方法，保证在对存储设备取证过程中，形成完备的日志和报告，并通过技术手段保障不更改源盘中的数据，从而取证获得的数据具有可靠性。

（一）Logicube PFL 组成

PFL 由硬件、接口、软件 3 大部分组成。

1. 硬件

硬件部分包括取证分析勘察箱、Talon 司法专用硬盘复制机、高端便携式电脑。取证分析勘查箱可内置硬盘复制机、笔记本电脑以及取证相关附件，便于户外计算机取证。Talon 是一款高性能的硬盘复制设备，最高复制数据的速率高达 4GB/分钟，且支持 256 位 Hash 校验。可以在 PFL 取证工具箱内使用，也可以取出单独使用。高端便携式电脑安装 FTK 和 ENCASE 等专用取证分析软件，可以在收集证据对硬盘数据进行浏览，也可在收集证据后，对目标数据盘进行证据分析。

图 8 - 1 - 1 为 Talon 司法专用硬盘复制机；图 8 - 1 - 2 为 Logicube 取证工具箱。

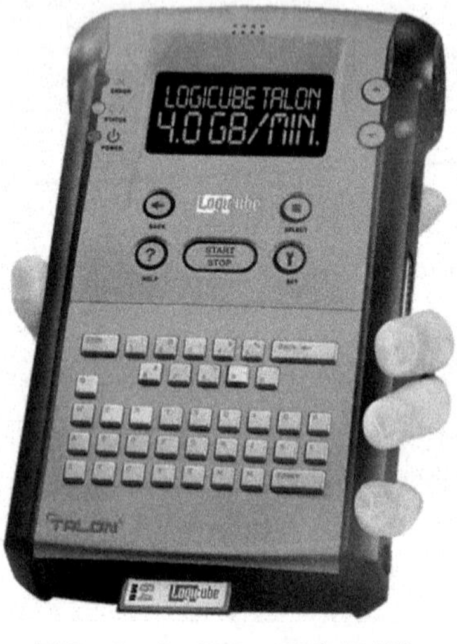

图 8 - 1 - 1　Talon 硬盘复制机

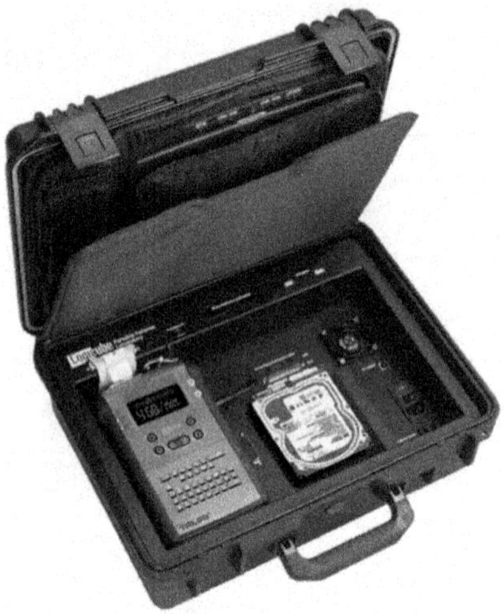

图 8 - 1 - 2　Logicube 取证箱

2. 接口

PFL 内置 IDE /SATA /SCSI68 /80 /50 等硬盘接口，内置存储介质（CF，MicroDrive，MemorySticks，SD，xD，MMC，T - F），U 盘，软盘，CD/DVD 等多种接口，可现场分析各种介质。

其结构如图 8 - 1 - 3、8 - 1 - 4 所示，其中，图 8 - 1 - 3 为取证箱内的接口，图 8 - 1 - 4 为取证箱主要接口和设备示意图。

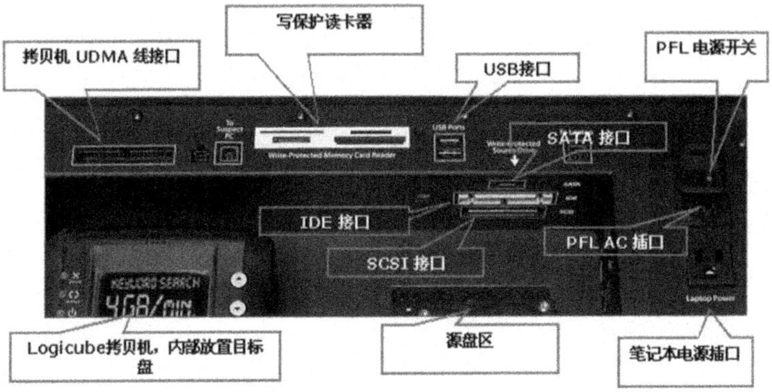

图 8－1－3　Logicube 取证箱内接口

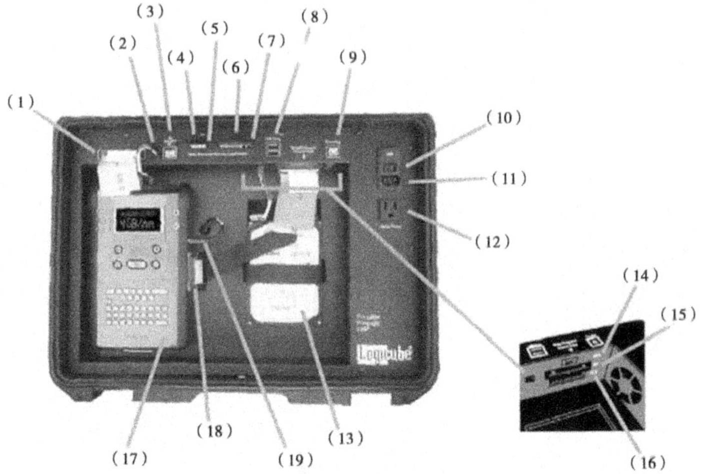

图 8－1－4　取证接口与设备

按照图 8－1－4 所标序号，取证工具箱内接口与设备分别为：

(1)拷贝机 UDMA 线接口－Talon 或 MD5 外部 UDMA 接口连接口；

(2)Logicube 拷贝机电源线接口－带黑色“Molex”接头的电源线连接处。一端接到到 PFL 图 2 位置，一端接到 TALON 对应接口上；

(3)嫌疑 PC USB 接口－嫌疑 PC 的 USB 线连接口；

(4)SM 读卡器－在侦察员 PC 上读取 Smart Media(SM)闪存卡，带有写保护功能；

(5)MS 读卡器－在侦察员 PC 上读取 Memory Stick(MS)闪存卡，带有写保护功能；

(6)SD 读卡器 - 在侦察员 PC 上读取 Mini - SD 闪存卡，带有写保护功能；

(7)CF 读卡器 - 在侦察员 PC 上读取 Compact Flash(CF)闪存卡，带有写保护功能；

(8)USB 接口 - 连接外置 USB 设备到侦察员 PC；

(9)侦察员 PC USB 接口 - 侦察员 PC 的 USB 线接口；

(10)PFL 电源开关 - PFL 主电源开关；

(11)PFL AC 插口 - PFL AC 电源插口，适用于 110V 或 220V 电源；

(12)笔记本电源插口 - 为侦察员 PC 或其他设备提供额外 AC 电源插口；

(13)源盘区 - 源盘连接位置，绑带可用于固定源盘；

(14)源盘 SATA 硬盘接口 - 连接 SATA 源盘；

(15)源盘 IDE 硬盘接口 - 连接 Parallel(PATA)源盘；

(16)源盘 SCSI 硬盘接口 - 连接 SCSI 源盘；

(17)Logicube 拷贝机位置 - 放置 Logicube Forensic Talon 的位置，目标盘放置于拷贝机内部，绑带用于固定拷贝机；

(18)并口 - 并口线连接 Talon 至 PFL，用于通过侦察员 PC 控制拷贝机；

(19)拷贝机 AC 电源线 - 为 Talon 提供电源。

3. 软件

取证箱内基本软件有 PFL Button Bar、FTK Asia。PFL Button Bar 是取证分析计算机与嫌疑计算机交换信息的主要工具。FTK Asia 与 PFL 无缝集成，可实现通过软件对 Talon 的控制，完成各种存储介质的取证工作。另外，PFL 还预装 FTK 取证软件和 ENCASE 取证软件。

(二)Logicube PFL 的主要功能

1. 硬盘诊断功能

TALON 具有硬盘诊断功能，该功能对驱动媒质的表面进行扫描，寻找坏扇区、弱扇区或松动点，并在扫描完毕后给出报告。从任意菜单界面按 Set(设置)键进入设置菜单。滚动到菜单顶部的 Mode(模式)项，按 Select(选择)键，出现模式屏幕。滚动到 Drive Defect Scan(硬盘缺陷扫描)并再次按 Select(选择)键。向下滚动到 Drives(硬盘)设置，选择 Source(源盘)或 Destination(目标盘)执行扫描。向下滚动到 Speed(速度)设置，可有两种选项:FAST(快速):该模式只执行硬盘的表面扫描,没有数据被移动或清除。THOROUGH(完全):这一首选模式会在硬盘中写入格式,更深入地搜寻坏扇区,有可能会损坏硬盘中的数据。按 Start/Stop(开始/停止)键便开始扫描。

2. 硬盘擦除功能

硬盘高速擦除功能,在取证前快速清洁目标盘。连接好目标盘(证据盘,跳线应被设置为独立主硬盘)、打印机等设施后,插上插上 Talon 电源(通电)。如图 8－1－5 所示。

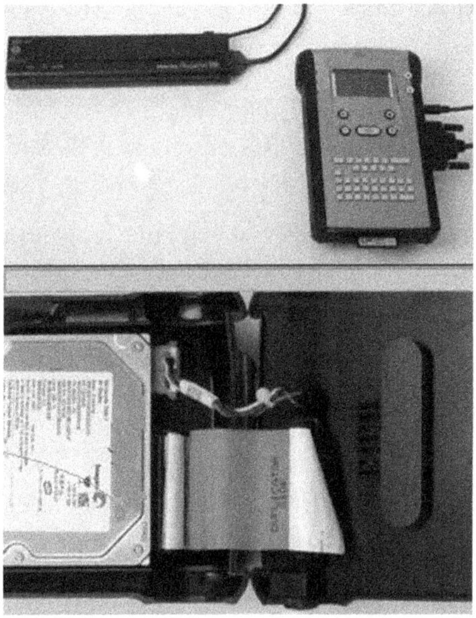

图 8－1－5　Talon 取证时的连线

当 Talon 完成自检后,屏幕显示主菜单。为确保 Talon 能够识别证据盘和嫌疑盘,按下 Drives(硬盘)字样下的按键。屏幕显示 Source(源盘)和 Destination(目标盘)。选择 Source(源盘)。Talon 将检测硬盘并显示其信息。

按 Back(返回)键,并按 Destination(目标盘)键,同样,Talon 将显示目标盘信息。若 Talon 不能识别某一硬盘,则拔下 Talon 的插头,检查连线及跳线,并重试。按 Back(返回)键回到主菜单屏幕。按 Set(设置)键。用"↗"指针翻看下一条命令或功能项。按下行箭头可将指针移到"Verify"(校验)功能项。在 Mode(模式)字样旁的指针处,按下 Select(选择)按钮。选择 Wipeclean(擦除)项。

按下行箭头进入子菜单,配置 Speed(速度)、Signature(签名)等信息。在擦除硬盘后,Talon 会在硬盘上写入“签名”(专用识别字符串)。主机在调用一条硬盘写入指令前,会先搜索该“签名”,若没有,主机认为硬盘没有被擦除。若选择“NO”,按 Start/Stop(开始/停止)键。屏幕应显示“WipeClean”(擦除)。

再次按 Start/Stop(开始/停止)键,擦除操作开始。Talon 启动硬盘,并显示“Scanningthesource for blank spaces”(扫描源盘空白空间),屏幕上会显示速率、时间和速度进程条。当擦除工作完成后,屏幕显示“Erase Successful”(擦除成功)。按 Start/Stop(开始/停止)键,将返回 Wipeclean(擦除)界面。

完成了“擦除”程序,接下来可以生成一份报告作为记录。按 Set(设置)键。使用下行箭头将指针“↗”滚到“Printer”(打印机)选项上,按 Select(选择)。再按一次下行箭头,将指针“↗”移到 Print Last Session(打印上一个进程)行。按 Select(选择)。屏幕提示选择 < Pentax > 或 < Standard >(标准)。选择正确的打印机类型,如 Pentax。按下行箭头滚动直到 OK 或 Cancel(取消)命令出现在提示符后。选择 OK 开始打印。打印结束后,从打印机上取下报告,在报告顶部填写日期、名字等。

3. 关键字检索功能

Forensic Talon 主机在读取嫌疑盘时可以搜寻多个关键词。这一功能对硬盘初步筛选非常有用。要在读取时搜索预定义的关键词:按 Set(设置)键进入设置屏幕。设定读取模式及其后续设置(速度、检验等)。向下滚动到“Word List”(字词清单)选项,记下当前关键词清单的名称,按 Select(选择)键。主机将从 CF 闪存卡中读取关键词清单表,并显示到屏幕上。在默认情况下,Talon 自带了 4 个词表:“Terrorism”(恐怖主义)、Controlled Substances(受控物质)、“Computer Crimes”(计算机犯罪)和 Hate Groups(厌恶群)等,滚动到需要的清单,按 Select(选择)。从现在起,在执行任何获取模式操作时,本清单中的所有词汇都将被搜寻,形成一个副产品。按 Start/Stop(开始/停止)键两次启动操作。Progress(进程)屏将提供实时报告。搜寻结束后,Talon 将把匹配的结果制成清单存入 CF 闪存卡。

在搜索步骤的最后,按 Set(设置)键返回设置菜单,向下滚动到 Printer(打印机)按 Select(选择)键。向下滚动到 Print Reports(打印报告)并按

Select(选择)键。打印的复制报告段落后面会列出找到的关键词清单,也可以打印下面关键词搜寻报告的一项或两项。打印搜索结果:该报告列出发现的所有关键词及其所在的扇区位置。打印搜索文本:该报告列出每个关键词及其周围的文本行。

注:DD 镜像复制报告不会自动列举关键词。我们建议在复制结束后运行搜索细则报告,列出找到的所有关键词。

本菜单允许在 Talon 主机内添加、删除或编辑清单。按 Set(设置)进入设置菜单,向下翻到 Modify Lists(修改清单)按 Select(选择)键。Edit Mode(编辑模式):该模式包含两种设置:Local(默认本地模式)即在主机的 CF 卡中修改关键词清单;USB 即允许通过 PC 机的 USB 端口操作关键词清单。

注:关键词清单还可以使用便携电脑或类似的设施来操作,通过读卡器或其他设备接入 CF 卡。

Edit List(编辑清单):本设置允许对现有的关键词清单进行修改或删除,也可以添加新的关键词。选择该项后,系统会询问需要修改哪一份清单,然后屏幕上会提示选择添加字词或修改现有的字词。

Talon 接入 CF 卡。滚动到欲修改的清单,按 Select(选择)键进行选择。选择 Add New Word(添加新词),使用机上键盘将新词添加到关键词清单里。完成修改后按 Start/Stop(开始/停止)键。Talon 会从 CF 卡中删除旧清单。Talon 将修改后的清单存储下来。按任意键返回设置菜单。

4. 硬盘复制功能

TALON 可实现机内复制和机外复制,可以实现介质到介质的复制,介质到文件的复制。其复制数据可以直接复制,也可以通过 USB 接口复制数据。复制方法可以采用获取(Capture)模式和 DD Image(DD 镜像)方式两大类。

5. 自动生成报告

TALON 对所有的操作均能进行记录,并自动生成报告,将所有结果储存在 CF 卡中。TALON 具有写保护功能,在证据复制和关键字检索等操作过程中,均不会改变原盘内容,并且允许通过 USB 模式查看源盘内容,同时确保不会改变其中内容。

6. 嫌疑计算机、取证分析计算机、源盘、目标盘切换与处理功能

7. 与各种取证分析软件无缝集成

三、实验设备与器材

1. PFL 及套件一套。
2. 被取证的源盘一件。
3. 目标盘一件。
4. 打印机一台。
5. 纸张若干。

四、实验内容和方法

1. 准备 Talon 及其附属设备。

2. 将目标盘放入 Talon 盒内，将较短的 IDE 数据线和 Molex 接头电源线接到主机内的证据盘上。（注：在 IDE 线的插头上贴有标签，用以确保源盘和目标盘不会插反。）

3. 选择合适的数据线与电源线，将源盘接入 Talon 外部的 IDE 和 Molex 电源线上。

4. 将 CF 卡接入 Talon 上，如果有 GPS 设备可将 GPS 设备接入对应的接口上。

5. 接通 Talon 电源；连线方式见图 8－1－6。

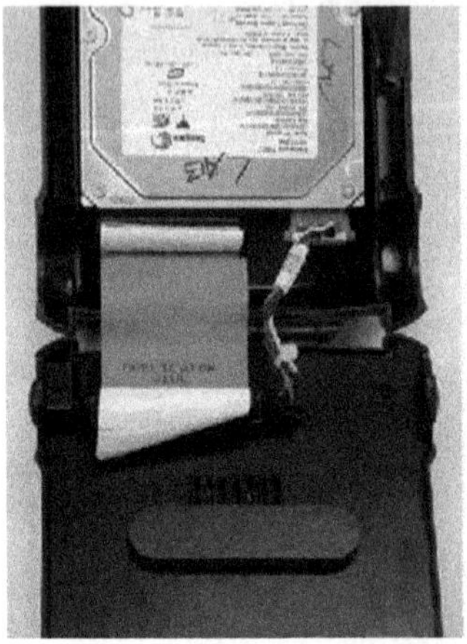

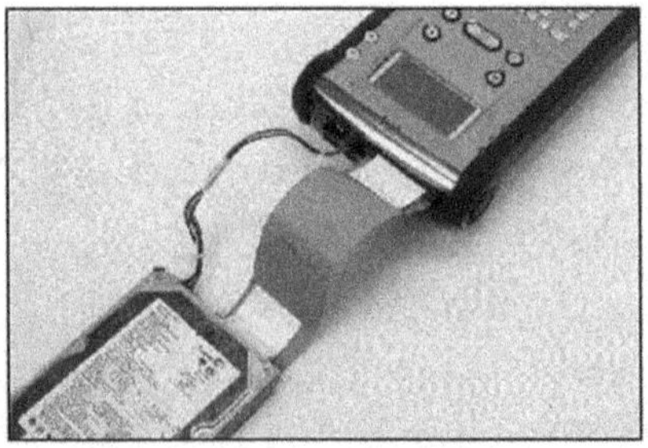

图 8－1－6　实验时 Talon 的电源线与数据线连接

6. 根据 Talon 面板进行相应的操作。首先，需要将目标盘擦除干净；其次，要检查源盘的信息，查看是否能被设备正常读取；最后，按照面板提示，输入日志文件名称，并开始取证，直到复制操作结束。

7. 查看操作过程是否显示准确，打印自动生成的报告。

8. 对报告中有关调查人员、调查时间等内容进行填写。

9. 给源盘贴上封条。

10. 给目标盘贴上对应标签。

11. 为使复制能够正常进行，大多数硬盘需要预先被配置为主硬盘。若要复制一个原来作为从硬盘使用的硬盘，需要先将跳线置于主硬盘位置。

12. 接通 Talon 设备的交流电。

13. 系统会自动启动，进行自检并显示主菜单屏幕。

（注：Talon 没有电源开关，以插拔电源插头来实现开关功能。）

14. 选择 Capture 模式。

15. 填写复制日志文件名称。

16. 确定校验方式。

17. 等待取证完成，打印报告。

18. 验证取证的完整性。

19. 在报告上签名。

五、实验注意事项

1. 注意硬盘复制过程中程序的合法性。

2. 注意硬盘复制时进行完整性校验。

六、实验作业要求

通过讨论、分析，按要求完成实验报告。

七、实验拓展参考

许爱东、廖根为编著：《网络犯罪侦查实验基础》，北京大学出版社 2011 年版。

实验二　动态仿真分析备份硬盘电子数据

一、实验目的

1. 通过实验了解动态仿真分析待检验设备的方法。
2. 掌握 VMware Workstation 的使用方法。
3. 按老师要求指定的分析任务。

二、实验原理

1. VMware workstation 作用和功能

VMware Workstation 是一款虚拟计算机软件，可在单一的桌面上为用户运行不同的操作系统。虚拟机独立于运行的主机操作系统环境，通过 VMware Workstation，可以在一个窗口中加载运行一台虚拟机，该虚拟机运行自己的操作系统（OS）和应用程序（Application）。同时，VMware Workstation 具有很好的灵活性，可以在不同虚拟机之间切换，挂起、恢复、共享和退出，并且不影响宿主机运行的应用程序和操作。

在计算机取证和司法鉴定领域，VMware Workstation 也可用来加载被检测计算机系统硬盘中的操作系统、dd 镜像文件中操作系统以及通过其他软件配合加载 E01 镜像文件中的操作系统。从而可以在不改变嫌疑人计算机信息的前提下，以嫌疑人使用系统的视角分析系统中的文件和电子数据。

2. 创建虚拟机的步骤

当需要对备份硬盘和镜像文件进行虚拟仿真分析时，可通过 VMware Workstation 创建虚拟机，然后可通过该平台仿真分析。以 dd 镜像文件为例（例如，通过硬盘复制机对原始硬盘进行复制生成了 dd 镜像文件 case2016.001），可按照以下步骤创建虚拟机：

首先选择创建虚拟机，然后通过新建虚拟机向导进行配置，以 VMware Workstation 11.0 为例，选择“自定义”，点击“下一步”，见图 8－1－7。

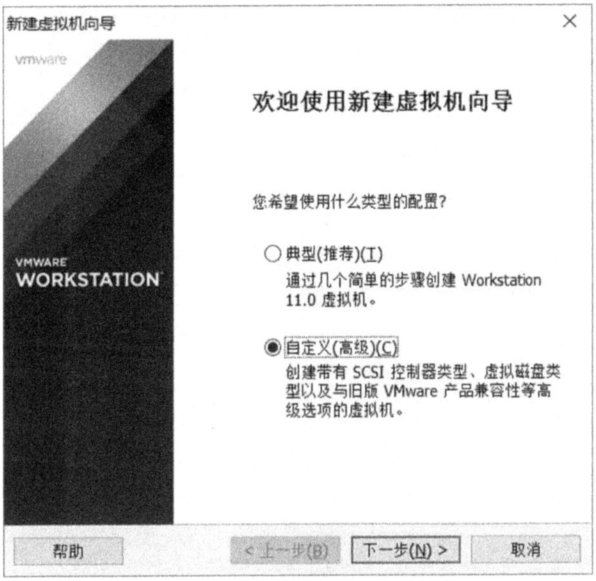

图 8－1－7　新建虚拟机向导 1

选择虚拟机硬件兼容性,一般选择默认设置,点击“下一步”,如图 8－1－8 所示。

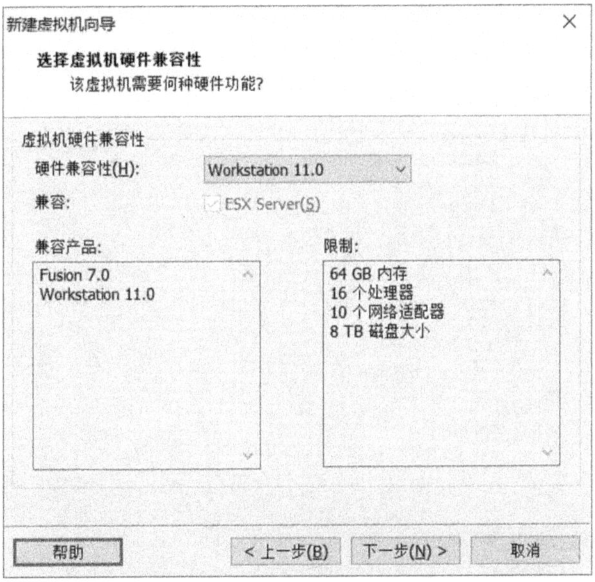

图 8－1－8　选择虚拟机兼容性

选择操作系统安装方式，选择“稍后安装操作系统”，点击“下一步”，如图 8－1－9 所示。

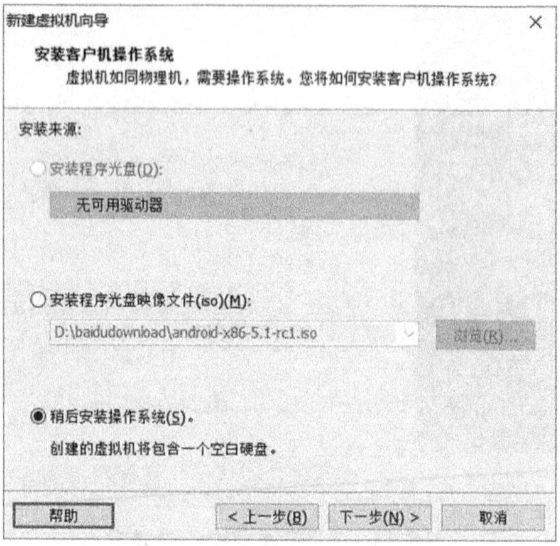

图 8－1－9　选择操作系统安装方式

选择操作系统类型和版本，需要根据被取证计算机操作系统类型进行选择，如果不能确认，需要先通过取证软件进行分析，本例为 Windows 7，选择操作系统类型为“Windows 7”，点击“下一步”，如图 8－1－10 所示。

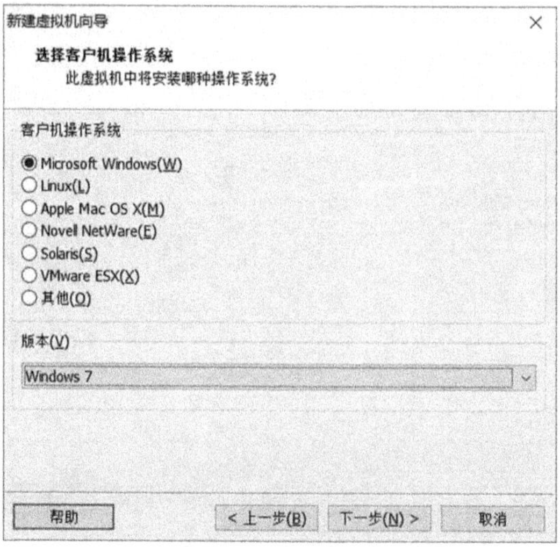

图 8－1－10　操作系统类型和版本

对虚拟机命名，并选择虚拟机创建的位置，点击“下一步”，如图 8－1－11 所示。

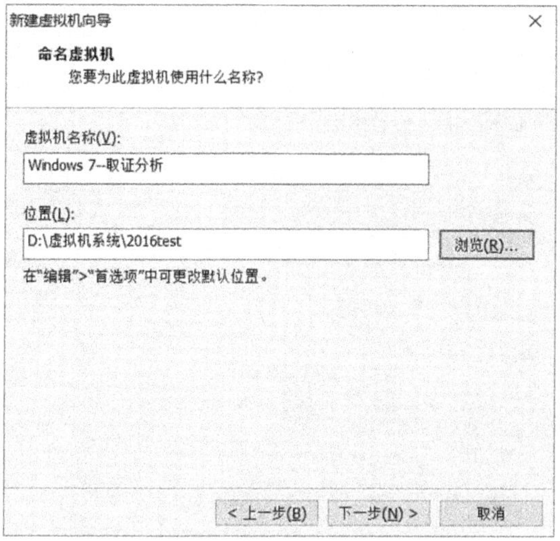

图 8－1－11　虚拟机命名和选择创建位置

根据宿主机和操作系统情况，选择处理器数量和核心数量，此处按照默认配置，点击“下一步”，如图 8－1－12 所示。

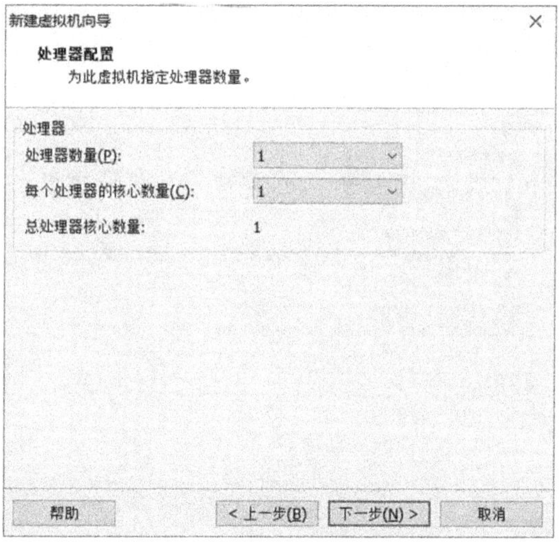

图 8－1－12　处理器配置

指定分配给虚拟机的内存,此处选择推荐值,点击“下一步”,如图 8－1－13 所示。

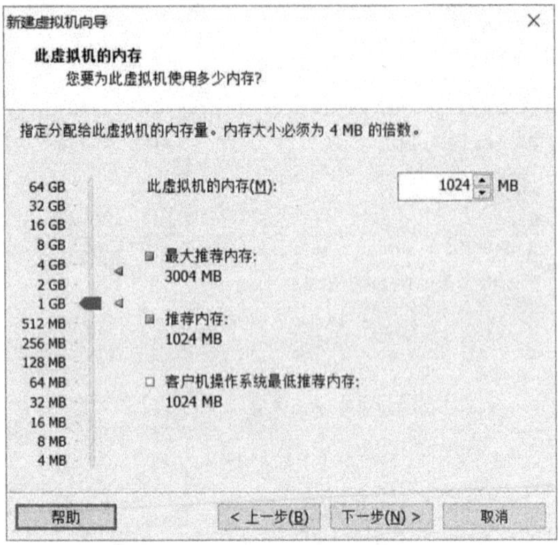

图 8－1－13　虚拟机内存设置

选择网络类型,此处应根据取证分析的实际情况,选择网络连接方式,此处选择“不使用网络连接”,点击“下一步”,如图 8－1－14 所示。

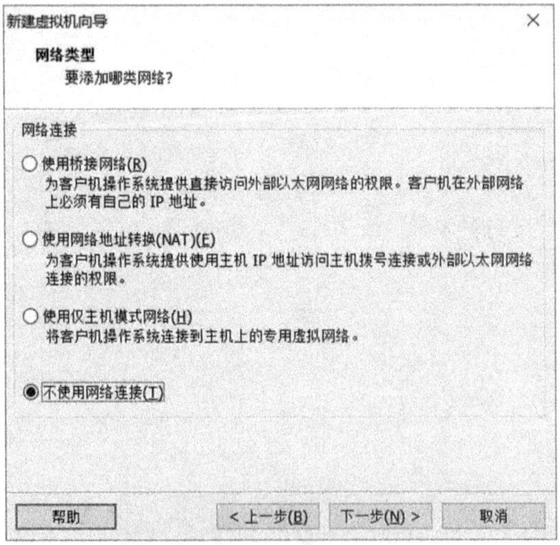

图 8－1－14　网络连接方式选择

选择 I/O 控制器类型，此处选择推荐设置，点击"下一步"，如图 8 - 1 - 15 所示。

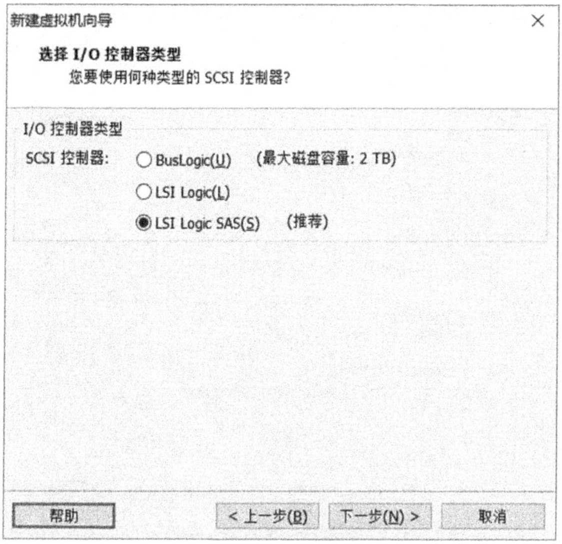

图 8 - 1 - 15　I/O 控制器类型选择

选择磁盘类型，此处选择推荐设置，点击"下一步"，如图 8 - 1 - 16 所示。

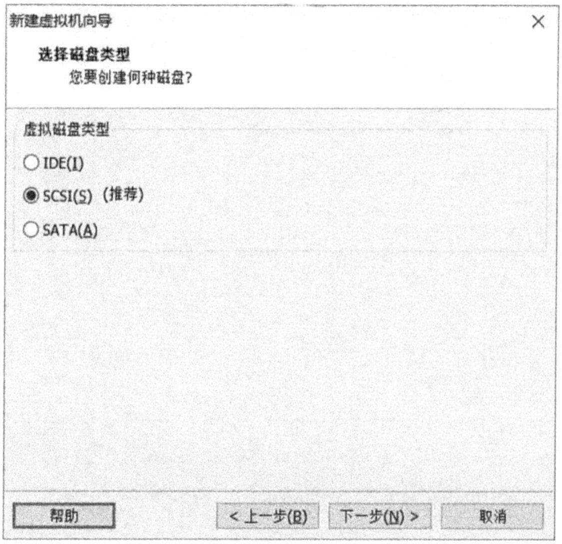

图 8 - 1 - 16　磁盘类型选择

选择磁盘，此处需要根据取证对象为镜像文件还是物理硬盘做出相应选择，此处为 dd 镜像文件，选择“使用现有虚拟磁盘”如图 8－1－17 所示。在选择虚拟磁盘之前，需要事先在 dd 镜像文件同目录创建 vmdk 文件，并对其进行配置，如图 8－1－19 所示。

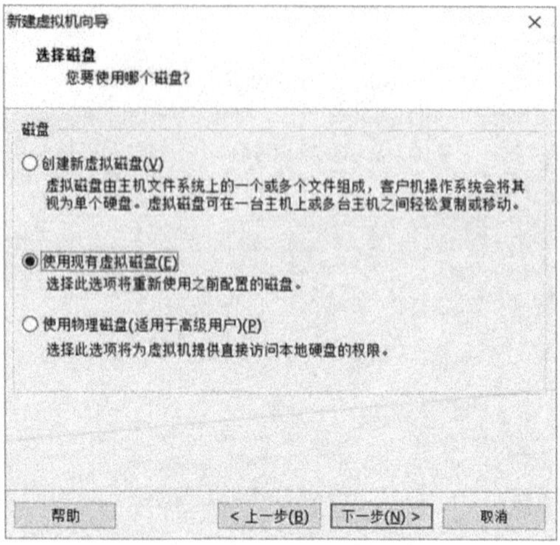

图 8－1－17　磁盘类型选择

如果创建的对应 vmdk 文件名为 myimage. vmdk，则选择该磁盘文件，点击“下一步”，如图 8－1－18 所示。

图 8－1－18　选择磁盘文件

在选择 myimage. vmdk 之前，需要对其进行配置，主要参数包括创建类型(必须为 monolithicFlat)，磁盘的总扇区数、dd 文件名称、柱面数、磁头数、扇区数等，如图 8－1－19 所示。

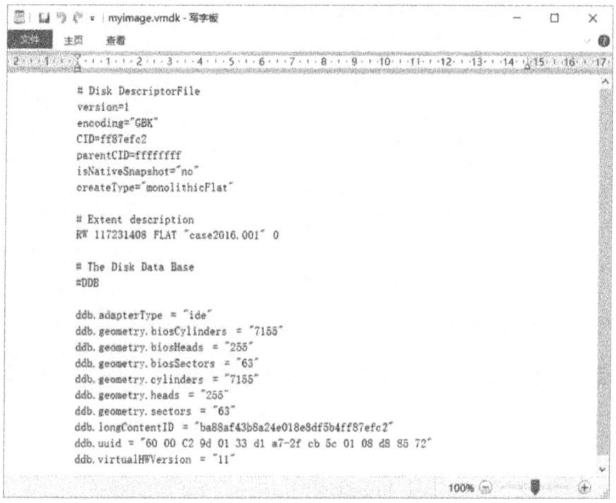

图 8－1－19　虚拟磁盘文件的配置

当以上均配置好以后，可选择“完成”，完成虚拟机的基本配置，如图 8－1－20 所示。

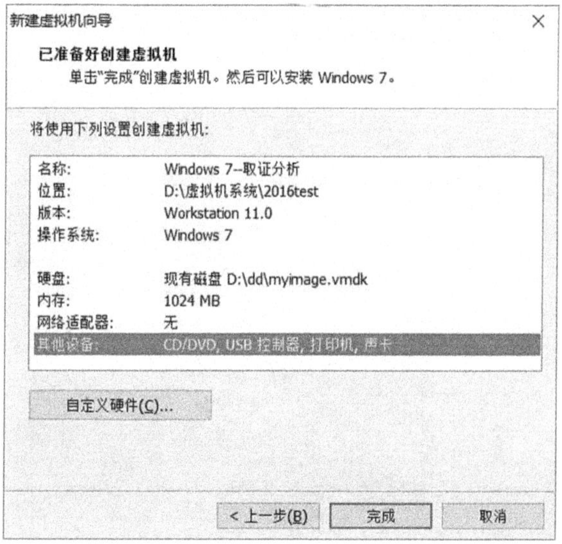

图 8－1－20　虚拟机向导完成

选择新创建的虚拟机，启动虚拟机可进入到待取证硬盘中的操作系统，如图 8 – 1 – 21 所示。

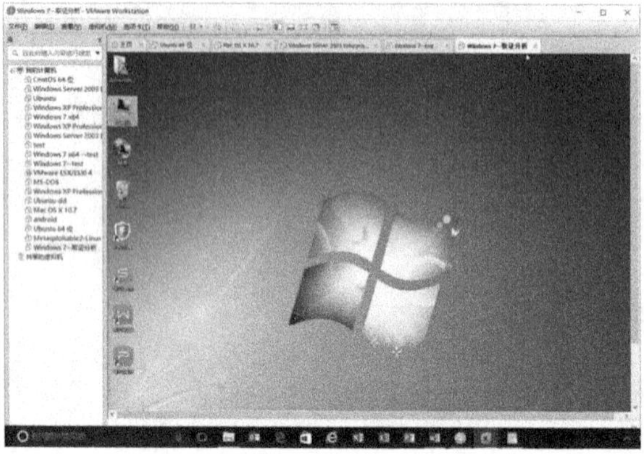

图 8 – 1 – 21　进入虚拟机系统

3. VMware Workstation 快照及作用

在对 dd 镜像文件进行分析时，有时候要分析某个行为前后情况的差异，需要利用到 VMware Workstation 快照功能。通过快照功能可以固定系统某一时刻的状态，并且能将系统还原到这个状态。

当需要对系统当前状态进行快照时，可选择 VMware workstation 的“虚拟机”菜单，选择“快照”，再选择拍摄快照即可。如图 8 – 1 – 22 所示。VMware Workstation 还允许进行分叉快照，如图 8 – 1 – 23 快照管理器中快照 2、快照 3 和快照 4 的关系。

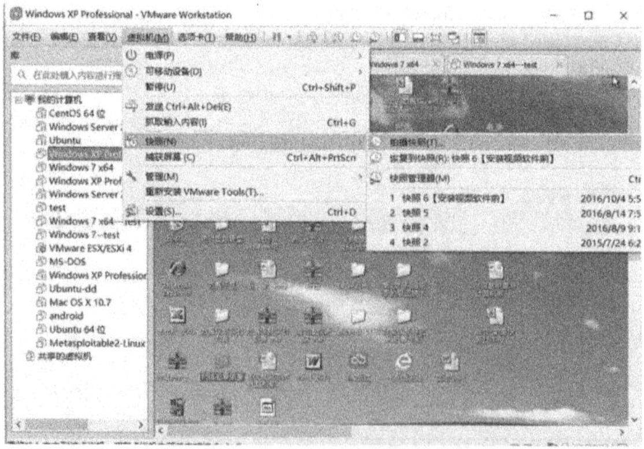

图 8 – 1 – 22　创建快照方法

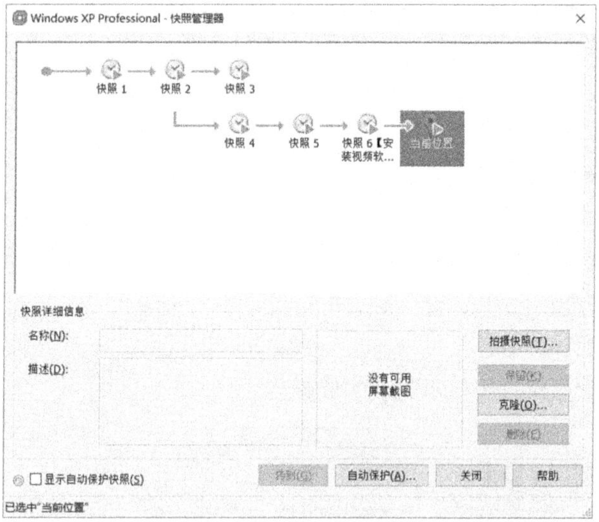

图 8－1－23　快照管理器

三、实验设备与器材

1. VMware Workstation 软件。

2. FTK Imager 软件。

3. Windows7 检验分析工作站。

4. WinHex 软件。

5. 硬盘复制机。

6. 写保护设备。

四、实验内容和方法

1. 对待检验硬盘制作备份，所有操作在备份硬盘中操作。

2. 将备份硬盘通过写保护锁连入电脑，通过 FTK Imager 查看硬盘相关信息。

3. 通过 FTK Imager 分析硬盘分区情况，查看系统可能安装的操作系统类型。

4. 打开 VMware Workstation，新建虚拟机。选择“自定义（高级）”进行配置，其中，在选择磁盘步骤中，选择“使用物理磁盘”（适合于高级用户），并且指定备份硬盘设备。在硬盘高级设置中，将模式选为“非永久”模式。

5. 测试与调式,直到通过虚拟机能够进入到备份硬盘中的系统。

6. 根据老师指定的具体实验任务,在系统中搜索特定证据文件。

五、实验注意事项

1. 注意磁盘的分区体系以及虚拟机正确配置方式。

2. 如果虚拟机无法启动,须准确分析原因后再解决问题。

3. 如果原系统存在密码,须根据操作系统不同选择不同的破解密码方式。

六、实验作业要求

通过讨论、分析,按要求完成实验报告。

七、实验拓展参考

1. 许爱东、廖根为编著:《网络犯罪侦查实验基础》,北京大学出版社 2011 年版。

2. 马博峰著:《VMware、Citrx 和 Microsoft 虚拟化技术详解与应用实践》,电子工业出版社 2012 年版。

3. 何坤源著:《VMware vSphere 6.0 虚拟化架构实战指南》,人民邮电出版社 2016 年版。

第二节　删除数据恢复实验

实验　不同数据恢复方法比较

一、实验目的

1. 理解文件存储原理,了解数据恢复的方法。

2. 掌握常用数据恢复软件的使用方法,如 EasyRecovery、FTK、Encase 软件。

3. 使用 EasyRecovery 高级(Advance)恢复和原始(RAW)恢复功能对被删除文件进行恢复,并比较结果。

二、实验原理

(一)数据恢复常见技术和方法

当文件内容没有被覆盖,或者部分被覆盖时,便存在能恢复这些被覆盖数据的可能性。但是采用不同方法进行恢复,对恢复数据的全面性和准确性是有一定区别的。特别是当文件被部分覆盖时,不同的恢复技术恢复的效果是不同的。从广义数据恢复技术来看,有基于文件系统的数据恢复技术、基于文件特征的数据恢复技术、基于物理信号的数据恢复技术、基于冗余信息的数据恢复技术。其中,基于冗余信息的数据恢复技术主要在磁盘阵列数据出现异常时应用。磁盘阵列技术有很多种类,有些为了保护数据的安全性,常通过冗余技术备份数据,当某一数据出现异常时,可以通过其他冗余技术进行恢复。采用冗余技术进行数据恢复常应用在计算机应用系统中,数据恢复的过程也是通过计算机系统自动完成的,在取证时,一般很少应用到该恢复技术。常用的技术主要是其他3类技术。

1. 基于文件系统的恢复技术

计算机操作系统在管理存储设备中的数据时,是通过文件系统进行管理的。文件系统的格式、管理文件系统的方法决定了计算机如何在存储设备上组织数据。在采用基于文件系统的数据恢复技术时,文件系统的格式尤为重要。当1个磁盘在写数据之前,必须事先建立文件系统。1个硬盘可以建立多个不同的文件系统,为管理这些不同的文件系统,计算机系统通过在硬盘中建立分区进行管理。即在对硬盘等存储设备写数据前,需要在硬盘中建立分区、为每一个分区建立文件系统。不同的操作系统采用的分区方法是不同的,支持的文件系统也存在差异。常见的文件系统类型有FAT12、FAT16、FAT32、NTFS、EXT2、EXT3、ReiserFS、JFS等。其中FAT16、FAT32是广泛采用的文件系统,可以被不同的操作系统识别和读写。NTFS文件系统主要是WINDOWS系列操作系统采用。而EXT2/3、ReiserFS、JFS等文件系统主要在LINUX和UNIX系统中使用。

虽然存在很多结构不同的文件系统,但文件系统的主要部分比较接近。所有的文件系统均有记录文件目录和文件名称信息的目录结构,记录文件占用空间的结构和实际数据内容信息。

文件系统目录结构在不同类型的文件系统中名称不一样。例如,在FAT12、FAT16、FAT32文件系统中,采用的是根目录和子目录的结构,根目录定位信息可以根据文件系统的引导分区记录信息中找到相应的信息;在NTFS文件系统中,文件的目录信息可以从NTFS系统元文件ROOT中记录(根目录结构位于NTFS主文件控制表第5项,主文件控制表信息在引导记录中记载),可通过遍历根目录的$INDEX_ROOT或$INDEX_ALLOCATION属性的索引,找到子目录。在EXT文件系统中,文件目录信息存储在索引节点信息表结构中。

文件占用空间的结构在不同文件系统中的实现也是不同的。在FAT12、FAT16、FAT32文件系统中,采用的是文件分配表结构,并采用簇链的方式记录文件的分配情况,文件分配是按照一簇一簇进行分配的;在NTFS文件系统中则是通过位图的方式记录文件占用的簇;在EXT文件系统中则是通过位图的方式记录文件占用的数据块。①

实际数据内容信息指实际存放文件内容的簇或数据块。在文件系统中,只有此部分结构是真正存放文件内容的数据区。

当删除文件时,计算机操作系统为了提高效率,只是将文件系统的目录结构进行删除标记、清空文件占用空间结构的相应位置信息,实际数据内容并没有删除。因此在进行数据恢复时,便可根据没有删除的文件目录结构等数据结构中未删除的信息进行恢复。例如,在FAT文件系统中,可以根据目录结构中的文件名(可能只有部分信息)、文件大小、文件占用的起始簇信息对文件进行数据恢复。如果文件数据不是连续存放的,基于文件系统的数据恢复技术可能不能准确恢复文件的内容。

2. 基于文件特征的恢复技术

基于文件特征的恢复技术不依赖于文件系统的信息。恢复存储设备中的数据信息时,不依赖于原有的文件系统,而是将硬盘看成是若干扇区组成的结构。由于文件在写入到硬盘等存储介质时,文件系统是按照簇或者数据块为组织单位的,因此,文件的开始部分总是处在簇或数据块的起始部分。又因为每一个簇或者数据块又由若干个扇区组成(通常为扇区的偶数倍),则文件的开始部分也总是处从某个扇区的起始部分开始。

在计算机系统中很多文件头和文件尾部均有特殊的标记,例如,微软

---

① 文件系统在组织文件时,是以簇或者数据块为最小单位组织数据的。在WINDOWS中的FAT、NTFS等文件系统中均使用簇的概念,在LINUX中的EXT2、EXT3等文件系统中均使用数据块的概念。——笔者注

WORD 文件头和文件尾均有特殊的结构。[①]

因此,可以根据文件的头部信息、尾部信息,确定文件的类型和大小,从而把在物理空间连续存放的文件完全恢复出来。

采用基于文件特征分析方法可以恢复文件的实际数据,但一般无法恢复在文件系统中存储的文件名、文件的创建时间、修改时间、文件是否为系统文件、只读文件、隐藏文件等属性、文件所在的目录等信息均无法准确恢复出来。

另外,文件不是连续存放时,恢复出的文件信息是不完整的,或者可能与其他文件内容存在交叉。

3. 基于物理信号的恢复技术

基于物理信号的恢复技术,是指通过物理方法直接读取存储设备硬件介质如硬盘盘片的物理信息,并将物理信号的识别结果表达成逻辑字符 1 或 0 的字符串序列。基于物理信号的恢复不直接依赖文件系统的信息,也不直接依赖存储设备的分区信息。但是,通过物理方法读出二进制字符串后,还需要进行数据的分析。在分析过程中,必须分析并判断硬盘存储数据时可能使用的分区、文件系统等信息。并结合基于文件系统的分析方法或者基于文件特征的分析方法对二进制字符串表达的意义进行正确理解,将其恢复成单个文件的形式。

物理信号的恢复技术依赖对物理信号准确识别的技术,以及对二进制字符串数据结构的准确判断。因此,通常只能分析出文件系统或文件的部分信息。

(二)数据恢复技术常用工具

对同一存储设备进行数据恢复时,采用不同的工具和软件进行恢复,恢复出的结果很有可能不完全相同。例如,有些软件能准确识别出数据不连续存储的文件,有些软件只能识别数据连续存储的软件。当恢复出的文件完整,内容能通过计算机软件正确识别时,恢复的数据一般都是正确可靠的。

根据数据恢复工具的作用不同,可以分为两类:第一类是自动恢复软件,即人工进行简单操作,具体的恢复工作由计算机完成的软件;第二类是辅助性工具,即数据恢复主要由人进行,辅助性工具只是将存储设备中的物理信号转换成二进制字符串或者十六进制字符串,或者根据人的指示,翻译特定数据结

① See Microsoft Office Binary (doc, xls, ppt) File Formats, http://www.microsoft.com/interop/docs/OfficeBinaryFormats.mspx.

构的数据的辅助工具。

1. 自动恢复软件

能够自动恢复被删除数据的计算机软件有很多。有些软件是商业性质的专用软件，其可靠性较好，恢复数据的效果也好，而且还能提供各种技术验证，并最终生成调查报告。常见的具有数据恢复功能的软件有 ENCASE 软件、FTK 软件、EasyRecovery 数据恢复软件等。

（1）EnCase 数据恢复软件

EnCase 是美国 Guidance Software 公司研发的一种专业取证分析工具包。在美国法律执行部门和商业化组织的取证复制和分析工作方面有着广泛的应用。EnCase 也是当前最流行的司法鉴定和证据调查分析软件之一。在检查一个硬盘驱动时，EnCase 深入操作系统底层查看所有的数据——包括 file slack，未分配的空间和 Windows 交换分区（存有被删除的文件和其他潜在的证据）的数据。在显示文件方面，EnCase 可以按照多种标准如时间戳或文件扩展名来排序。此外，EnCase 可以比较已知扩展名的文件签名，使调查人员能确定用户是否通过改变文件扩展名来隐藏证据。对调查结果可以采用 html 或文本方式显示，并可打印出来。如图 8－2－1 所示。

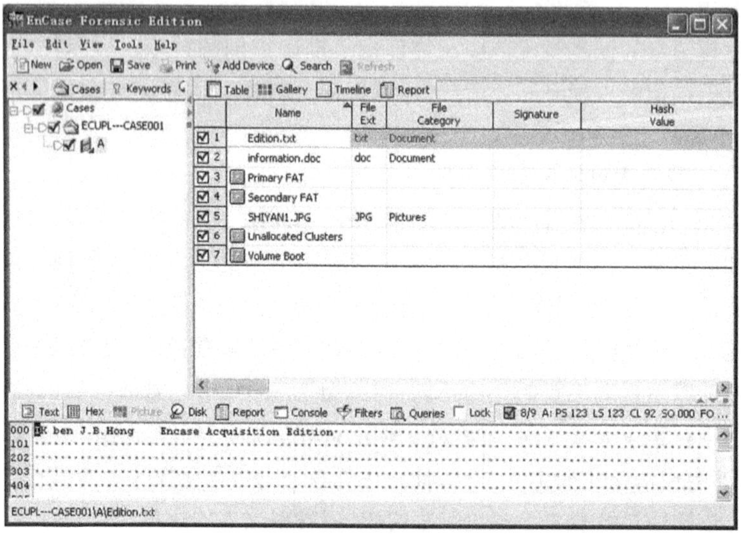

图 8－2－1　EnCase 软件

(2)FTK 数据恢复软件

FTK 软件也是一款专门的司法取证工具。它是由 AccessData 公司开发的。AccessData 开发了一套用于不同场合进行司法取证的工具。其中包括 FTK Imager,Forensic Toolkit(FTK),Registry Viewer(RV),Password Recovery Toolkit(PRTK),Distributed Network Attack(DNA),WipeDrive 等几款工具软件。其中,FTK 软件可以提供全面、彻底的计算机数据分析、检查能力,具有强大的文件索引、过滤和查找功能。

在使用 FTK 分析存储设备时,它会自动显示存储设备中的数据,并根据文件系统的结构或者文件的特征,自动将被删除文件的信息恢复出来。而且,FTK 还能自动对被恢复出的数据进行归类,例如,可以根据文件的状态和文件的类型进行细分,恢复出的电子邮件将分别归到电子邮件信息类,被删除信息类。图 8－2－2 为进行存储设备扫描后,被恢复出的数字证据信息情况,图中红色部分表示恢复出的被删除的数字证据信息,被删除文件左侧图标以一个红色的叉号显示。

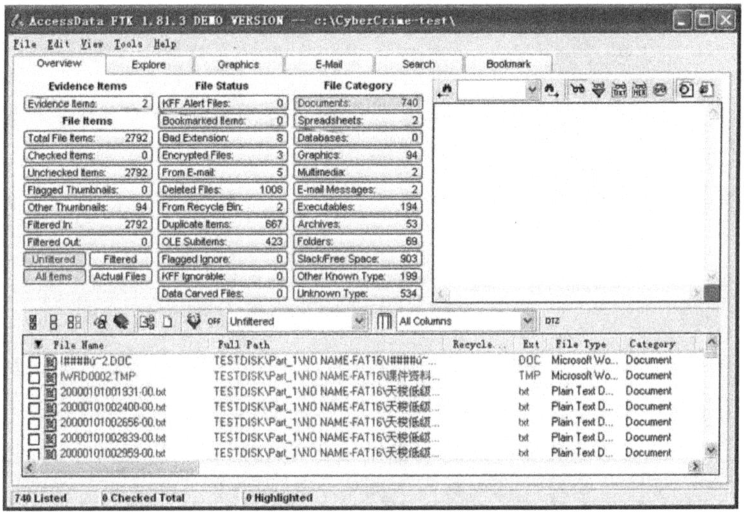

图 8－2－2　FTK 软件

由于 FTK 是一个专业的取证工具,因此,软件设计中考虑了如何确保证据的可靠性,并能根据案件的需要,自动生成鉴定报告。不仅如此,该软件还会将分析过程中重要的行为通过日志记录下来。FTK 将恢复出的删除文件与其他取证行为有机结合在一起,并能统一形成案件报告。

(3)EasyRecovery 数据恢复软件

EasyRecovery 是 Ontrack 公司开发出的一款数据恢复专用软件,但 EasyRecovery 不是面向计算机取证的专用工具,因此,不能像 EnCase、FTK 软件一样提供取证报告和其他一系列相关的保护数字证据完整性和可靠性的措施。不过,EasyRecovery 恢复工具十分全面,不仅可以提供基于文件系统的数据恢复(如它提供的删除恢复功能、高级恢复功能),还可以提供基于文件特征的数据恢复方法(如它提供的原始恢复功能)。EasyRecovery 恢复软件不需要人工对存储设备中的数据进行分析,可以自动恢复数据并以文件的形式存在。图 8－2－3 是 EasyRecovery 软件的数据恢复界面,图中 EasyRecovery 提供有高级恢复选项、删除恢复选项、格式化恢复选项、原始恢复选项。

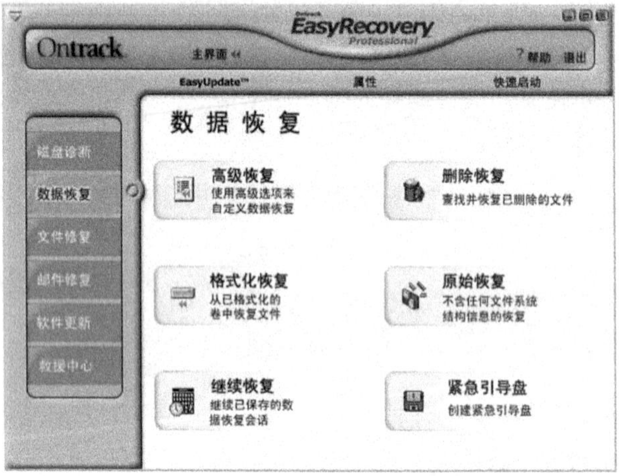

图 8－2－3　EasyRecovery 软件

由于 EasyRecovery 软件完全由软件程序进行自动恢复,人工无法对恢复算法施加影响,有些利用数据恢复出的文件可能是错误的,文件内容也不一定准确。特别采用基于文件特征的数据恢复算法进行数据恢复时,常有恢复出的文件内容无法正常打开等现象。下图是分别利用高级恢复选项和原始恢复选项进行恢复后得出的不同结果。首先,原始恢复后,恢复出的文件名称与真实的文件名称都是不相同的,其文件名是随机产生的文件名称;其次,恢复出的文件数量和内容也不尽相同;最后,恢复出的文件名称与文件内容可能完全无关。

2. 辅助性工具

另外一种重要的工具是辅助性工具，辅助性工具一般只是将存储设备的原始二进制代码通过电脑屏幕显示出来。对于在存储设备中是否存在被删除的需要恢复的数据，或者其他隐藏的需要恢复的数据，需要通过人工进行分析。因此，要求分析人员具有一定的计算机水平，能够直接阅读存储设备中的二进制数据。辅助性工具较多，可以自行设计。目前，比较常见的辅助性工具主要有 WINHEX 等软件，另外 EnCase 软件、FTK 软件也提供直接查看存储设备二进制代码的功能。图 8－2－4 为 WINHEX 工具的界面，图中上半部分显示的是被删除的文件和文件夹，下半部分是被删除文件在存储设备中真正的内容，其中 offset 表示离存储设备起始处的偏移量，其右边用十六进制表示存储设备内容，最右边是用 ASCII 码显示的存储设备内容。

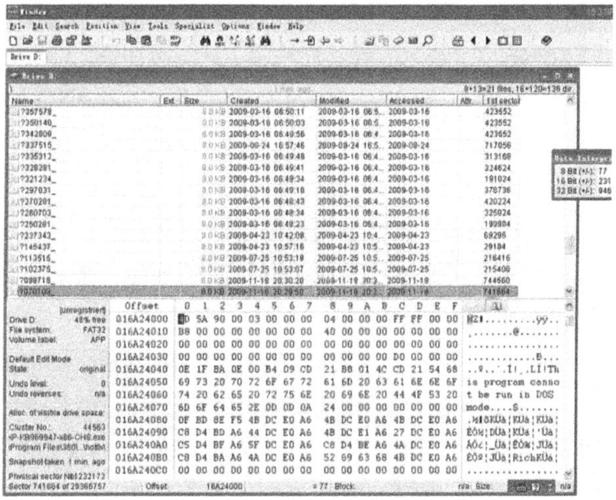

图 8－2－4　WinHex 界面

三、实验设备与器材

1. 安装 Windows 2000/2003/XP/7/10 操作系统计算机 1 台。
2. EasyRecovery 数据恢复软件。
3. 虚拟磁盘工具，或者使用移动硬盘、U 盘（或 SD 卡）、软盘。

四、实验内容和方法

(一)实验前准备工作

在安装数据恢复软件之前,先在计算机的逻辑磁盘(如D盘)里创建3个新文件夹,如BakFile1(用于存放U盘上文件的备份,即恢复前的原始数据)、FilebyAdvance(用于存放经高级恢复后从U盘上得到的文件数据)、FilebyRAW(用于存放经原始恢复后从U盘上得到的文件数据)。需要注意的是,在数据恢复前,需要对U盘进行写保护(将U盘写保护键打开)。如果没有写保护硬件装置,在数据恢复期间不可对该逻辑磁盘执行任何写操作,否则会覆盖U盘内已经存在的原始数据。(注:如果不使用U盘而使用虚拟磁盘工具实验,请按照老师的要求操作。)

(二)EasyRecovery 软件的安装和启动

这里选用EasyRecovery专业版作为恢复工具,点击EasyRecovery安装程序图标即可完成安装,启动EasyRecovery应用程序,主界面列出了所有功能标签:“磁盘诊断”“数据恢复”“文件修复”“邮件修复”等。在取证过程中最常用的是“数据恢复”功能。

(三)使用 EasyRecovery 软件恢复已被删除的文件

1. 将准备好的U盘(或软盘)插入计算机,删除上面一部分文件或文件夹。如果U盘(或软盘)上没文件或文件夹,可以先创建若干,将文件和文件夹所有内容备份到BakFile1文件夹下后,将它们从U盘上彻底删除(shift + del)。

2. 点击“数据恢复”标签,出现“高级恢复”“删除恢复”“格式化恢复”和“原始恢复”等按钮,选择“高级恢复”,经过准备快速扫描,查找存储设备中的文件和文件夹,接着选择要搜索的驱动器和文件夹(U盘)进行扫描。之后出现所有能够恢复出的文件和数据,选择所有要恢复的文件,并输入文件存放路径D:\FilebyAdvance\,点击“下一步”恢复完成。(具体步骤根据实验老师的提示。)

3. 点击“数据恢复”标签,选择“原始恢复”,其他步骤与第2步类似,注意文件恢复所花费的时间,当出现输出路径时,选择存储路径D:\ FilebyRAW\,点击“下一步”恢复完成。(具体步骤根据实验老师的提示。)

(四)分析与比较

当完成数据恢复后,比较BakFile1、FilebyAdvance、FilebyRAW3个文件夹内的文件内容异同。分析它们分别所采用的数据恢复技术。

注意观察文件的数量和大小,关注恢复出了哪些文件内容,哪些文件内容无法恢复,哪些文件内容恢复后内容不正确。并关注其他同学实验过程中出现的现象。根据数据恢复技术的原理,分析产生这些现象的原因。

五、实验注意事项

1. 注意不同数据恢复方法恢复结果的差异以及规律。
2. 注意利用数据恢复技术所获电子数据的审查方法。

六、实验作业要求

通过讨论、分析,按要求完成实验报告。

七、实验拓展参考

廖根为著:《计算机司法鉴定:理论探索》,法律出版社 2012 年版。

第九章　其他公安技术实验

第一节　活体指纹采集实验

实验一　活体指纹采集设备的原理学习

一、实验目的

1. 展示常用活体指纹采集仪(以东方金指 A3000 为例),对仪器设备增加感性认识,加深理解所学知识。

2. 了解活体指纹采设备的种类,掌握活体指纹采集仪操作原理及基本使用。

3. 为后期活体指纹采集仪采集实验作基础。

二、实验原理

活体指纹采集仪是直接将活体手指置于仪器的摄取窗口,经过光电扫描,采集到活体的 3 面或平面指纹,并可连接计算机或打印机,显示或打印出指纹图像。与网络连接后,还可以将指纹样本通过远程传输直接进入指纹自动识别系统储存、查询。现在常见的活体指纹采集设备主要有:活体指纹采集仪、指掌纹采集一体机、便携式采集设备。

三、实验设备与器材

1. 活体指纹采集仪：东方金指 A3000。（见图 9－1－1）

2. 电子计算机。

图 9－1－1　东方金指 A3000（外观图）

四、实验内容和方法

（一）实验准备

将东方金指 A3000 与电脑 USB2.0 接口连接，下载驱动。

（二）采集设备的使用

1. 打开指纹采集界面。（见图 9－1－2）

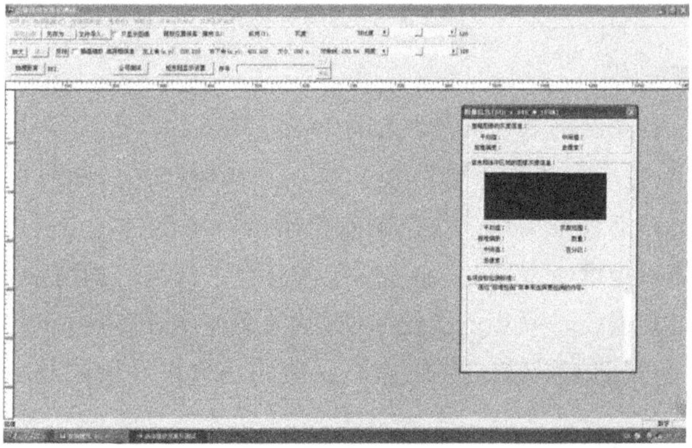

图 9－1－2　活体指纹采集仪操作界面

2. 活体指纹录入过程。(见图 9－1－3、9－1－4)

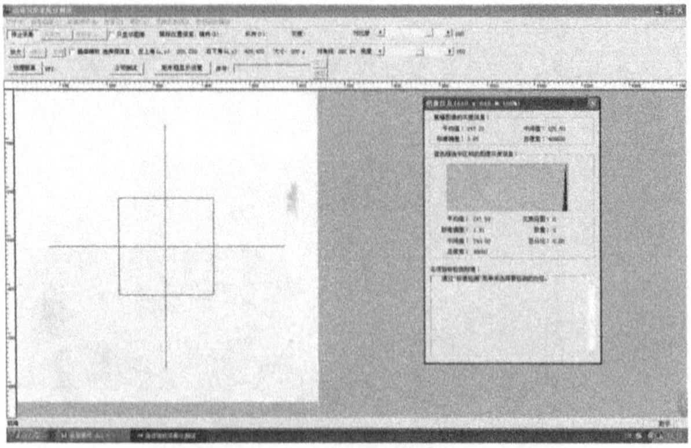

图 9－1－3　指纹采集

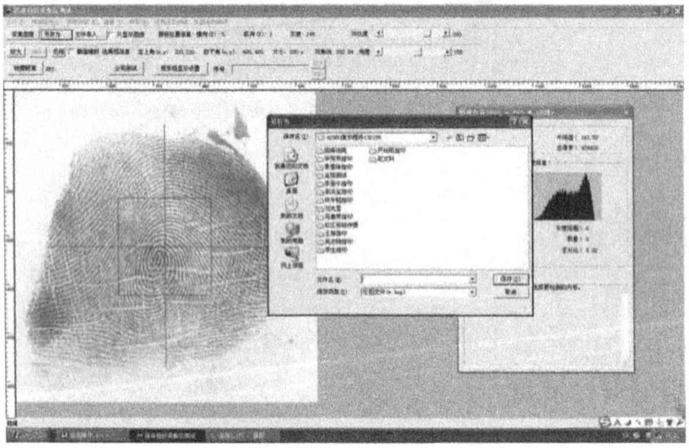

图 9－1－4　指纹保存

(三)观察分析

由于指纹自动识别系统对指纹捺印样本要求较高,为满足现代化新系统的需求,国外有些国家开始采用光电一体化活体指纹装置,国内也有不少单位研制成功了活体指纹采集仪。观察东方金指 A3000 活体指纹采集仪可发现,其主要具有体积小携带方便,无油墨污染的特点。仪器表面有摄取窗口,可经过光电扫描采集指纹。采集的指纹成像清晰、无畸变,耐用性好。目前主要的应用领域有:公安刑侦指掌纹刑事技术、公安出入境电子护照及民用指纹身份证件等。

五、实验注意事项

1. 注意人身安全，不要在实验室内跑动或打闹，以免被设备碰伤。

2. 爱护设备，使用设备动作要轻，以免损坏设备；不要随便移动设备，以免受伤或损坏设备。

3. 注意卫生，禁止随地吐痰和乱扔杂物，禁止脚踩桌椅板凳。

4. 完成实验后，须关闭仪器并放置整齐，学生应将实验教室打扫干净，将桌椅物品摆放整齐。

六、实验作业要求

1. 查阅资料，了解不同种类活体指纹采集设备的使用范围。

2. 实践熟练活体指纹采集仪的基本操作。

七、实验拓展思考

比较分析活体指纹采集仪采集指纹与油墨捺印采集指纹的利弊。

实验二 金指仪器的指纹采集

一、实验目的

进一步了解活体指纹采集仪的特点及作用，熟练掌握活体指纹采集仪使用程序和操作方法。

二、实验原理

活体指纹采集仪捺取指纹，被捺取者的手指无须沾染任何油墨、试剂，直接将活体手指置于仪器的摄取窗口，经过光电扫描，采集到活体的3面或平面指纹，并可连接计算机或打印机，显示或打印出指纹图像。

三、实验设备与器材

1. 活体指纹采集仪：东方金指 A3000。

2. 电子计算机。

四、实验内容和方法

(一)捺印准备

1. 采集设备的准备。将东方金指 A3000 与电脑 USB2.0 接口连接,下载驱动;将仪器擦拭干净,清洁摄取窗口并将指纹采集仪放于合适的位置。

2. 须清洁被捺印人的双手,防止有污染物影响捺印效果。

3. 打开指纹采集界面。

(二)3 面捺印

1. 让被捺印人面向指纹采集仪自然站立,捺印人站在被捺印人的左前侧。

2. 捺印人的右手握住被捺印人的右手背,再用右手拇指、食指捏住被捺印人欲捺印的右手拇指第二节的左右两侧,左手拇指和食指捏住被捺印右手的拇指尖,控制住整个手背和手指。

3. 将被捺印人的右手拇指放于摄取窗口内,从一侧指甲边缘处开始,在摄取窗口内滚动 180°进行捺印,捺印区域上至指尖,下至第一组屈肌褶纹。

4. 被捺印人其他各指的捺印用同样的方法,右手采集完毕,再让捺印人稍向右站(或将捺印纸向左移动),使其左手侧靠近指纹采集仪,方便左手捺印。一般捺印先右手后左手,先拇指后食、中、环、小指依次进行捺印。

(三)平面捺印

1. 让被捺印人面向指纹采集仪自然站立,捺印人站在被捺印人的左前侧。

2. 捺印人用两手分别捏住被捺印人右手拇指的指尖和指根两侧,垂直放于指纹采集仪摄取窗口进行捺印。

3. 被捺印人其他各指的捺印用同样的方法,右手采集完毕,再让捺印人稍向右站(或将捺印纸向左移动),使其左手侧靠近指纹采集仪,方便左手捺印。

(四)局部捺印

1. 让被捺印人面向指纹采集仪自然站立,捺印人站在被捺印人的左前侧。

2. 捺印人的手握住被捺印人的右手或左手的特定部位。

3. 将被捺印人的手欲捺印的部位(指尖、指侧、指节等)垂直放于指纹采集仪摄取窗口上进行捺印。

(五)检查与补印

1. 逐个检查采集样本是否齐全,是否达到采集要求,未达到要求必须重新捺印。

2. 有缺指、多指、残指等情况,应加以记录。

（六）收拾器材、清理卫生

采集完毕应及时保存采集样本，退出采集指纹界面，关闭仪器。然后归还器材，清理台面，做好实验卫生。

五、实验注意事项

1. 捺印时，用力要均匀、适度，不可用力按压指纹采集仪摄取窗口。

2. 被捺印人两手放松，由捺印人操作，滚动捺印时保持平稳、连续，一次完成。

3. 三面捺印时，注意被捺印手指始终与指纹采集仪摄取窗口保持水平，以确保捺印的手印上下完整到位，采集滚动过程中尽量不要停顿、挪动、倒退、重复。

六、实验作业要求

1. 用活体指纹采集仪完成 1 份 10 指指纹的 3 面捺印采集。

2. 用活体指纹采集仪完成 1 份 10 指指纹的平面捺印采集。

七、实验拓展思考

1. 根据活体指纹采集仪的操作原理，如何提高采集指纹的效果？

2. 总结采集过程中得经验、教训和体会。

第二节　测谎技术实验

实验一　GKT 测试法应用

一、实验目的

通过实验分析，了解和初步掌握 GKT（知情测试法）的测试原理以及操作流程。学会对 GKT 测试图谱进行分析评分，综合判断受测试者是否为案情的知情者。分析测试中应注意的细节和影响测试结果的因素。通过实验分析，力求对 GKT 测谎技术有更深一步的理解。

二、实验原理

1. 相同问题刺激不同反应原理,人在接受到不同刺激后会有不同的心理痕迹存在,心理痕迹是一种持久的心理状态。

2. 心理与生理对应变化的原理。

3. 比较心理测试原理。

三、实验设备与器材

胸、肺呼吸传感器、皮电传感器、血压传感器、计算机、GKT 测试软件、打印机。

四、实验内容和方法

GKT 测试共有 3 个阶段,分别是准备阶段、测试阶段、图谱分析和综合评判阶段。

(一) 准备阶段

1. 了解分析案情,根据实验指导老师准备的模拟案件,结合现场勘查的结果,分析现场痕迹与犯罪嫌疑人的关系。

2. 与受测者进行测前交流,充分了解受测者的基本情况,如性格特点、社会关系、学历、爱好、特长。

3. 将案情与受测试者的基本情况两者相结合,编制适合受测者的 GKT 测试题目,也就是适合的陪衬问题。

4. 测试前要使受测试者获得良好的休息状态,以使其达到最佳的受测试状态。

(二) 测试阶段

1. 将测试室温度调整到舒适状态,并根据不同地区温度调节室温,随后将受测试者带入测试室,将测试硬件系统依次给受测试者戴上,保持室内总体安静。

2. 将编写好的测试题目输入到 GKT 测试软件。

3. 告知测试者即将进行的测试问题及答案选项,并告知受测试者测谎技术的科学可靠性。在大多数情况下,在测试正式开始前,一般会使用扑克测试实验向被测试者展示,以印证测谎技术的真实可靠性。

4. 进行 GKT 测试同时记录受测试者在各个问题点时的动作。

5. 调整目标问题与陪衬问题的顺序，对每个问题进行 3 次或 4 次测试。

6. 测试结束后，整理测试器材，与被测试者进行最后交谈，打印测试图谱。

（三）图谱分析和综合评断阶段

1. 根据受测者回答问题时的动作，分别对图谱的呼吸、皮电、血压的振幅频率在有效区域内的差异进行排序，按照顺序有强到弱依次打分。

2. 综合对每个问题的 3 次测评，进行分析汇总，按照总得分进行综合评断。

3. 结合多组问题的多次测试，讨论分析受测者是否为案情知情人。

五、实验注意事项

1. GTK 测试室易受到很多外界因素的干扰，实验室的测试仪是机械的，有时其不能很好地记录被测试者的反映并且同时阻止外界的干扰。

2. 对于测试结论，只能得出受测试者对目标问题是否知情，不能作出是否为罪犯的同一认定，在现代通信技术发达的今天，将巧合因素一定程度的记入实验，受测试者对于案情细节的猜测判断完全有可能直指目标问题。

六、实验作业要求

1. 若实验失败，分析其失败原因，诸如测试环境的安静程度、受测试者对当时室温的反映程度、测试问题的先后顺序、受测试者对目标问题的理解。

2. 若实验成功，重点分析受测试者对目标问题进行对比处理的过程中，个人价值观念对测试结果影响程度的大小。

七、实验拓展思考

GTK 测试的直接性，足以说明这种测试法最大的作用就是作为侦查活动的参考意见。

实验二　清华同方 TH 型测谎仪器应用

一、实验目的

1. 了解国产清华同方 TH 型测谎仪的使用方法和测试原理。

2. 掌握测谎适用的对象和测前准备的内容和技巧。

3. 比较 GKT（知情测试法）与 CQT（准绳问题测试法）的异同。

4. 初步掌握评图方法及注意事项。

二、实验原理

测谎的基本原理：首先，对被测试人的心理威胁越大，其生理反应越大。实验证明，生理反应强度与心理威胁强度之间存在着正相关的关系。测谎的有效性正是基于这个关系。其次，反应的强与弱的比较不是基于不同个体之间进行比较的，是自己和自己进行比较的。科学的测谎不是只根据被测试人对一种或一类问题的反应进行。一般而言，测谎通过测试被测试人对至少两类问题的反应进行。一种叫作相关问题，另一种叫作陪衬问题。前者与案件直接相关，对有罪的受测人是一个直接的威胁，对无辜的受测人是一个间接的威胁(注意也是威胁，因为怕被冤枉)。陪衬问题好像与本案有关联，对所有的人都会有一定的威胁，但对罪犯而言，这种威胁的强度不会超过相关问题，而对一个与本案无关的无辜者，它会让其感到是一种更大的威胁。通过比较被测试人在不同类型问题上的反应强弱程度，来判断他是否在本案所涉及的相关问题上说谎。如果受测人在相关问题上的反应强于在陪衬问题上的反应强度，则判为说谎(这里的说谎均是指在相关问题上说谎，诚实亦然)。反之，如果在陪衬问题上的反应强度大于相关问题上的反应强度，则判为诚实。

心理素质差的被测试人在两类问题上的反应强度都比较强，心理素质好的被测试人对两类问题的反应均较弱，而评价是否说谎的关键性指标不是反应强度本身，而是取决于哪类问题对被测试人的威胁更大。因此被测试人的心理素质与测谎结果之间没有直接关系。

三、实验设备与器材

1. 仪器应工作在正常室温下。

2. 测试所用房间内应尽量排除干扰。

3. 不要选用有地毯的房间作测试室，因为地毯有静电，测试人员或者其他相关人员走动时产生的静电会影响图谱的采集，尤其是皮肤电的采集。

4. 测试时，被测试人体温如果过低，皮肤电阻反应会很小，故测试室里最好有空调，使被测试人身体温暖，感觉舒适。

5. 为了让案件承办人或相关人员现场观察测谎过程，但又不致影响测谎效果，可以使用隐蔽的监控设备进行同步录音和录像，或者使用装有单向玻璃的暗室进行观察。

6. 清华同方新 TH 型测谎仪及其操作方法。TH 型测谎仪是具有六导生理参数的仪器。它除了具备传统的呼吸、皮电、血压参数之外，还增加了指脉和动作传感器，使测谎测试更加准确、客观。

四、实验内容和方法

测谎的方法主要有 GKT(知情测试法，Gulity Knowledge Test)与 CQT(准绳问题测试法，Control Question Test)。这两种方法均是根据"自己比自己"的原理按照各自的格式和要求编制相关问题和陪衬问题而进行的。

(一)测前准备

1. 明确测谎的目的。
2. 熟悉案情，现场勘查，并编制计划和初步拟订问题。

(二)测前谈话

1. 介绍认识。
2. 解释本次测试的目的，进行心理定向(心理焦点)。
3. 解释本次测谎员是专业的测试人员。
4. 收集被测试人背景信息，观察了解被测试人健康状况，确定是否适宜受测。
5. 询问当前所调查事件的情况。
6. 介绍仪器性能、测试原理及注意事项，可进行激励测试。
7. 告知被测试人其在测试中的配合是极为重要的。
8. 被测试人休息，测试人员编制或修改问题。
9. 和被测试人预习已编好的问题，看其是否理解。
10. 签署自愿测谎书。

(三)正式测试

1. 给被测试人戴上传感器，它至少包括：二道呼吸传感器，即胸部和腹部各一道；皮电，即戴在手指上的氯化银片，即血压套。

2. 在测试时，测谎员间断性地问那些已经向被测试人讲解过的测试问题。被测试人对这些问题只是回答"是"或者"不是"。测试进行 3 ~ 4 遍，即收集 3 ~ 4 个同类问题的生理图谱。

(四)分析测试图谱，给出测试意见

测试结束后，测谎员读图评分；参考专家评分软件给出的意见，对该被测试人诚实度给出评价意见，它包括 3 种意见：说谎显示、无说谎显示、无结论。

五、实验注意事项

1. 测试前和测试过程中均不要带有任何先入为主的偏见或印象。

2. 在被测试人面前应该表现出公正、中立的态度，尽量避免穿制服。

3. 带好传感器后反应注意手指是否挨着沙发，若接触提醒其离开；查看血压管是否扭曲、挤压。被测对象若较胖，一定要将胳膊抬起来，以防止和呼吸同步。

4. 下列人员不能接受测试，包括：精神、体力极度疲惫的人，情绪失控者，醉酒者，药物滥用者，精神障碍者，呼吸困难者，身体有严重疼痛者，12 岁以下的孩子以及智商低于 12 岁孩子水平者，有癫痫病史或患有严重心律失常等心脏病者，甲状腺、肾上腺功能严重异常等内分泌疾病患者。

六、实验作业要求

1. 测谎结论能否作为法庭证据使用？

2. 测谎结论的正确性关键在于仪器设备还是在于测试者的经验、水平？

七、实验拓展思考

比较 GKT（知情测试法）与 CQT（准绳问题测试法）的异同点。

实验三　PG 系列测谎仪器应用

一、实验目的

1. 了解中科院研制的 PG 系列测谎仪结构和性能。

2. 掌握测谎原理及测谎的时机。

3. 重点掌握测谎前交谈的内容与方法。

4. 学会观察并同步分析测谎对象的心理变化，具备较强的心理洞察能力。

5. 掌握激励测试的方法与技巧。

二、实验原理

由于人类在出现情绪反应时，其植物神经系统功能活动状况将出现相应变化。“测谎”中常常予以记录的，就是植物神经系统控制下的人类的几种重要的生理功能状况,包括呼吸、心率、血压、皮肤电反应等,以此来确定被测试人是否在关键问题上出现了超乎寻常的心理反应,如恐惧、紧张、主动注意增强等,这些都会改变植物神经系统的活动状态。

由于这些生理反应都受人的植物神经系统控制,所以它们是人的主观意志所不能制约的。这正是说谎者无法欺骗测谎仪的主要原因,也是测谎技术的主要科学依据。说谎者的生理反应非常细微,人们用普通方法无法观察到或无法准确地记录这些变化。测谎器正是运用先进的电子技术把这些细微变化测量出来,并且用曲线图或数字的形式准确地记录下来。因此,"测谎"的正式名称为"多道生理记录情绪反应测试"。是试验心理学中用于研究情绪反应时使用的一种实验手段,后来这种技术被人们发现并用于司法实践,而且主要用来发现人的陈述是否真实可靠。

以下参量可以测量人们的心理变化:皮肤电阻,是反映人交感神经兴奋性变化的最有效、最敏感的生理参数,它通过测量人手心发汗的程度了解人心理紧张状态的变化。反应幅度大,灵敏度高,不易受大脑皮层意识的直接抑制,是国际上应用最广泛并得到普遍认可的心理测试指标。呼吸波,是反映人心理变化的重要生理指标之一,人紧张时,呼吸会下意识地发生一系列变化,如深呼吸、屏气、呼吸节律加快或变慢等。当大脑皮层兴奋性发生变化时,必然会影响呼吸波的变化,而这种变化往往是自己意识不到的。脉搏波(血压),与心血管活动有关的神经元广泛地分布在中枢神经系统,在心血管活动调节中,下丘脑是一个非常重要的整合部位,是对机体各内脏机能进行整合的较高级部位,在发怒、恐惧等情绪反应中都起着重要的作用。因此,心理紧张状态和情绪的变化,会相应引起心血管活动的改变。事实上,人在心理紧张时,心脏脉搏输出量增加。心跳加快,使脉搏波的收编压上升。另外,人的紧张心理对血液循环的外周阻力带来影响,使外周阻力增加,从而使脉搏波在正式测试之前,测谎员要以非审讯的方式与被测试人进行谈话,他会提出一些问题以扩大来自测试对象方面的信息。在测前谈话中,测谎员要向测谎对象作出明确的表述,使其思考在测试过程中将被问及的问题。在这里,特别重要的是测谎问题的设计。测谎员的能力决定着测谎问题的选择和能否明确表述。这关系到被测试对象在回答问题时是否肯定,也关系到能否使测试对象感觉到问题的压力。

三、实验设备与器材

1. 中科院研制的PG系列、北京同方神火联合科技发展有限公司生产的LY型6导测谎系统、TH型6导测谎系统和SPS－4000型4导测谎系统。

2. 220v的交流电。

3. 传感器、计算机。

四、实验内容和方法

（一）测前准备

1. 明确测谎的目的。

2. 熟悉案情，现场勘查并编制测谎问题和考虑应付可能出现的问题。

3. 了解被测谎人的基本情况。

（二）测前谈话

1. 测谎员和被试者单独交流，相互了解，时间大约半个小时。

2. 根据事先掌握的信息以及预备阶段的了解，设计针对性的问题。同被测谎人员交流有关问题，确保其情绪的稳定并签订测谎协议。

3. 在正式测试之前，测谎员要以非审讯的方式与被测试人进行谈话，提出一些问题以扩大来自测试对象方面的信息。在测前谈话中，测谎员要向测谎对象作出明确的表述，使其思考在测试过程中将被问及的问题。

4. 收集被测试人的背景信息，观察了解被测人健康情况，确定是否适宜受测。

5. 询问当前所调查事件的基本情况。

6. 介绍仪器性能、测试原理及应注意事项，可进行激励测试。

7. 告知被测试人在测试中配合是极为重要的。

8. 被测试人休息，测试人员编制或修改问题。

9. 同被测试人预演已编好的问题，看其是否理解。

10. 签署自愿测谎书。

（三）正式测试

1. 给被测人戴上传感器。

2. 在测试时，测谎员间断性地问出那些已经向被测人讲解过的测试题目。

被测人对这些问题只是回答“是”或者“不是”。测试进行3～4遍，即收集3～4个同类问题的生理图谱。在测试过程中，所有的测试问题都要求测试对象认真考虑，以确保他能用“是”与“不是”回答每一个问题。

3. 为确保能收集到有效数据，应当在没有外界干扰的环境下实施测谎，且问题必须问得清楚，使被测试人能明确回答问题。

4. 测谎员一般提问 10 ~ 15 个问题。

（四）分析测试图谱，给出测谎结论

测谎仪的记录笔在测谎图表上描记出被测试人的心理变化曲线。在计算机屏幕上和测谎图表上显示并描记的 4 条曲线中，有两条为呼吸方式描记，一条用于描记 CSR，一条表示血压和脉搏，称为心电描记。

1. 测试结束后，测谎员读图评分。

2. 作出测谎结论应当根据测谎过程中反映被测试人生理变化的图谱、由各个测谎人员独立作出，且在得出测谎结论之前负有保密义务，测谎人员有义务对测谎结论进行充分合理的阐释并向有关人员和机构披露相关资料。

3. 测谎员分析测谎仪记录下的数据，判断被测者是否说谎。

五、实验注意事项

实验中可能出现的问题、成因及对策。

六、实验作业要求

1. 测谎仪的测谎原理是什么？

2. 正式测试如何进行有效的操作？

3. 为了保证测试结果的客观性，对测谎室有何要求？

七、实验拓展思考

测试问题的设计十分关键，而且比较困难。针对特殊体质的人群，应如何设计测试题目及如何进行评判？

图书在版编目（CIP）数据

公安技术实验教程 / 许爱东主编. -- 北京：法律出版社，2018
（高等学校公安技术实验创新文丛）
ISBN 978-7-5197-2039-1

Ⅰ. ①公… Ⅱ. ①许… Ⅲ. ①公安工作－技术－高等学校－教材 Ⅳ. ①D035.39

中国版本图书馆CIP数据核字(2018)第040916号

公安技术实验教程
GONG' AN JISHU SHIYAN JIAOCHENG

许爱东 主编

策划编辑 沈小英
责任编辑 刘 莹
装帧设计 李 瞻

出版 法律出版社
总发行 中国法律图书有限公司
经销 新华书店
印刷 北京京华虎彩印刷有限公司
责任校对 王晓萍
责任印制 吕亚莉

编辑统筹 财经出版分社
开本 720毫米×960毫米 1/16
印张 20
字数 330千
版本 2018年3月第1版
印次 2018年3月第1次印刷

法律出版社 / 北京市丰台区莲花池西里7号（100073）
网址 / www.lawpress.com.cn
投稿邮箱 / info@lawpress.com.cn
举报维权邮箱 / jbwq@lawpress.com.cn
销售热线 / 010-63939792
咨询电话 / 010-63939796

中国法律图书有限公司 / 北京市丰台区莲花池西里7号（100073）
全国各地中法图分、子公司销售电话：
统一销售客服 / 400-660-6393
第一法律书店 / 010-63939781/9782
西安分公司 / 029-85330678
重庆分公司 / 023-67453036
上海分公司 / 021-62071639/1636
深圳分公司 / 0755-83072995

书号：ISBN 978-7-5197-2039-1
定价：63.00元